JN155711

第五版 実践 危機管理読本

リスクマネジメントの基本から不祥事・災害対策まで

藤江俊彦 著
FUJIE, Toshihiko

「改訂新版」増補 まえがき

時代が歴史的な激変期を迎え、リスク要因が高まっている。国際通貨基金（ＩＭＦ）は二〇一二（平成二十四）年一月の発表で「世界経済の失速、下振れリスク」を明言した。欧州債務危機、米国の低迷、新興国のバブル懸念である。また東日本大震災、タイの洪水など巨大な自然災害の発生、さらに企業から行政まで社会の様々な活動主体における事故・事件などわれわれが向き合わなければならないリスク課題が拡大している。

平成二十三（二〇一一）年三月十一日、東北地方太平洋側を襲った巨大地震と大津波は約二万人の死傷者を出し、多くの生活・産業拠点を倒壊、流出させ、甚大な被害をもたらした。さらにこの大震災によって福島第一原子力発電所では放射性物質の漏洩、拡散する過酷事故が起こり、未だ多くの人々が不安と恐怖の中で日々を過ごさねばならない現実がある。この震災や原発事故に対し、政府・自治体・電力会社など関係者の危機への対応は必ずしも適切であったとは言い難く、人災との批判も免れず、災害リスクマネジメントや事業継続管理（ＢＣＭ）に問題があったと言えるだろう。

震災直後、特に原発事故の当事者から「想定外」という言葉が繰り返され、奇異に聞こえたものである。なぜならリスクマネジメントでは、まず十分なアセスメント（影響予測評価）により、不確実な状況で、最悪事態の想定シナリオに対応するところから始めるのが原則である。「想定外」とは予測データやシナリオがなかったか、予測の範囲を限定したかのどちらかではないか。どちらにしてもリスク事象に対する認識やそれらを克服する真摯な姿勢が、さらにはリスクマネジメントとしての取り組みに問題があったと言わざるをえない。

企業や官庁などにおける不祥事（事故・事件）においてもコンプライアンス基準やルールなどに反するような従来よくあるパターンのケースもあれば、情報技術のデジタル化がさらに進化することによって、まったく新しい事象も出てきている。例えば企業による不正会計事件でもかつてのように単なる会計処理上の偽装問題ではなく、グローバルな金融市場における複雑なデリバティブ（金融派生商品）や瞬時に変化する為替相場などを組み合わせた金融商品など、単なる会計だけでなく金融や情報技術についての高度な知識がなければ解決が難しい問題が増えている。

バブル崩壊後、米国での市場原理的発想から、株式会社は株主のものであり、企業の他のステークホルダーの利益に優先して株主価値の極大化を軸にする企業評価が全盛の時期があった。ところがヘッジ・ファンドや投資銀行による無軌道な投機的投資行為によって金融が崩壊し、貧困や失業者が増加、格差が拡大し、不祥事も続発して、過度な金融資本主義への反省から是正の動きが出てきている。

企業経営もCSR（企業社会責任）を基軸とするマネジメントやビジネスが本流になり、パラダイム（認識枠組み）の転換が起きている。リスクマネジメントとは基本的に活動主体（官庁、企業、学校、病医院等）にとってのリスク克服への経営管理と解釈されるが、同時にその主体の存続と事業継続をはかることは幅広い社会のステークホルダー（利害関係者）の利益・価値にもなり、その目的達成のためには相互に連携・協力しなければならない。いわゆるソーシャル・リスクマネジメントが要請されるのである。

リスクマネジメントについてスイスのジュネーブに本部を置くＩＳＯ（国際標準化機構）は二〇〇九（平成二十一）年十一月、ＩＳＯ三一〇〇〇：二〇〇九『リスクマネジメントの原則及び指針』を発表した。求められている主体は企業だけではなく非営利の政府、自治体、医療や教育機関、その他公共的組織など幅広い経営体である。リスクマネジメント研究は実務的にも学術的にも注目され、社会からの関心が高まっている。ＩＳＯ標準規格では「用語の定義」と共にリスクマネジメントのＰＤＣＡなどの「枠組み」とフローの「プロセス」を提示している。

今回は改訂新版の増補として発刊されるので、新たに感染症災害やソーシャル・メディアによるリスク問題に詳しく触れることができなかった。しかし「第八章：自然災害への危機管理」において、東日本大震災についての小論を掲載させていただき、事業継続管理についても若干手直しをした。激甚災害の発生確率が高まっているとされる今日、いささかでもお役にたてれば幸いである。また本書の改訂、増刷ごとに多方面の方々からご助言などをいただき、ここに深く感謝申し上げたい。さらに出版業界が厳しい中で増補版を発刊していただいた日本コンサルタントグループの清水正行会長と編集・進行でお世話いただいた加藤信之氏に心より謝意を表するものである。

平成二十四（二〇一二）年四月吉日

藤江俊彦

「改訂新版」まえがき

平成十三（二〇〇一）年に本書の初版が刊行されて以来、おかげさまで多くの読者諸賢の支持を得、平成十六（二〇〇四）年春に「改訂版」が発刊され、さらに今回「改訂新版」を上梓できることになったのは誠に幸せなことである。現代の時代状況の中で、これほどまでにリスクマネジメントや危機管理への関心が強いことは驚きでもあり、また反面複雑な思いもなきにしも非ずである。歴史的転換期の必然なのであろうか。

わずか数年でも、内外の企業の不祥事はさらに多様化、質的変化をしてきた。敵対的M&A（買収・合併）絡みの不正取引、耐震強度偽装、肉類等の食品偽装、ホテル等の違法改造、介護事業不正請求、鉄道脱線事故、建設談合、昇降機・湯沸器等の製品事故など際限がない。また官公庁でも社会保険等の年金問題、地方自治体首長による収賄《しゅうわい》などの事件、大学・学校など教育機関や病院・診療所など医療機関における事故、事件も増加している。さらに近年の地球温暖化による自然災害の増加と規模の拡大は、地震や台風の多発するわが国にとって、災害危機管理が喫緊《きっきん》の課題であることを迫っている。

そこで今回の「改訂新版」では新たな時流に沿って、主として次の四点に留意、内容を盛り込んだ。

第一は、災害管理型リスクマネジメントについての考え方、近年の動向、対策を第八章として加えた。前回の「改訂版」では第六章の緊急時のケースの一つとして位置づけていた。今回は内閣府も重要視する経営体の事業継続管理（ＢＣＭ）を取り上げ、対策面として防災マニュアル作成のコンテンツを確認する形式で項目を追加した。実践的対応に役立つことを心がけたつもりである。

第二は、会社法、金融商品取引法（日本版ＳＯＸ法）の施行による内部統制システムのあり方や実施についてこれまでのものを一部書き直して追加した。特にＣＳＲ（企業の社会的責任）の意義や背景を詳しく述べ、コーポレート・ガバナンス、コンプライアンスなどの類似概念の意味を説明し、それらが相互にどのように関連しているかを整理した。リスクマネジメントが内部統制に法的に組み込まれ、経営の社会的責任を果たすうえで必須であることを理解できるであろう。

第三に、個人情報保護法が施行され、その後の対応に問題も発生している。多くは個人情報、個人データ、保有個人情報などの誤解や拡大解釈などによるものと言われている。そこで個人情報関連の概念を現場レベルで担当者が再度確認し、実践に役立つ知識として提示した。

第四に、相変わらず不祥事発生後のマスコミ取材への対応や記者会見が不適切で、なかには致命的な結末を招くケースもある。平成十九（二〇〇七）年一月の洋菓子メーカーの消費期限切れ原材料使用問題は、確たる法令違反は認められず、当の原材料使用製品での食中毒患者が出たわけではないのに、創業家支配が事実上崩壊し、大手パンメーカーの傘下に入ることになってしまった。マスコミ対応の失敗が主たる原因の一つとなったことは否めない。

本書では特に危機広報に紙幅を割いているのが特徴だが、緊急時のマスコミ対応、記者会見での留意すべき点について補足した。平素からの研修、メディア・トレーニングに活用いただいてもよいし、精神的に追い詰められた緊急時にも何等かの助けになれば幸いである。

時代の変化がますます激しくなり、リスク要因も多様化、複雑化、広範化し、影響も拡大することが予想される。今後さらに企業などの経営体にとっての実践的な危機管理についての研究を進め、いささかでもお役に立てればと願っている。

版を重ねるごとに各方面の諸賢からご教示、ご叱声、ご助言をいただき、おかげさまで内容の充実を期すことができたのは、有難いことである。今回「改訂新版」刊行まで諸般の事情により予想以上に手間取り、遅れてしまった。ご迷惑をおかけした読者や日本コンサルタントグループ、とりわけご担当の加藤信之氏にお詫びを申し上げ、またあらためて出版して頂いたことに清水正行社長のご理解に対しても深く感謝するものである。

平成十九（二〇〇七）年七月吉日

藤江俊彦

まえがき

二十世紀末から始まった社会変動や価値軸の転換は、新世紀に入ってさらに激しくなり、その中で個人も組織もかつて経験したことのない多様なリスクに取り巻かれるようになった。グローバル化や情報テクノロジー（ＩＴ）の進展、地球環境問題への対応などマクロな次元から身近かな不祥事や職場の人権問題までリスクは広範囲で、かつ複雑多岐なものになっている。

ことに平成十二（二〇〇〇）年には、大手企業による集団食中毒、リコール隠し、製品性能の過大表示販売などきわだった事故や事件が続発した。また中央省庁や地方行政機関、医療や教育機関でも不祥事や不測事態が頻発している。そのためかつてないほど危機管理やリスクマネジメントへの関心が高まっている。ただその割にはほとんどのケースが不測事態の発生時にその場限りの緊急時対応をするのみで、平常時からのリスクマネジメントがなされていない。もともと経営にその意識が根付いておらず、戦略的で組織的な体制づくりが不十分であるように思える。

リスクマネジメントや危機管理はすでに多くの著書・論文も発表されているが、基本的な考え方と実践的な対策、広報対応までを一冊に分かりやすくまとめたものが少なく、それを意図したのが本書『実践・危機管理読本』である。

わが国では組織でも個人でも先行きの見通しについて、不測の事態や危機的状況など「よくないことはあまり考えないようにし、いいことだけを考えよう」という風潮がある。企業経営でも、リスクや危機はあってはならない特殊ケースであり、そうしたものを常日頃から心配したり、コストをかけて準備する必要はなく、何か起こったらそのときに全力投球で対応すればよい、そんなことを考える余裕があればビジネスや本業に頭も時間もお金もかけるべきだ、という考え方が根強いのではないだろうか。

ここには潜在意識の中に「良いイメージだけ考えるとそれが本当に実現する」という単純な思い込みがある。プラス思考の勘違いである。本当のイメージトレーニングでは、失敗したり、最悪事態に追い込まれたときの自分の姿もしっかりイメージとして受け入れ、そのピンチからの脱却を具体的にイメージとして体験しておくことが成功の鍵となる。当初からリスクや危機的状況を心と頭の中にインプットし、そこから具体的に備えを固めておくわけである。それによって平穏な日常を持続することができるのである。企業、団体、行政府などあらゆるセクターの活動主体が、激変する環境の中で直面するかも知れないリスクを分析し、予測し、対策を立てておかなければならない時代なのである。それが組織を守り、明日を開くことになる。

これまで危機的状況はできるだけ表沙汰《おもてざた》にしないで隠蔽《いんぺい》し、組織の中だけで内輪に片づけようとする傾向が強かった。だがいまは生活者市民意識の成熟と共に組織の公共的、社会的責任が問われている。さらに情報テクノロジーの発展によって情報開示と説明責任を果たし、透明性を高め、社会に受容される対応が強く求められるようになった。

近年大きな不祥事を起こした企業の中には、企業倫理担当部門を設けたり、社会貢献活動をアピールしてイメージアップのコミュニケーション活動を活発にし、上辺《うわべ》を取りつくろいながら、内実はとんでもない違法行為や杜撰《ずさん》な経営管理をしているケースがあった。こうしたきれいごとの組織体質がはびこること自体経営の問題であり、組織の存続や成長に大きなリスク要因となる。「臭いものにはフタ」という諺《ことわざ》がある。だがいくらフタをしても、上辺のきれいごとをいつまでも維持しきれないのが現代という時代である。

企業でも官庁でも、組織内の不祥事がマスメディアで社会に伝達されてはじめて危機として認識し、本格的に取り組むという傾向がありはしないだろうか。つまり表沙汰になってはじめて本格的に対応するのである。そのため危機発生時のマスメディアの報道取材にどう対応するかは公共社会に対しての企業の姿勢を問われ、その存続や業績に大きく響くことになる。

マスメディアの報道や論調はインターネットのウェブやブログなどと連動し、相乗的に波及効果をもつため従来以上に影響力を増したとも考えられる。マスメディアへの取材対応など、危機広報はリスクマネジメント全体の中で大きなウエイトをもつものである。

本書の校正作業を進行中の九月十一日、アメリカ・ニューヨーク市の世界貿易センターツインタワービルが同時多発テロによって崩壊するという歴史的事件が起きた。なんと発生の一週間前、私はバッファロー空港からニューヨーク市ラガーディア空港に向け衝突した旅客機とほぼ同じコースを飛んでいたのである。ロウアーマンハッタンにそびえ立つ世界貿易センターのツインタワービルを旅客機の窓から見ながら、今回に限ってバッグからポケットカメラを取り出し、二枚撮った。虫の知らせだったのか、ありし日のタワービルの思い出の写真になった。

首都ワシントンDCでのペンタゴンとニューヨーク市マンハッタンのWTC（世界貿易センター）ツインタワービルの破壊は、アメリカ合衆国のイメージ的象徴への痛烈なダメージであった。ブッシュ大統領はこれに対し、「自由と民主主義」への挑戦であり、「無限の正義」による報復戦と宣言した。確かにテロは許すことのできないものである。だがそれと同時にこれは従来の政治的思想としての民主主義や、国家的対立関係の枠を越えたテロ行為であることに気づかねばならないだろう。

すでに二十世紀の末、新世紀は国家対国家の戦争ではなく、宗教をベースにした「文明の衝突」であることをハンチントンが指摘していた。彼とは異なる表現を使えば西欧の近代合理主義（モダニズム）が行き詰まり、非西欧的な脱近代、超近代の非合理をも包含したポストモダニズムへの転換の動きである。ここでは、科学的合理性をベースにした要素還元主義的な知的構造のあり方が動揺し、これを越える思考様式が模索されている。

実はWTCのツインタワーは世界金融のメッカであり、西欧モダニズムの象徴でもあったのではないだろうか。そこには五十数ヶ国の人がグローバルなファイナンス業務をコンピュータを駆使して近代的ナレッジによってこなしていた。それが特定の宗教的世界観を信ずる者によって破壊されたのである。テロリストは政治的レベルでの自由や民主主義を超え、自分達と異なる文明世界観に対する破壊を試みたという見方をする識者もいる。

二十一世紀のリスクや危機を考えるとき、従来の科学分析的手法による予測可能な発想や解決方法だけでは対応しきれない現実を、このテロ事件は問題提起したように思う。旅客機の乗っ取りという一九六〇年代の手法で、しかもカッターナイフだけで実行するアナログ手法は、ハイテクに偏向していたアメリカの中枢を直撃したのである。いくらデジタル化が進んでも、アナログの重要性を忘れてはならない。二十一世紀におけるリスクマネジメントへの大きなヒントがここにあるように思う。

ポストモダンの科学として注目される複雑系理論について、アメリカのジャーナリストのジョン・F・ロスはその著『リスクセンス』（佐光紀子訳／集英社）の中で「複雑な構造の結果は予測できなくても、コンピュータでいくつものシナリオのモデルを作ることはできる」という。科学的予測の限界を越えて「パスカルが神を信じるかという帰結に辿り着いたときと同じように、リスクに対する疑問へ間接的にアプローチする方法がある」というのである。それは神を信じる信じないではなく、それぞれの場合での帰結を検討する、ということである。「コンピュータ・モデルも、ある出来事が複雑な構造の中で起こる可能性を予測することはできないが、事故やトラブルの帰結を検討することはできる。（中略）

その結果、どの斡旋システムやリスク管理方法が優れているかがはっきりするため、リスク管理ではこうした方法は有用だ」として、リスクマネジメントに対する発想の転換を提示している。

本書ではオーソドックスなリスクマネジメントの基礎知識と考え方を第一章に簡単にまとめ、第二章で経営の社会的責任についてコンプライアンスや経営倫理、環境の視点で触れた。第三章ではリスクアセスメントなど三つの段階局面での特性や体制のあり方を述べ、第四章では常態化した危機管理の体制、プロジェクトチームの役割などを日本企業の実状に合わせて具体的に述べたつもりである。第五章は、危機コミュニケーションでもっとも注目を集めているマスメディア対応や記者会見を事務的な留意点まで細かく示した。第六章では、ケース別研究として、最近増加している内部告発、欠陥商品、人格権や知的財産権の侵害問題、さらに自然災害にも触れそれらのケースでの広報対応のあり方を述べた。第七章は、まさにグローバル化の中の危機管理のあり方や対応の仕方について、海外でのテロや誘拐、人質事件についてコメントしている。グローバル化は時代的潮流であるが、すべて良いことづくめではない。リスク負担も拡大することを忘れてはならない。海外駐在はもちろん、出張、旅行時にも参考にしていただけると思われる。

本書は主として中堅以上の企業を想定して書かれているが、それだけではない。大企業や大きな公共団体はもとより、中小企業、市民ＮＰＯなど規模に関係なく、さらには個人にとっても役立つように工夫したつもりでいる。主語や状況を置き換えて読んでいただきたい。

なお本書は、危機管理やリスクマネジメントなどに関する広報・パブリックリレーションズの講演や、セミナーをベースに手直しした箇所もある。内容、文章で濃淡があるのはそのためと理解していただきたい。最後に本書刊行を実現していただいた日本コンサルタントグループ清水正行社長と、お手をわずらわせた加藤信之氏に御礼を申し上げたい。

平成十三（二〇〇一）年九月吉日

藤江俊彦

『第五版　実践危機管理読本』〈目　次〉

第四章：危機管理体制の整備……83

第六章：危機のケース別実践対応……177

・装幀：椙澤清次郎

第一章：リスクと危機のマネジメント

1. リスクと危機の概念と分類

近年、経済学や経営学さらに理科学系分野でもリスクマネジメントが注目されるようになった。ただ、これらの分野で「危険」や「リスク」についての用語の概念や意味が混同されているきらいがある。リスクマネジメントや危機管理について論ずるとき、テクニカルターム（用語）やリスクマネジメントの考え方についての基本を概観しておきたい。

❶リスクの概念

リスク（risk）の概念は、これまで保険論、経営学、経済学、マーケティング論、リスクマネジメント論などの立場から多様な定義が出されてきた。マック・クリモン（Mac Crimon）とウェーラング（Wehrung）によれば、

・事故（peril）……事故損失の原因
・事故発生の不確実性（uncertainty）
・事故発生の可能性（possibility）
・ハザード（hazard）の結合……事故、事件を発生させる危険な状態や事情
・予想と結果との差異
・不測事態（contingency）

・偶発事故（accident）
・危機（crisis）
・危険状態（danger）
・脅威（threat）
・困苦（pinch）

などに「リスク」は使用されている。これでは広範にすぎるので、亀井利明氏は「事故発生の可能性」と解するとする。同氏はリスクの源泉を「自然や環境の変化と人間の係わり」にあり、「意思決定の拙劣や決断の失敗」と指摘する。ＩＳＯ／ＩＥＣ ＧＵＩＤＥ７３：二〇〇二では、リスクを「事象発生の可能性とその影響の組み合わせ」と定義している（上田和勇・訳）。

従って狭義の純粋リスクは「組織の経営資源に損失または障害をもたらすと思われる事態の発生要因およびその影響」であり、広義では利得を得ることも含む。経営資源は、組織構成員の能力や生活と健康、金銭的資源、不動産の設備などの物的資源、情報、技術、文化などを指し、さらに企業が置かれている社会的立場や、経済的環境をも含んでいる。これを発展させると、損害事象の発生確率と実際に発生したときの影響によって次の方程式で表現できる。

リスク ＝ 損害事象発生確率 × 影響度（損失予想額：ダメージの大きさ）

しかしここで事故とか損害事象といっても、顕在化した結果事象だけでいいのか、さらに潜在化している原因事象まで含めなければいけないのかという点で、議論の余地はある。影響についても顕在・潜在の両方から検討するとさらに精度は上がってくるだろう（リスクアセスメント）。

しかしながら損害事象とか損失の発生について、人間は確実にこれを予知することができない。人間は将来への不確実性を完璧にコントロールすることはできないのである。しかし完璧ではないにしても、ある程度予測をたて、将来起こるかも知れないリスクに対応する備えや抑止の方法をとるマネジメントは必要であり、これが狭義のリスクマネジメントである。ただ人間の社会では、どんなに十全にリスクへの備えを実施したとしても、緊急事態の発生をパーフェクトに抑止することは不可能である。環境は常時変化しているのである。だからこそリスクマネジメントは必要であり、その発生の確率を低くしたり、発生しても損失を少なくする努力を怠ってはならない。

リスクマネジメントの世界標準規格について欧米各国で様々な規格やガイドラインが作成されたが、二〇〇九（平成二十一）年十一月に、ＩＳＯ三一〇〇〇：二〇〇九（『リスクマネジメントの原則と指針』が国際標準化機構（International Organization for Standardization：本部スイス・ジュネーヴ）から公表された。同時にＩＳＯ／ＩＥＣガイド七三が、同：二〇〇九（『リスクマネジメント用語』）として改訂された。ここでは主要用語の定義と共に、組織に適用されるフレームワークとプロセスを明確にしている。日本ではＪＩＳ Ｑ三一〇〇〇：二〇一〇とＪＩＳ 七三：二〇〇九として発表された。

❷リスクの分類

リスク概念の分類には、次のようなものがある。

●投機・投資的リスクと純粋リスク

①投機・投資的リスク（speculative risk : investment risk）……動態的リスク

ビジネスの選択や投資の選択、運用などで損失または利益を生じる可能性。損失か利益かどちらかを発生させるリスクである（loss or gain risk）。経営管理者の意思決定によるものであり、企業戦略や経済社会の変動に起因し、保険化ができない。ただし投資的な危険は損失の範囲を限定することが可能。

②純粋リスク（pure risk）……静態的リスク

自然災害や偶発的事件・事故による損失が生じる可能性。損害のみしか発生させないリスクである（loss only risk）。経済社会の変動に起因しないが保険化は可能。ただし損失の範囲を限定することができない。

●受動リスクと能動リスク

人間個人や企業組織などの活動とリスクとの関係が消極的か積極的かによる分類で、前者は外部環境の変化によって被害を受けるリスクであり、災害などが代表である。後者は主体自らがアクションを起こしてつくったリスクであり、例えば利益拡大のため新規事業分野や海外市場への進出などを試みることによるリスクである。

●損失の形態によるリスクの分類

損失形態によるリスクの分類としては、次のようなものがある。

①財産損失リスク……有形・無形の資産の喪失・滅失
②逸失利益リスク……ある事態で得るべき利益の逸失
③費用損失リスク……事故などで余儀なくされた費用支出の損失
④賠償責任リスク……損害賠償責任の支払いによる損失

●加害リスクと被害リスク

企業など組織活動は加害者となったり、被害者となったりする。自らの経営破綻《はたん》や環境破壊などは加害リスクであるし、災害や不渡り手形などは被害リスクである。

●成長リスクと倒産リスク

企業はゴーイングコンサーン（永続可能性）での成長がなければ衰退するので、たえず経営環境の変化に対応して先行投資をするなど、環境適合行動をとらなければならない。その際の将来への先行的、投資的リスクが成長リスクである。また企業が倒産しないように経営者は適切な意思決定によってマネジメントしなければいけない。倒産リスクへの危険因子は多岐・広範にわたっている。

●経営リスクの分類

組織の経営リスクには、次の二通りがある。

①全社管理リスクと部門管理リスク

経営者による意思決定や経営戦略によるリスクが「全社管理リスク」で、職能的な部門ごとの固有のリスクを「部門管理リスク」という。事業内容による事業部門管理リスクもある。

②ハザード（危険、障害）リスク、不確実性リスク、事業機会リスク

ビジネス環境とリスクの関係から把《とら》えた分類。「ハザードリスク」は従来の危険な状態で損失を及ぼす要因となるリスクであり、最近は運営を逸脱した出来事のリスクをいう。「不確実性リスク」は結果が経営計画の範囲におさまらないリスクであり、「事業機会リスク」はリスクを負って事業機会（チャンス）を追求し、成功すればいいが失敗するかも知れないリスクのことである。

❸危機（クライシス）の概念とイッシュー

危機は「危険」と「機会」とを合成してつくられた造語とも言われている。要するに危険な状態のことである。英語では「crisis／クライシス」があてられる。これは辞書などによると「興廃《こうはい》」や成否の分かれ目で危険なことが起きる状態」のことであり、それが起きた時点を「クライシスポイント」と言う。またその直後の復旧の段階を含めて「クライシスマネジメント」の対象としている。不測事態や難局に直面した状態のことと言っていいかも知れない。

それでは、企業にとってどのような危機が潜んでいるのだろうか。産業現場や施設での災害、交

通事故、環境破壊や公害の排出、製品関連事故と事件、社会事件関連、経営戦略の失敗、人事管理関連、株式関連、労務管理関連、自然災害関連、コンピュータ関連など社内外にわたって多様化しており、業種や業態によっても個別の危機が発生している。

また「イッシュー・マネジメント」(issue management)は、企業などの経営体が将来直面するであろう問題(社会的論争点、法的規制など)に対し、それを危機として取り組むことである。

換言すれば、経営体と社会との間に発生するであろう問題である。例えば、ある農薬メーカーの主力商品に含まれる成分に有害物質があると認定されれば、たちまち製造、販売ができなくなる。規制などによるイッシューはリスクとなるのである。そのため代替商品の開発や事業を企画することがイッシュー・マネジメントになる。

2. リスクマネジメントと危機管理

❶リスクマネジメントの発展と必要性

リスクマネジメントは、第一次大戦後のドイツが悪性インフレにみまわれたとき、企業をいかに守るか、という経営政策として生まれたと言われている。その後、米国ではマーケティングの市場配給論の機能の中に危険負担論の考え方が論争となり、世界経済恐慌の一九三〇年代にリスクマネジメントは危険管理として登場する。さらに第二次大戦後、一九六〇年代の米ソ冷戦時代の国家的、体制的危機に対する政策として危機管理(クライシスマネジメント)が確立されていった。

日本では昭和三十年代から近藤三千男氏、佐々淳行氏、片方善治氏などが「危機管理」という用語を使い始めた。これは当時の安保闘争や過激な学生運動、また食品への異物混入事件などの対応を研究してつくられたものである。やがて平成七（一九九五）年の阪神・淡路大震災で防災や平常時からの危機管理の重要性が見直され、さらに近年、情報テクノロジーの発展とグローバル化の進展によって危機状況の多様化に伴いリスクマネジメントや危機管理が注目され、多方面で研究が広がっている。

リスクマネジメントは元来、企業をリスクや危険からいかに守るか、という企業危険の研究から生まれ、経営学やマーケティング論の発達とともに保険管理の領域からやがて保険外のリスク、クライシスまでその対象が拡大した、と考えられる。

企業経営の理論的ルーツとしては、亀井克之氏はフランスのアンリ・ファヨール（Henri Fayol）の代表作『産業ならびに一般の管理』（一九一六年）における

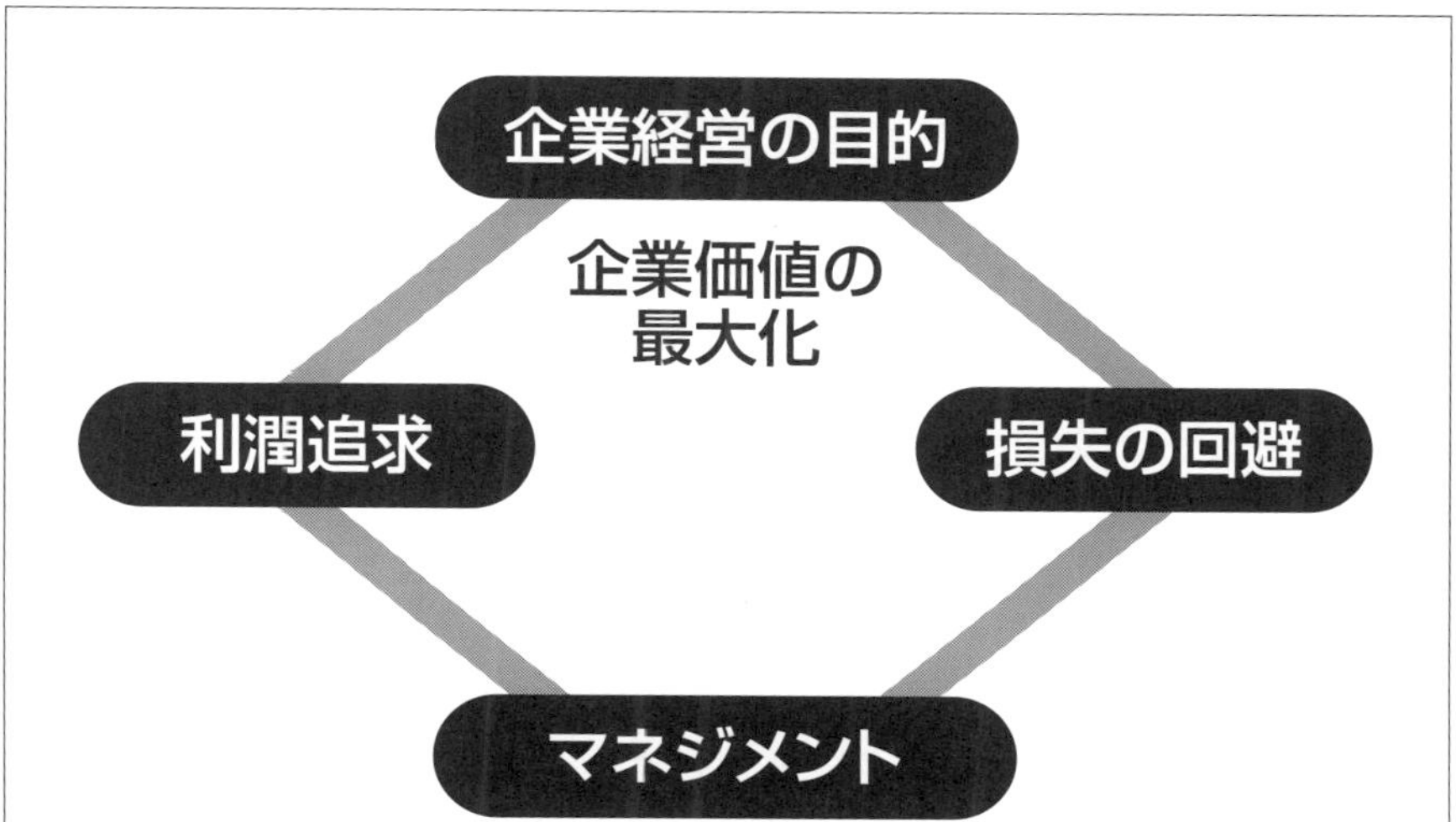

る「経営管理」学説論での経営職能としての「資産と従業員の保護」という「保全的職能」にある、と指摘する。ファヨールは経営職能において「保全」（security）というリスクマネジメント概念を導入したことは画期的なことといわなければならない。

最近の経済社会や技術環境の変化は保険不可能なリスクの幅を拡大し、またバリエーションも多様化して保険だけの対応では十分ではなくなった。そこでリスクマネジメントや危機管理が先進諸国を中心に急速に発展してきたのである。日本では昭和五十三（一九七八）年、亀井利明氏による『危険と安定の周辺―リスク・マネジメントと経営管理』（同朋舎）が出版され、これがわが国最初のリスクマネジメント専門書である、と言われている。

❷企業経営とリスクマネジメントの目的

リスクマネジメントは組織の目的を達成させるうえで、リスク負担と克服のバランスをねらうものだが、換言すれば組織を破綻《はたん》や倒産から守り、事業を永続して成長、発展させるための合理的な管理と言うことができるだろう。

営利組織である企業にとって、その目的を企業価値の最大化に置くとすれば、価値喪失を防ぎ、さらに価値創造の実現を図っていくのがリスクマネジメントではないだろうか。

また自治体行政にあっては、住民はじめ関与者の生命、安全、利益を損なうことなく、生活満足を保障し、拡大し、地域価値を創造し、維持することがリスクマネジメントの目的であろう。そのことが企業や自治体にとって公共社会における責任を果たすことにつながっていくのである。

〔企業にとっての危機の種類〕

分　類	具体例
産業災害	火災、爆発、崩落
交通事故	航空機、船舶、鉄道、自動車
環境公害	廃棄物処理、水質汚濁、大気汚染、騒音、土壌汚染、海洋汚染、有害物質漏出
製品・サービス事故・事件	欠陥商品、広告表示上のミス、にせブランド、食中毒、異物混入、偽装商品販売、リコール隠し
犯罪・事件	爆破、脅迫、ハイジャック、誘拐、強盗、毒物混入
経営リスク	倒産、自主廃業、吸収合併、取引先リスク
社内不祥事	横領、情報漏洩、贈収賄、脱税
人事管理	解雇・左遷・雇用調整による処遇、セクシャル・ハラスメント、人権問題
株式・資本リスク	株主総会の混乱、M&A 、インサイダー取引、風説の流布、IRクライシス
労務管理リスク	労働争議、労災、過労死、自殺、職業病
グローバルリスク	民族・宗教問題、文化摩擦、規制、誘拐・事件等のリスク、テロ
天災（自然災害）	地震、風水害、火山爆発、異常気象、落雷
政治・経済社会リスク	戦争、法律改正、規制強化・緩和、為替相場の変動恐慌、資源エネルギー（電気、石油等）の提供禁止、食料問題
その他	コンピュータ・クライシス

●業種によって、特殊な危機的状態が考えられるので、このようなリストを作成しておくことが必要である。

❸リスクマネジメントの形態

リスクマネジメントの形態は、次の四つに分類される。

①保険管理型リスクマネジメント
②危機管理型リスクマネジメント
③経営管理型リスクマネジメント
④経営戦略型リスクマネジメント

①と②のリスクマネジメントの型はおおむね純粋危機である災害、事故などを前提とし、保険の適用を組み込んでいる。①は災害型管理とも言われる。③と④は投機・投資的危機も純粋危機も含めてトータルな危機やリスクに対して、保険のみに頼らず、合理的な危機の処理を戦略的に実施していくものである。

組織の特定部門で対応するのが③の経営管理型であり、リスク管理部門で処理できず、全社レベルで対応するのが④の経営戦略型と考えられる。

❹リスクマネジメントと危機管理（クライシスマネジメント）

組織でのリスク対応は防災、安全、危機管理などの用語がレベルも対象も異なって使用されている。そこでよく使用される「リスクマネジメント」と「危機管理（クライシスマネジメント）」についてその相違点を明確にしておこう。

リスクマネジメントは、ＩＳＯ／ＩＥＣガイド七三：二〇〇二年（ＴＲＱ〇〇〇八：二〇〇三年）

によると、「リスクに関して組織を指揮し管理する調整された活動。備考：リスクマネジメントは一般にリスクアセスメント、リスク対応、リスクの受容およびリスクコミュニケーションを含む（亀井利明監修『リスクマネジメント用語辞典』同文館・亀井克之担当）。狭義には通常リスク全般を対象とし、不測事態がなるべく起きないように事前の予防抑止のための管理活動のことである。リスクの予測、分析、そして対応のプロセスなどのリスクアセスメントもこの中に含まれる。

危機管理（クライシスマネジメントまたはエマージェンシー・マネジメント）は事故・事件などの不測事態が発生したときから対応する管理活動のことである。緊急時の発生直前の予兆、警戒段階と発生直後のリカバリーまでの活動過程を言う。そのためリスクマネジメント（狭義）は日常的に実施されるが、危機管理は何か不測事態が起こってから実施されるものである。ただし危機管理委員会などの特別の機関は、日常的にオペレーションしているものと考えてよいだろう。

またリスクマネジメントを広義に把えて、緊急事態が発生する前の狭義のリスクマネジメントと

「ハインリッヒの法則」

ハインリッヒ（Heinrich H. W.）は一九三〇年代の米国の保険会社の技師であった。

労働災害や事故の発生頻度から推計したリスクが顕在化する確率を経験則にしたもの。一つの重大事故や事件には、その前に二九の軽度な小事故や失敗（ミス、エラー）が発生していて、その前には損傷はないが約三〇〇のひやりとしたり、はっとする危険体験（ヒヤリハット体験）がある。これをインシデント（incident）ということもある。この比率の数字から「一対二九対三〇〇の法則」とも呼ばれ、一つのクライシスに至るまで何段階かの多数のハザードや危険因子がある、ということである。こうした法則を生かして事故・事件の予兆をつかみ、十分な対策をとろう、とするところに意義がある。また類似の「一対一〇対三〇対六〇〇」を提唱する「バード法則」もある。

危機管理（クライシスマネジメント）を含め、最終的なバックアップ（復旧・回復）までのトータルなプロセスを指すこともある。経済産業省のＪＩＳ規格「リスクマネジメントシステム構築のための指針」（ＪＩＳＱ二〇〇一）でのリスクマネジメントは広義の意味で使用している。だがあえて狭義のリスクマネジメントと区別するため「トータルリスクマネジメント（ＴＲＭ）」とも呼ばれることもある。いわば危機管理をリスクマネジメントの中に包含して考えるのである。

また近年、危機対応のマネジメントとしてエフィカシー・マネジメントという考え方も出てきている。これは従来の危機管理論が概して緊急時におけるリーダーシップを強調することへの疑問から、実際の組織を自律的な行動者の集合体として把え、緊急時の主体はあくまで現場のチームであり、個人のメンバーがエフィカシー（効力感）をもって臨機応変に対応行動をとることの方が効果的とするものである。エフィカシー（効力感）とは、組織の構成員の各自が目標達成への行動に前向きに自覚した状態である。それは危機の目標を原状回復、定常状態への復帰と考えるよりも、現場での自己組織化により、進化した状態を目指すというものである（高田朝子『危機対応のエフィカシー・マネジメント』慶応義塾大学出版会、二〇〇三）。

リスクマネジメントや危機管理の研究は時代の変化に対応し、近年ソーシャル・マネジメント概念が主要テーマになりつつある。巨大災害やＩＴ化の進んだグローバル社会では、リスクの社会化現象が拡がり、危機事象に関わる主体が広範多様化し、個別の活動主体では収拾、解決できない時代となってきている。

「現代はリスクの時代で、リスクは多様化し、巨大化し、国際化してきたが、同時に社会化してきた。すなわち、現在はソーシャル・リスクの時代である。このソーシャル・リスクを克服するためには、単に企業危機管理、家庭危機管理、行政危機管理のように個別経済主体が個々に行うリスクマネジメントだけでは不十分である。これらのリスクマネジメントが連携し、それに地域危機管理の考え方を導入した〈ソーシャル・リスクマネジメント〉が必要である。（亀井克之『ソーシャル・リスクマネジメント論』ソーシャル・リスクマネジメント学会　二〇〇七年）

亀井克之はソーシャル・リスクマネジメントの要諦としていくつかのポイントを指摘している。①アンカーは地域社会（community）が担う。②目的は安全・安心な社会の維持、その阻害要因を除去、軽減③個人的リスク要因が社会的リスクになるのでこれを軽減・防止④社会化したリスクに対し多様な経済主体が融合、連携する要あり⑤ＮＰＯ、行政体など非営利組織によるリスク管理⑥手段は「自助」「介助」「共助」「公助」など⑦社会的リスクはゼロには不可、減災を充実⑧対象はヒト・モノ・カネでなくヒトのココロ（心）も大切、などである。

企業や行政、他の経済主体においても、経営管理そのものがソーシャル・マネジメント化するなかで、ソーシャル・リスクマネジメントは注目され、研究されるべき概念であろう。換言すれば安全で安心できる安定した社会を実現するためにソーシャル・リスクマネジメントが求められている、と言えるのではないだろうか。

第二章：経営と社会的責任（ＳＲ）

1．組織経営の有効性と効率性

●組織経営に必要な有効性

組織はそれが営利組織（企業）であろうと非営利組織（NPO）であろうと、組織均衡（組織が存続するうえで必要な経営資源の獲得、活用に成功していること）が成立しており、参加する利害関与者の要求水準（誘因）を満たし、いかに貢献を導くか、という有効性（effectiveness）が重要である。

経済主体の有効性は利害関与者にとって、組織の事業や活動がどれだけためになっているか、ということであり、組織にとって環境との適切な関係であり、外部基準ということができる。例えば企業なら、「ヒト、モノ、カネ、情報」などの内部の経営資源がそろっていて、それらがどれだけ顧客や社会にとってためになる事業として活用され、受容されているか、ということである。自治体でも、病院でも、住民や患者という受け手にとって、どれだけ彼らの需要に応えているか、という指標である。

●有効性と効率性のバランスが重要

ところが組織が存続していく条件としては、もう一つ効率性（efficiency）という指標も必要である。これは組織経営体の内部基準であり、マネジメントがいかに効率的、能率的に実施されているか、を示すものである。通常コストを削減し、生産性を向上させることが効率性を上げることになる。

企業でも非営利組織でも、経営には「有効性」と「効率性」というこの二つの存続条件の指標がバランスよく保たれることが必要である。特に企業の場合、積極的にコスト削減することによって効率性を上げ、数字上の業績を上げようとする。だがこれが過度になると肝心の有効性の指標が下がり、企業存続のリスクがやがて表面化し、取り返しのつかない事態に陥ってしまうことがある。リスクマネジメントのまず第一歩は、この経営の原点になる組織存続の指標を忘れてはならない。「日本版ＳＯＸ法の内部統制三つの目的」の中にも業務の有効性と効率性の促進が含まれている。行政など公共的な非営利組織でも近年効率性が重視されるようになってきた。

●有効性の優先こそ社会的責任

例えば、製品工場で生産効率の向上だけを追求すると、現場での安全基準の遵守や実行がおろそかになり、失敗や事故が発生し易くなる。さらに外部基準もなおざりにされると顧客や社会に広

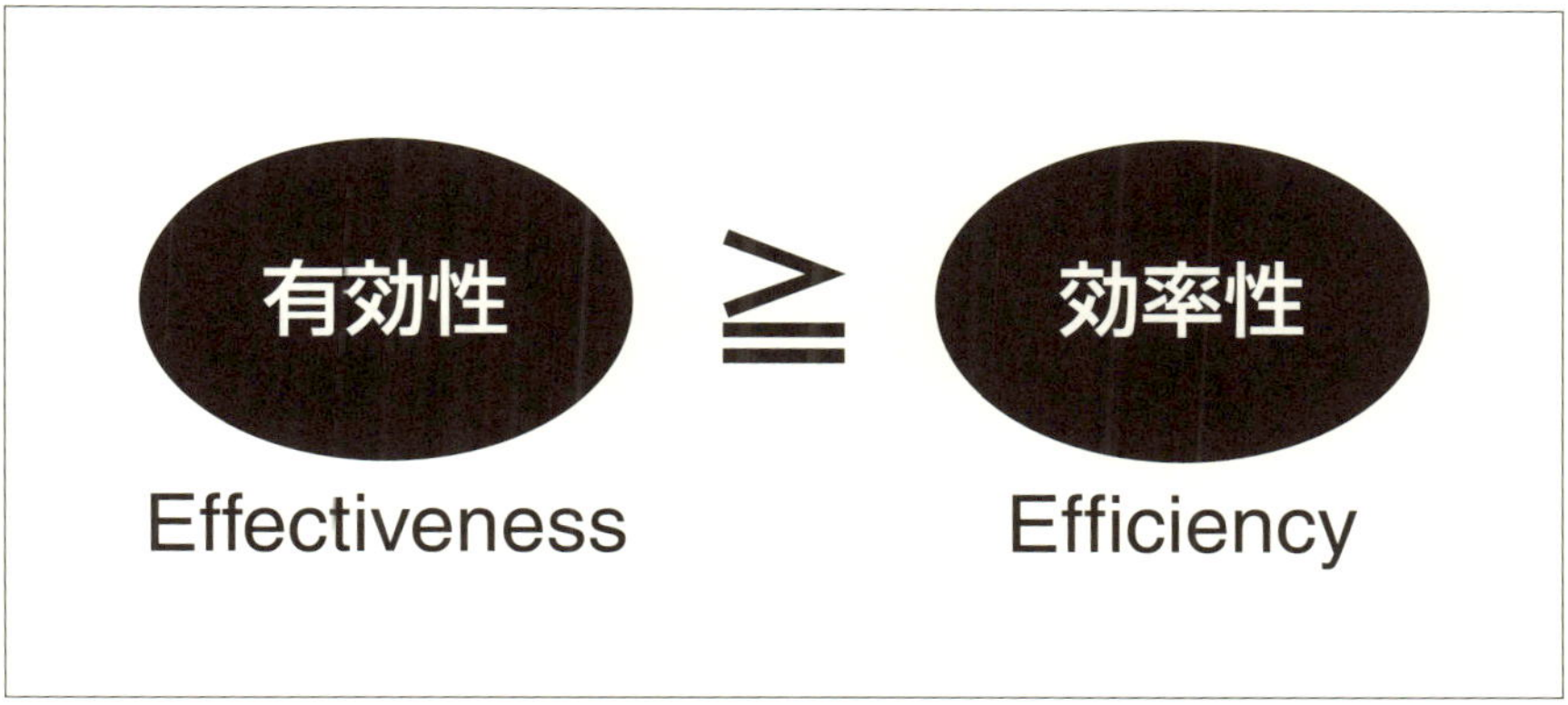

く危害が及ぶ可能性がでる。有害で不完全な製品を生活者市場に提供することになれば、有効性の指標は著しく下がり、企業の存在さえ危うくなる事態になる。

リスクマネジメントの原点は、組織そのものの存在と事業の有効性を常に忘れないことである。有効性への配慮は即ち組織の社会的責任即ちSR（ソーシャル・リスポンシビリティ）の達成につながる。目先の過度な効率性の追求は経営上のリスクが増大することであり、常に有効性とのバランスに気配りしなければならない。

もし経営上、この両指標のどちらを優先するかで迷ったときは、効率性がやや落ちたとしても有効性の指標を優先すべきであろう。そのことが組織の社会的存在意義を明らかにし、公共社会的使命を果たすことになるからである。これが本業を通しての基本責任と言われるものである。営利企業の場合、特にこれを忘れてはいけない。

2. 企業の社会的責任（CSR）

❶なぜCSR（企業の社会的責任）なのか

近年、ビジネスの場で「CSR」が盛んに使用される。CSRとは「Corporate Social Responsibility」の略称で企業の社会的責任のことである。

経済同友会は平成十五（二〇〇三）年三月に「第一五回企業白書─市場の進化と社会的責任経営」を発表し、その中でCSRとコーポレート・ガバナンスの重要性を強調した。サブタイトルの「企業の信頼構築と持続的価値創造に向けて」のスローガンはＣＳＲによる二十一世紀型経営の方向性を明確にしたものである。

これほどＣＳＲが注目されるのはなぜだろうか。二十世紀末から新世紀にかけて、日・米・欧の先進諸国で有力企業の不祥事が続発したことにより、企業ガバナンス、内部統制、コンプライアンス、リスクマネジメント等が盛んに議論されるようになったが、これらの用語が意味を混同したり関連性や定義が不明瞭のまま使用されているきらいがある。

ＣＳＲは経営学における「企業と社会」という分野の課題として、これまでにも研究が進められ、議論されてきた。元来、企業は環境の中で存続し、環境変化に適応しながら変革し続けるオープン・システムである。出資者（株主）、顧客、社員などの利害関係者をはじめ、他の環境主体とも相互作用しながら、主体性をもった社会的制度となり、こうした企業システムを制度的企業（institutionalized businessfirm）と呼ぶ。産業社会における企業の影響力が増大すると、企業自体が社会において他者の行動を規制する権力をもつようになってしまう。そのため企業行動において正当性をもたせるにはＣＳＲが問題になるわけである。

ＣＳＲが世界的規模で、経済社会の企業について強く要請されるようになってきたのには次のような背景や要因が考えられる。

①企業が社会に占める比重が従来とは比較にならないほど増大してきたことである。いわば社会的影響力、換言すれば社会的な権力が強まったともいえる。日本ではトヨタ、ホンダ、松下、ソニーなどが多国籍化して、グローバルビジネス活動を展開している。アメリカのシンクタンクＩＰＳの

報告によると、世界のミクロ経済主体（国家、企業等）のトップ一〇〇のうち、五一が企業であるという（一九九九年統計）。巨大な企業でなく、国内の中小企業であってもサプライチェーン（供給連鎖）の中で、アジアなど世界の各地の供給業者とつながり、影響力をもつようになってきた。

またIPSの報告書によると、企業の一位は米国のGM（ゼネラル・モーターズ）であり、これは国家を含めて二三位。ちなみに二四位のデンマークのGDP（国内総生産）を超えている。企業の存在は経済的にも国家を凌《しの》ぐほどになっている。組織の企業文化も現地法人網の広がりとともに浸透し始めた。本来、企業は社会において経済機能を果たすオープンなサブシステムとして生起したものであるが、多国籍化やサプライチェーン化の進行は企業機能の多様化と拡大をもたらすようになった。

②企業評価におけるトリプル・ボトム・ライン化が挙げられる。元来、資本市場における投資家の判断基準は主として財務的な利得と損失の視点に立つものであった。しかし現在はトリプル・ボトム・ラインといわれる「経済」「社会」「環境」という三つの視点で評価されるようになった。「経済」は財務的視点をベースにするが、これまでの有形資産偏重から無形資産（インタンジブル・アセット）の評価を重視するように会計基準がシフトしつつある。目に見えない知的財産、企業ブランドや顧客の信頼維持のためにはCSRを果たすことが大切である。

「社会」の視点はネガティブなインパクトとしてコンプライアンスの遵守《じゅんしゅ》であり、ポジティブ・インパクトとしては社会貢献活動などがある。CSRはこの両面でトータルに評価される。「環境」の視点は地球環境問題の深刻化に対し、外部不経済を生起せず、循環型のエコシステムに対応しているかをチェックするものである。社会的責任投資（ＳＲＩ）は企業の「社会」「環境」面の評価を特に重視して投資する方法である。すでに米国では運用パフォーマンスも向上し、４０１Ｋによる個人投資家の参入も拡大して、株式市場の投資額の十二分の一はＳＲＩになっているといわれている。英、仏、独などの欧州全体では数千億ドルの規模になっているようである。

③開発途上国からの先進国との貧富差への反発に対応するため、多国籍企業で特にＣＳＲが求められている。所得格差や分配の不公平が貧困を招き、抗議行動やテロ、ゲリラなどの要因にもなっているからである。グローバルに活動する企業は現地の人権、労働環境への配慮等幅広い視点で社会責任行動が必要である。

④欧米各国におけるＣＳＲへの積極的取り組みが進んでいるからである。ＯＥＣＤ（経済協力開発機構）は一九七六年に多国籍企業ガイドラインをつくり、コー円卓会議（日米欧の多国籍企業のリーダーグループ）は一九九四年に企業行動指針、ＵＮ（国連）は二〇〇〇年にグローバルコンパクト、非政府組織のグローバル・リポーティング・イニシアチブは二〇〇〇年に持続可能性ＧＲＩガイドラインを作成した。特に欧州では二〇〇〇年春にフランスとイギリスの二国がＣＳＲ担当国務大臣を就任させ、経済規制法で情報開示の義務化を図り、ＣＳＲ法案の提案などの活動をしている。またＩＳＯ（国際標準化機構）は二〇〇八年を目途にＳＲ（ソーシャル・リスポンシビリティ）に関するマネジメントシステムの世界標準規格化（ＩＳＯ二六〇〇〇）を進めている。「Ｃ」がないのは、対応が企業だけでなく、自治体、公益法など幅広い経営体を含むからである。欧米におけるこうした活発な動向がわが国にも波及しはじめているのである。

⑤行政による規制緩和と市場自由化の流れが挙げられる。すでにイギリスはサッチャー政権下で規制撤廃や緩和が進められ、オーストラリア、ニュージーランド、米国にも大きな影響を与えている。わが国もバブル崩壊以後の経済再生策として、市場の競争原理に基づく行政規制の緩和政策を進めている。これによって企業は自らの行動に対し、社会的責任、自己責任を強く求められるようになった。ルール違反したときは従来のような曖昧《あいまい》決着ではなく、司法権によって厳正にジャッジされる仕組みが整備されつつある。様々な司法改革の動きは企業に遵法とそのコストを強く迫るようになった。

⑥先進国における企業不祥事の多発である。米国におけるエンロン、ワールドコム、タイコインターナショナルなど一連の不正会計事件は米国型企業ガバナンスの欠陥を露呈した。欧州でも同様の事件が多発し、日本でもリコール隠し、集団食中毒、偽装肉事件、タンク火災、鳥インフルエンザ、官製談合、欠陥製品事故などの社会的影響の甚大《じんだい》なものが続発した。そのほとんどは基本的なルール違反によるものであったが、これらの根底にはCSR意識の欠落が共通している。

企業の社会的影響力の増大とともに行政においても相対的に国家の中央政府に対して地方の行政府の政策的役割が増している。これは脱近代化、ポストモダン化が進むと国民国家よりもボーダレス化が進行して、地域の文化や経済が注目されるようになり、より身近かな生活に関連する地域の自治体の影響力が拡大してくる。したがって自治体にもSR（ソーシャル・リスポンシビリティ）が一層求められるようになってきたのである。公益法人や市民NPO組織も同様である。

❷コンプライアンスとは何か

近年の企業の不祥事の多くは違法行為によるものであったため、〝コンプライアンス〟という言葉がビジネス界で流行した。ところが本来の意味が異なって使用されたり、拡大解釈されたり、リスクマネジメントと混同されるケースも出ている。コンプライアンス（Compliance）は「従う」「受諾する」というやや後ろ向きで受け入れるという意味である。しかし最近は経営の場で使用されるようになり、本来は法令遵守だが、経営倫理をも包含する意味で使用されている。日本で経営倫理（ビジネス・エシックス）が盛んに言われるようになったのはバブル崩壊以後、銀行や証券会社の不祥事が発覚してからで、経団連でも企業行動憲章を制定して対応したものであった。「倫理」は広義には道徳や道義性と同じに使用されることもあり、自他行為を内面的心情によって自主的に判断する規範とされてきた。

マックス・ウエーバーは経済行為の合理化を問題にし、米国のようなキリスト教でも職業倫理をベースとするプロテスタンティズムの宗教的伝統の中では目的合理的ビジネスにおいて内面化された価値規範体系を必要としたからだ、と指摘している。米国の大手企業の多くがコンプライアンス・マニュアルを備えているのは、こうした背景があ

〔コンプライアンスの構造〕

法　的　規　範（法令等）
行　動　規　範（就業規則等）
倫　理　規　範（倫理憲章等）

るからと言われている。最近クローズアップされているコンプライアンスは法令、政令、規則の法的規範が第一で、経営倫理の倫理規範が第二、両者の間に企業固有の社規・社則や業務マニュアルなどの社内規範という三本立てで考えることができる。マニュアルで業務についての行動原則を細かく設けることは、不祥事が発覚したときの責任を明確にできるからと言えよう。

❸CSR（企業の社会的責任）の重層的体制づくり

CSR体制はコンプライアンスだけで完了するのではない。コーポレート・ガバナンスやリスクマネジメントが置き去りにされ、遵法、倫理を説くだけで企業の社会的責任が達成されるわけではないのである。

米国エンロン社の事件では、経営者個人の倫理的自覚や遵法精神の欠落に問題があると同時に、コーポレートガバナンスのシステムそのものに問題があったことを忘れてはならない。米国政府は二〇〇二年夏、一連の不祥事のあと直ちに「米国企業改革法」（サーベンス・オクスリー法：SOX法：Sarbanes-Oxley Act）を作成し、施行した。正式には「公開企業会計改革ならびに投資家保護法」という。ここではガバナンス機能強化への様々な方策がとられている。

コーポレートガバナンスは三つのシステムで構成されていると考えられる。トップの意思決定システム、内外からの監督機能システム、ステークホルダーとの関係システムである。特にステークホルダーは単純に投資家、顧客、社員などと分類できなくなっている。例えば、投資家が顧客や社員であったりする。重層的で多様なマルチステークホルダーになってきていることを忘れてはならない。最近は「マルチステークホルダーエコノミー」という言葉もよく見かけるようになった。

また内部監査は会計監査と業務監査の二本立てになっており、財務的チェックだけでなく、業務面でもチェックする仕組みである。内部監査とコンプライアンス（倫理・法令遵守）をともに連動させ、内部統制（インターナル・コントロール）として把えることもある。実際には内部監査だけでは不十分で、外部（市場や社会）からのチェックが機能するようにしなければならない。そのため企業の情報開示と説明責任によるコミュニケーションが重要性を増し、透明性（トランスペアランシー）を明確にするほど企業は市場から支持され、社会から信用されるようになっている。

ただしガバナンス、コンプライアンス、内部統制をどんなに強化しても、人間の社会であれば事故・事件は起きるもの、と考えなければならない。いくらコンプライアンスを説いても、世の中にはルール違反をする人や企業は出てくる。例えばルールを知らなかったり、知っていても納得できなかったり、処罰規定が軽い場合、また誰も守らない場合などルールを破ることはありうることである。そこで最後の安全網がリスクマネジメントとなる。平成十四（二〇〇二）年二月、山陽新幹線で居眠り運転が発覚した。これは気のたるみもあるだろうが、運転士の無呼吸症候群（ＳＡＳ）が原因と説明された。つまりそのときまで航空会社のパイロットに対して行われるような運転士への業務に就く前の検査体制がなかった。これはリスクマネジメントの問題である。

このように見てくるとＣＳＲは基本的な認識の問題であると同時に、実際の体制づくりが大切であることが分かる。それはコーポレート・ガバナンスからリスクマネジメントまで融合したシステムとして重層的に築く必要がある。組織にＣＳＲ推進リーダーを置く企業もある。だが、現実にはなかなか成果を上げるのは厳しいようだ。CSRを果たすため社会関係（ソーシャル・リレーションズ）部門を設置する動きは着実に広がっている。経営トップがCSRを十分理解し、率先してリーダーシップをとることが何より先決と言わなければならない。そのうえで理念としての綱領づくりから規範、規定の整備、推進体制、評価まで、業種・業態や企業に即した方法を検討し、構築していくことが望まれる。今後は常に世界のCSRについての情報を収集し、適正な対応をすることが必要である。企業に求められているのは「ソーシャル経営」である、と言えよう。

●CSR（企業の社会的責任）の領域

嶋口充輝氏は、企業の社会的責任の領域を三つに分類している。まず基本責任は「自己利益動機による相互同意型価値交換の推進」、義務責任は「価値交換システムの内外不経済を排除する義務」であり、支援責任は「より長期的な企業の社会的存続投資」のことである。そこでこれらをより分かりやすく、具体的に説明してみよう。

①基本責任

企業活動の根幹であるビジネス取引において、双方が納得し、合意したうえでの公正な取引を行わなければならないという企業本来の義務（本業での社会責任）。

②義務責任

・嘘、ごまかし、不公正取引などを行わない義務（内部不経済の排除）

・顧客や株主などが必要とするときは情報開示し、説明を求められたときは理解されるように明

解な答えをするとともに資料なども提供する義務
（内部不経済の排除）
・乱開発など環境破壊、大気汚染や有害物質の発生および廃棄物の不法投棄といった公害、動植物の乱獲などをしない義務
（外部不経済の排除）
・男女、人種、年齢、出身地、出身階層、学歴、容姿、障害などを越えた雇用機会の提供をする義務
・国や地方自治体への納税の義務
③支援責任
・文化施設、スポーツ、映画、演劇、美術、音楽などの

『顧客満足型マーケティングの構図』嶋口充輝／有斐閣（平成6年）

文化活動に対する支援
・環境保全、国際交流、地域、福祉、教育、学術研究などの社会活動への支援
・合法的政治献金などによる政治活動への支援
・発展途上国への経済援助などの経済支援
これらの三層の社会的責任を着実に果たし、長期的に応分の社会的問題の解決に貢献することが、何よりのリスクヘッジになることは言うまでもない。

3．コンプライアンスとビジネス倫理

●コンプライアンスとビジネス倫理

相変わらず続発する企業、官庁、病院などにおける不祥事について経営の姿勢や取り組みの原点から反省が求められている。近年特に、公共工事にからむ贈収賄《ぞうしゅうわい》、食中毒事件、欠陥商品のリコール隠し、病院でも患者取り違えの手術など生活者市民を裏切るような不祥事が多発し、企業、官公庁や病院を見る目が厳しくなっている。

そこで議論されるようになったのが不祥事を未然に防ぐ〝コンプライアンス（法令遵守《じゅんしゅ》）〟やビジネス倫理である。企業の違法行為が表面化する事件があるたびにコンプライアンスが叫ばれる。まず法令を遵守することは企業の社会的責任の第一歩であろう。しかし、法規制が複雑化してくると、気づかない間に法令違反になったり、個人の活動が委縮、過度な自己防衛に陥ることもある。

企業行動憲章
―社会の信頼と共感を得るために―

（社）日本経済団体連合会

1991年９月14日　「経団連企業行動憲章」制定
1996年12月17日　同憲章改定
2002年10月15日　「企業行動憲章」へ改定
2004年５月18日　同憲章改定
2010年９月14日　同憲章改定

企業は、公正な競争を通じて利潤を追求するという経済的主体であると同時に、広く社会にとって有用な存在でなければならない。そのため企業は、次の10原則に基づき、国の内外において、人権を尊重し、関係法令、国際ルールおよびその精神を遵守しつつ、持続可能な社会の創造に向けて、高い倫理観をもって社会的責任を果たしていく。

1．社会的に有用で安全な商品・サービスを開発、提供し、消費者・顧客の満足と信頼を獲得する。
2．公正、透明、自由な競争ならびに適正な取引を行う。また、政治、行政との健全かつ正常な関係を保つ。
3．株主はもとより、広く社会とのコミュニケーションを行い、企業情報を積極的かつ公正に開示する。また、個人情報・顧客情報をはじめとする各種情報の保護・管理を徹底する。
4．従業員の多様性、人格、個性を尊重するとともに、安全で働きやすい環境を確保し、ゆとりと豊かさを実現する。
5．環境問題への取り組みは人類共通の課題であり、企業の存在と活動に必須の要件として、主体的に行動する。
6．「良き企業市民」として、積極的に社会貢献活動を行う。
7．市民社会の秩序や安全に脅威を与える反社会的勢力および団体とは断固として対決し、関係遮断を徹底する。
8．経営トップは、本憲章の精神の実現が自らの役割であることを認識し、率先垂範の上、社内ならびに、グループ企業にその徹底を図るとともに、取引先にも促す。また、社内外の声を常時把握し、実効ある社内体制を確立する。
9．本憲章に反するような事態が発生したときには、経営トップ自らが問題解決にあたる姿勢を内外に明らかにし、原因究明、再発防止に努める。また、社会への迅速かつ的確な情報の公開と説明責任を遂行し、権限と責任を明確にした上、自らを含めて厳正な処分を行う。

以　上

また経営倫理や企業の倫理はビジネス・エシックス（business ethics）という用語が使われ、倫理綱領などを作成する企業も増えている。日本では平成三（一九九一）年九月に経団連が「企業行動憲章」を作成し、平成八（一九九六）年に証券不祥事を受けて改定され、さらに食肉偽装事件などを契機に平成十四（二〇〇二）年十月に再度改定した。また実効性を高めるため「憲章実行の手引き」も改定され、不祥事防止への取り組みが強化された（四九頁参照）。その後、不祥事や事故・事件が発生するたびに倫理性が説かれ、倫理規程や行動規範をつくる企業も増加してきた。コンプライアンスも経営倫理も社会的存在の経営体にとっては、本来あるべきものなのだが、いま危機管理的な視点で見直されているのである。

ただし、コンプライアンス（法令遵守）や経営倫理は守って当然のものであり、変化の激しい現在は将来への社会からの期待に応える誠実さも求められ、これらを包含してインテグリティ（誠実）・マネジメントと言うこともある。

例えば日本アイビーエムでは、ビジネス・コンダクト・ガイドライン（ＢＣＧ）が全社員に配布されている。これはアメリカ本社でトーマス・ワトソン・ジュニアが独占禁止法を遵守するための指示書としてまとめたのが始まりと言う。ガイドラインは法律そのものではなく、遵法《じゅんぽう》（法律によく従うこと）と倫理をベースに社員が犯しがちな問題を避けるように規程がつくられている。そのうえ、このガイドラインを守らないと、人事上の処分をすることが明言されている。

またテキサス・インスツルメンツには「The Values and Ethics of TI」という倫理綱領がある。これはＴＩが一つの企業体としてある行動や意思決定を下す際の共通の価値基準を持つための指針

〔テキサス・インスツルメンツ／行動規範—TI の価値と倫理〕

倫理は TI のコーナーストーン・礎石です

TIの評判は私達社員一人一人が毎日下す意志決定や行動によって決まります。そして、私達の持っているTIの価値基準によって、下した意志決定や行動がよかったかどうか、またどのようにビジネスを遂行するべきかが決まるのです。私達は現在これまで以上に困難でしかも刻一刻と変化するビジネス環境の中で仕事をしています。全社員が力を合わせて、誠実・革新・コミットメントを土台としたビジネス環境を築き上げようとしているのです。また互いに力を合わせて新しい世紀にむけてTIを船出させようとしているのです……倫理に基づいた判断を一つ一つ下しながら。また私達には難しい意志決定をしたり、また確固たる行動をとる決意もあります……そして、それらを確実にやり遂げる決心です。私達は目標を高く掲げることにより、今日の市場においてかけがえのない評価を勝ち得たのです……誠実であり、正直であり、また信頼に値するという評価をです。この力強い倫理に関する評価は私達のかけがえのない資産です……私達には一人一人がこの資産を守り、さらに強化し、また将来に受け継がせていく責任があるのです。私達TIの高い倫理観は取引のあらゆる局面で、ものはいわないけれども強力なパートナーなのです。この小冊子に記された価値基準を理解し、それに適合することにより私達は自分自身に、あるいは周りに向かって「TIはいい会社だ。その理由の一つは私が参加しているからだ」と自信をもって言えるでしょう。

正しいことを知ろう。正しいことを尊重しよう。正しいことをしよう。

1 誠実

私たちは正直です：
自分自身あるいは自分の考えを正直に表現し実行します。

私たちはお互いを尊敬しあい認めあう：
自分がして欲しいと思うようなやりかたで、他の人たちにもします。

2 革新

私たちは学びそして創造します：
現状に満足しないことがビジネスと
個人の目標の実現を達成する原動力となります。

私たちは果敢に行動します：
ビジネスの新しい方向性や機会を開拓します。

3 コミットメント

私たちは責任を全うします：
常に競争相手より優れた能力を持つ社員でいなければなりません。

私たちは競争に勝つことを誓います：
TIを勝者とするために私たちTI社員一人一人が努力します。

《エシックス・テスト》

◎「それ」は**法律**に触れないだろうか
◎「それ」はTIの**価値基準**にあっているだろうか
◎「それ」をすると**よくない**と感じないだろうか
◎「それ」が**新聞**にのったらどう映るだろうか
◎「それ」が**正しくない**と分かっているのにやっていないだろうか
◎確信が持てないときは**質問**をしてください
◎納得のいく**答え**が得られるまで質問をしてください

となっていて、社員が仕事をするうえで倫理にかなう行動をすることに価値があるとしている。また同社には「エシックス・オフィス」という部門もあり、社内の倫理意識の啓蒙・高揚を図るとともに倫理問題の相談・解決にあたっている。

●全社員の意識改革

日本の企業でも最近は倫理基準や行動規範が作成されるようになっている。だいたい企業、官公庁、病院などは、基本理念や綱領のようなものを作成するのが一般的だが、これをきちんと全社員に浸透させて実行しているところは意外に少ない。そのため、あらゆる手法による組織内コミュニケーションの実施や教育研修によって全社員による共有化を果たさなければならない。

また従来、「倫理的なこと」を「きれいごと」とか「建て前」とする風潮が見受けられ、形だけの「倫理規程」や「倫理担当」を設けて表面を取りつくろう傾向がありはしないだろうか。社員が倫理規程を引き出しの中にしまい込んでしまっては何にもならない。肝心なことは経営者はもとより、全社員が心の底から基本理念や行動指針を信念とし、さらにコンプライアンスや倫理を固く守るという意識の変革をすることであろう。抽象的で精神的な理念の具体的な形としてビジネス・アクションが出てくるのである。ただ実際の取り組みの中で注意しなければならないことは、規程や綱領を作成しても配布されただけになったり、一時期はプロジェクトが盛り上がっても形骸化したり、トップが交替すると事務局任せになって関心が薄れたりする傾向があり、組織の制度として浸透させ、根づかせていくことが大切である。日本では昔から各家庭に「火の用心」「家内安全」の紙を貼って、火災や非常時に備える心を常に忘れないようにしたものである。〝用心〟とは頭だけでなく「心」の中に浸透させることを意味した優れた表現である。また「家内安全」は、十分なリスクへの備えの結果であり、〝安全〟は努力して得られるもの、との訓えである。リスクマネジメントや危機管理の方策よりも、まず根本の意識変革が大前提であることは言うまでもない。

4．組織風土と組織文化の影響

不祥事を起こしたり、事故が発生する企業や団体は、同様の事故・事件を繰り返す傾向があると言われる。不祥事のあと企業倫理室やコンプライアンス委員会などを設置しても、数年するとまた同様の事件・事故を起こしてしまう。これはどうしてであろうか。何度も繰り返し、同じように社会にお詫びし、また再発するケースは、だいたいその組織の風土、文化や体質に問題があるのではないだろうか。事件ごとに詫びても組織の構成員の意識が変わらなければ、また同じ失敗をする。不測事態の多発は組織の根本的風土、体質の影響をかなり受けていると考えてよいのではないか。

平成十二（二〇〇〇）年にリコール隠しで幹部が書類送検された自動車メーカーは、十年近く前には同社の労組幹部の不祥事や総会屋との癒着《ゆちゃく》問題で刑事上の摘発を受けている。そのたびに謝罪、反省を表明し、社内に倫理担当を置いたりしていたが、実はリコール隠しという違法行為を続けていた。その後にも不祥事が続いた。外見をつくろうだけの対策では済まないのである。

あろうことか、さらに平成十六（二〇〇四）年には、関連会社でタイヤと車軸を結ぶハブの破断による夕イヤ脱落事故が発生、整備不良でなく設計上の不備であったことを認め、事故死亡者に哀悼の意を表した。だが一回目の会見では謝罪せず、二度目でようやく謝まる始末だった。しかも捜査が進むにつれ、これもリコール隠しであったことが判明しつつあり、その企業体質は世間を驚かせ、社会の信用を著しく落としたものである。これは自社の属するグループ・ブランドのステータスに溺れ、技術を過信し、面子《めんつ》と業績にこだわり、社会の常識とかけ離れた社内意識が増殖した結果であろう。間もなく当時のトップと幹部は国への虚偽報告と業務上過失致死傷の容疑で逮捕された。長年にわたる腐敗した経営風土が、社員に心理的な共通の行動様式を同調させたのであろう。いわば企業遺伝子の中に悪玉遺伝子が根深くインプットされたのかも知れない。あるいはその中にあるDNAのなせる業《わざ》なのか。それだけに組織の風土や文化の変革は企業遺伝子の問題であり、リスクマネジメントや危機管理のうえからも注目すべき課題と言わなければならない。経営理念や創業精神を社員がいつも忘れず、明るく、公正で透明な組織風土や文化を保持し、信頼関係を構築し、行動規範を共有化すれば、そのことで不祥事発生のリスクはかなり抑止され、危機の発生確率を相当程度低減することができるであろう。

5．内部統制とリスクマネジメント、ガバナンス

●企業内部からのガバナンス

米国のエンロン、ワールドコム、タイコインターナショナルなど有名企業による不正会計事件が

二〇〇一（平成十三）年から二〇〇二（平成十四）年にかけて立て続けに露見し、国際的に企業や経営体のコーポレート・ガバナンス（企業統治）や内部統制（インターナル・コントロール）が注目され、関心が高まった。米国政府は二〇〇二（平成十四）年、いち早く「企業改革法」を制定し、不正会計や違法行為の罰則・規制を強化した。証券アナリストの遵法性、倫理性も厳しく糾弾され、司法で裁かれることになった。会計監査法人についても監査とコンサルティングを分離することが義務づけられた。米国にはそれまで違法行為防止規範をもつ企業は不祥事発生時、罰金が減額されるという「連邦量刑ガイドライン」（一九九一年）やCOSO（トレッドウェイ委員会組織委員会）レポート（一九九二年）と呼ばれる内部統制の枠組みができていたにもかかわらずエンロンのような不祥事が起きたことで、資本市場からガバナンスや内部統制のあり方の見直しの要請が急激に強まったのである。

日本でも不祥事が続発し、コンプライアンスやリスクマネジメントとともに内部統制（インターナル・コントロール）が見直される動きとなり、経済団体や所轄官庁によって新たな枠組みづくりが進められた。日本経団連による「企業行動憲章」の改定（平成十四年十二月）、経済同友会「第十五回企業白書」での「企業の進化と社会的責任経営」の提示（平成十五年三月）、東京商工会議所による「企業行動規範」の策定（平成十四年十二月）などである。経済産業省は平成十五（二〇〇三）年六月に、リスク管理・内部統制に関する研究会の報告書として『リスク新時代の内部統制―リスクマネジメントと一体となって機能する内部統制の指針』を発表し、概念的関連づけを行った。

内部統制（インターナル・コントロール）という用語は、広義では経営管理の諸要素を包含して、

ＲＯＩ（使用資本利益率）を最大化するための統制活動を指している。例えば組織の統制、人事の統制、会計的統制などである。だが、歴史的には比較的狭い意味で使用されることが多かった。それは外部からの監査やガバナンスを前提として内部統制を把え、会計的記録の適正や資産の保全を中心に内部監査を主たる内容と考えるものである。内部監査はさらに会計監査と業務監査に分けられる。わが国では旧通産省の産業合理化審議会の答申により「経営者が企業の全体的観点から執行活動を計画しその実施を調整しかつ実績を評価することであり、これらを計算的統制の方法によって行うもの」とされてきた。つまり会計ベースの内部監査とほぼ同義的に使用されることが多かった。エンロン事件や企業不祥事の多発により内部統制の意味合いが組織の経営管理の原点に戻り、内部監査も内部統制の実態を調べて問題などを見つけ、業務面、会計面での改善点を指摘することになったのである。

他方企業の外部からのガバナンスを機能させ、資本市場から資金調達することを目的としたＩＲ（インベスター・リレーションズ）が活発になってきている。投資家（個人・機関）や証券アナリストなどへの情報開示で説明責任（アカウンタビリティー）を果たす投資家広報のことである。投資判断をするうえで彼等は企業の統制機能が十分働いているかどうかを評価するからである。

●米国のＣＯＳＯと英国のターンブルガイダンス

平成十五（二〇〇三）年五月から施行された商法の改正法による委員会等設置会社の取締役会は法務省令に基づいて内部統制システムの構築が義務づけられた。そこで内部統制の基本的な枠組みとしてCOSO（トレッドウェイ委員会組織委員会：Commitee of Sponsoring Organizations of the Treadway Commission）のシステムがよく取り上げられる。一九九二（平成四）年のCOSOの枠組みでは、内部統制の目的を三つ挙げている。第一は、オペレーション（業務）の有効性と効率性、第二は財務など諸報告の信頼性、第三は事業関連法令の遵守（コンプライアンス）の確保である。第二、第三は経営体外部からの基準やルールを守っていればほぼ達成されるものだが、第一の業務の面は事業目標に向けてのビジネス活動の一定期間内の達成度合いやそのやり方の問題である。COSOにおける内部統制は五つの構成要素を挙げている。リスク評価、情報とコミュニケーション、コントロール（統制）活動、コントロール（統制）環境、モニタリングである。リスク評価は企業など経営体が目標を達成するうえで阻害要因となるリスクを予測、分析して評価することである。情報とコミュニケーションは、企業の内外環境を確認し、伝達することで、これがコントロール活動に影響していくのである。またコントロール環境は組織構成員の法令遵守意識や倫理観、理念、さらに構成員のモラルやまとまりも関係してくる。これら五つの要素のうちリスク評価がリスクマネジメントと関連、やがて新会社法、日本版SOX法につながっていく。

英国でも米国のCOSOレポートの影響を受け、コーポレート・ガバナンスや内部統制強化のためにいくつかの強化策が進められた。一九九八年、英国上場審査局は「コンバインド・コード」を公表した。ここには財務的監査の枠を越えて内部統制の内容が盛り込まれた。さらに翌年には、コンバインド・コードを実施するうえでの指針として「ターンブルガイダンス」がICAEW（英国勅許会計士協会）により公表された。ここには事業レベルでの取締役の指針と内部コントロールやリスクマネジメント、内部監査の原則が示されている。これによって部門的、財務的統制から経営体すべてにわたるリスクマネジメントとしての内部統制の枠組みが整備された。

●内部統制とガバナンス、企業リスクマネジメント

平成十八（二〇〇六）年、商法第二編、有限会社法などの会社法制に関する法律を再編して「会社法」が施行された。これによって大会社（資本金五億円以上もしくは負債二〇〇億円以上の会社）は内部統制を制度化し、運用することが義務づけられた。また取締役会設置会社や委員会設置会社（監査役制ではなく社外取締役中心の指名、監査、報酬委員会を設置）も、取締役または執行役が法令や定款に適合した活動をするかどうか、会社業務の適正を確保するという内部統制の整備が求められるようになった。

さらに同年成立した「金融商品取引法」は「日本版ＳＯＸ法」とも呼ばれ、従来の「証券取引法」を大幅に改正して、投資家保護の立場での様々な金融商品の公正な取引をルール化し、内部統制を制度化している。会社法での内部統制は「業務の適正を確保」するため、業務の効率性や有効性、法令遵守などが主眼にされているが、「金融商品取引法」では主として財務報告に関わる適正確保が目的になっている。

ことに日本版ＳＯＸ法は米国の二〇〇四年ＣＯＳＯのフレームワークの影響を強く受けている。二〇〇四年のＣＯＳＯはＣＯＳＯ／ＥＲＭ（エンタープライズ・リスクマネジメント）キューブとして、一九九四年ＣＯＳＯの三つの目的に「戦略」が加わり、構成要素が八つになった。内部環境、

目標設定、事象の明確化、リスク評価、リスク対応、コントロール活動、情報と伝達、モニタリングである。日本版ＳＯＸ法では、要素は統制環境、リスクの評価と対応、統制活動、情報とコミュニケーション、モニタリング、ＩＴへの対応となっている。また目的は業務の有効性と効率性、財務報告の信頼性、法令遵守、資産保全の四つとした。これらはサイコロ形のキューブとして表現されることが多い（図参照）。

ＥＲＭはEnterprise Risk Managementの略で、企業リスクマネジメントまたは全社的リスクマネジメント、ときに統合的リスクマネジメント（Integrated Risk Management）とも呼ばれる。これは経済的健全性の結果責任だけではなく、ビジネス過程でのプロセス責任（倫理性と社会性）を求める発想からきている。

〔金融商品取引法（日本版SOX法）におけるCOSO/ERMキューブ〕

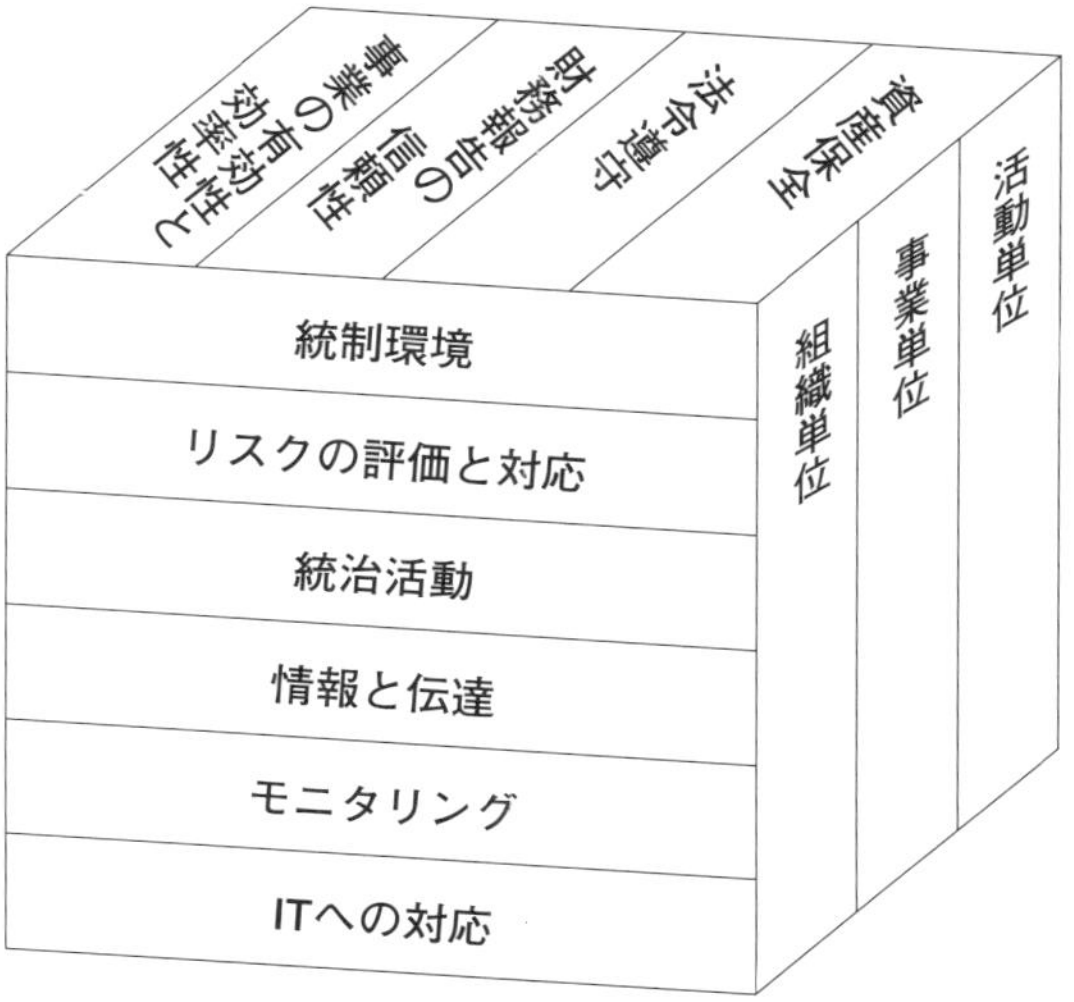

金融庁企業会計審議会第５回内部統制部会資料「参考図表」一部修正

吉川吉衛氏は「企業リスクマネジメント（ＥＲＭ）は手法であり、これにより仕組みとしての内部統制を適切かつ確実に行うことができる。これらが実践され仕組まれる場である企業を、監視制度として枠づけしているものがコーポレートガバナンスである。これらは三者一体であり、それらが一体として十全に機能することでＣＳＲの要請に応え、企業価値を向上することができる」と論じている（吉川吉衛『企業リスクマネジメント』中央経済社、二〇〇七）。

内部監査（インターナル・オーディット）は、すでに述べたように財務と業務の両方を監査し、内部統制の目的のうち、オペレーション（業務）の有効性と効率性を確認、監視する機能をもっている。そのため内部監査の担当者は組織内で中立的、第三者的でなくてはならず、ライン的なリスクマネジメント担当者やリスクマネジャーとは立場を異にしていると考えるのが妥当である。

内部統制はこのようにリスクマネジメントと一体となって機能する仕組みを、日本の風土や環境に適合した形で構築し、運用することが強く求められているのである。

6. 環境経営の社会的意義

●直面している環境問題

二十世紀は大量生産による社会の仕組みがわれわれの生活を豊かにしたが、地球規模にまで及ぶ環境問題が深刻になってきている。そこで今世紀は、〝環境の時代〟と言われるように、持続可能型社会に向けての取り組みは人類共通の課題となってきた。すでにそのための取り組みが一部先進国

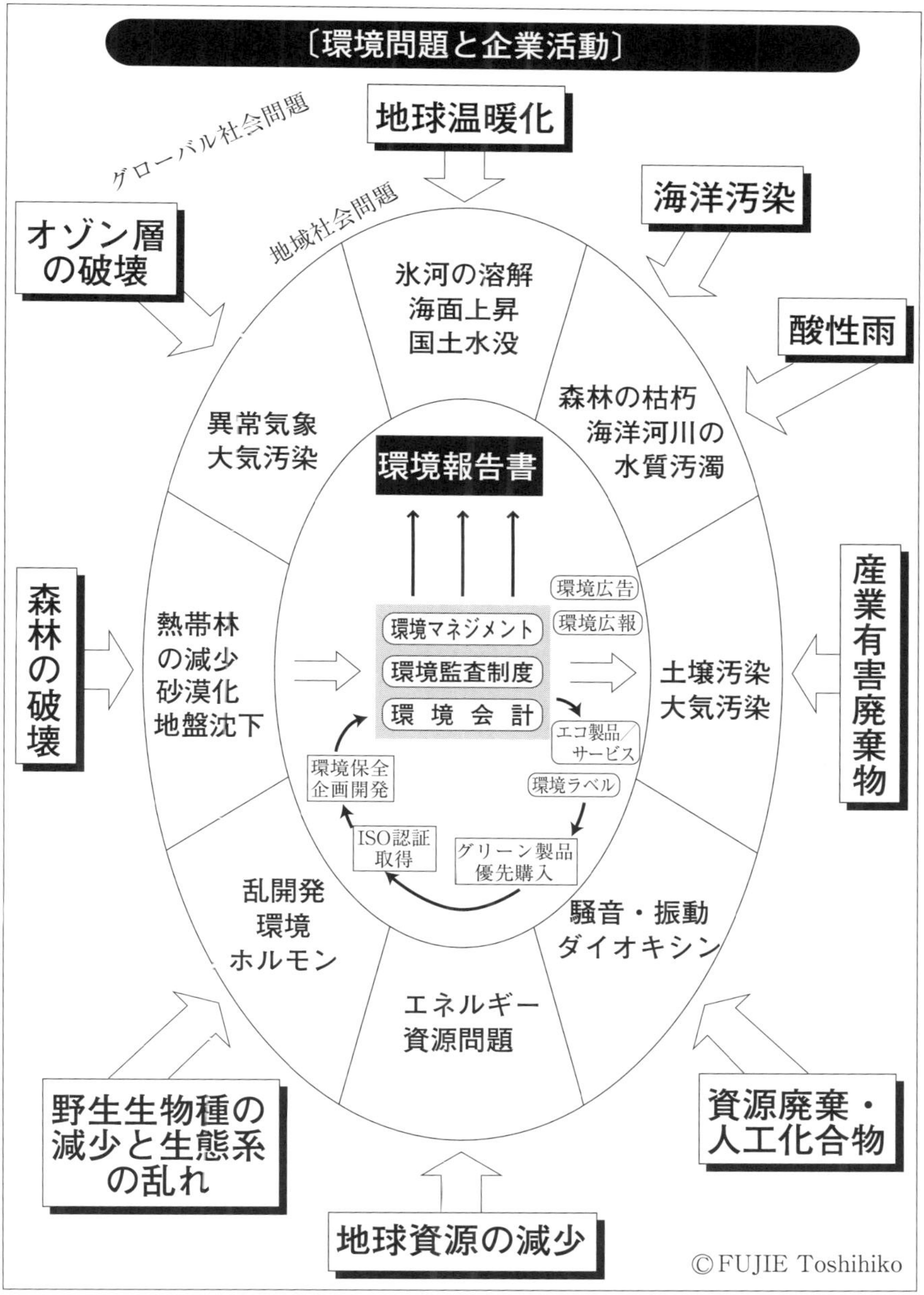
〔環境問題と企業活動〕
グローバル社会問題
地域社会問題
地球温暖化
海洋汚染
酸性雨
オゾン層の破壊
森林の破壊
産業有害廃棄物
野生生物種の減少と生態系の乱れ
資源廃棄・人工化合物
地球資源の減少
氷河の溶解
海面上昇
国土水没
森林の枯朽
海洋河川の水質汚濁
異常気象
大気汚染
熱帯林の減少
砂漠化
地盤沈下
土壌汚染
大気汚染
乱開発
環境ホルモン
騒音・振動
ダイオキシン
エネルギー資源問題
環境報告書
環境マネジメント
環境監査制度
環境会計
環境広告
環境広報
エコ製品／サービス
環境ラベル
グリーン製品優先購入
ISO認証取得
環境保全企画開発
©FUJIE Toshihiko

では実行されつつあるが、エネルギーや資源の消費は減少する気配が一向に見られない。

このままの状態を続けていたのなら、近未来において国境を越えた企業活動はおろか、人類の日常活動にも影響が生じることになると予想されている。グローバル社会での環境保全活動は本格的な取り組みが始まっている。

いま直面している地球環境問題は、だいたい次のようなものが挙げられる。

①二酸化炭素濃度の上昇による地球の温暖化
②フロンガスなどによるオゾン層の破壊
③硫黄酸化物や窒素化合物などを原因とした酸性雨による森林破壊や生物の減少
④原子力発電所からの放射性物質による汚染
⑤過度な伐採を原因とした熱帯雨林の減少による自然環境の変化
⑥河川の汚染、船舶の運航や事故、海底油田の開発などを原因とした海洋汚染
⑦湾岸部の開発や架橋工事による生態系の破壊
⑧乾燥地帯の砂漠化現象
⑨野生生物の生態系の乱れと絶滅種の増加

●社会的責任である環境リスクマネジメント

企業などの事業体はこれまでのように環境への配慮より効率化を最優先する経営から脱却し、自分たちは加害者にならない、という姿勢で臨まなければならない。行政自治体や病医院なども自ら

の裁量の範囲で生態環境や自然資源を十分配慮した判断や行動が求められている。地球環境におけるあらゆる資源は、元来は公共財であり有限であることを忘れてはならない。

こうした認識のもとに環境経営のパフォーマンスを果たすことが個人から企業、自治体、国家まであらゆる活動主体に求められている。最近、企業の環境情報の開示や説明について環境報告書、環境会計が活発化してきたが、企業価値の評価に関わる環境格づけも他の経営体におよび盛んになりつつある。環境リスクへのマネジメントは社会的責任の範疇《はんちゅう》であり、またこれへの対応は地球規模のイッシュー・マネジメントとも言えるのではないだろうか。

リスクマネジメントの考え方自体、これまで企業や団体などの個別組織、経営体ごとの個別利益や論理による環境問題への取り組みを主体にした環境マネジメントの発想であったのだが、これからは社会との相互作用性、相互関連性の視点に立った環境リスクマネジメントが求められるようになっている。すなわち環境リスクマネジメントはソーシャル・リスクマネジメントとして考え、対応を求められている、と言ってよいであろう。企業が社会や市場の中で持続的成長（サステナブル・グロウス）を果たすためには個別の原理で活動するのではなく、ソーシャルな関わり合いを常に意識し、社会的責任（ＳＲ）として環境リスクマネジメントを実践する必要があるということである。

近年ＣＳＲの潮流とともに、企業でもＣＳＲの部門を設置し、環境の部門と合体させ「社会環境」とか「社会関連」（ソーシャル・リレーションズ）の名称を使用する動きも出ている。これは企業の評価がトリプル・ボトム・ラインと言われるように、経済財務的評価、社会的評価、環境保全面での評価という三つの側面でトータルに実施されるようになってきたからである。そして社会に対する活動報告も業績や財務の報告、環境報告とともに社会的活動報告も含めて「サステナビリティ（持続可能性）報告」「CSRレポート」「社会環境報告書」として情報開示し、公表するケースが増えつつある。環境の面で効率を上げるエコエフィシエンシーをEMS（環境マネジメントシステム）として導入し、リスクヘッジして有効性を維持しなければ企業の社会的存在が危うくなる、と言われるようになった。トリプル・ボトム・ラインでの情報開示と説明責任を果たし、CSRを達成するためのトータルなリスクマネジメントを整備、実施することがサステナブル経営につながるのである。

さらに国連の責任投資原則（PRI）のESG、すなわち環境（Environment）、社会（Social）、ガバナンス（Governance）を投資分析、意思決定プロセスに組み込み、持続的な企業価値向上を志向する戦略的報告書として「統合報告書（Integrated Report）」が注目されるようになった。これはこれまでCSRレポートとIRレポートに分けて発表されていた活動報告において、財務、非財務情報が過多気味になりつつあったものを、簡潔な形で一本化したものと言える。企業にとっては投資家から正当な評価を得ることができ、投資家にとっては出資、投資ミスのリスクを少なくすることができるわけである。

第三章：リスクマネジメントの手法と展開

1. リスク処理手段（リスクトリートメント）

●リスクアセスメントとリスク処理手段

リスクマネジメントを問題の解決に向けての取り組みとすれば、事前にその前提となる**リスクアセスメント**（risk assessment）に触れておかなければならない。リスクアセスメントはハザードとしてリスクを感知し、それを分析、評価、予測することで、いわば予知、予防への展開である。通常リスクとなる危険な状態（ハザード）を予知し、リスクのシナリオを想定して、リスクの損害を算定し、発生確率を想定し、影響度を評価するのである。リスク処理計画の第一歩である。

リスクアセスメントに基づいてリスクの具体的な対応手法を検討するのだが、これは**リスク処理手段**（methods of handling risk）などと言われ、経済学、経営学などの保険分野で様々な学説が提示されてきた。リスク処理手段の選択はリスクトリートメント（risk treatment）と言われる。

ジョージ・ヘッド（George Head）はリスク処理手段を**リスクコントロール**（risk control：危機制御）とリスクファイナンシング（risk financing：危機財務）の二つに分けたが、わが国ではリスク処理手段をリスクコントロールと**リスクファイナンス**（risk finance）として一般的に分類する。

リスクコントロールは危機の発生を予防し、もし万が一発生しても損失を最小化するための手法であり、リスクファイナンスは危機発生時の損失に必要な資金計画を準備しておくことである。いずれもコストを余儀なくされる。リスクコントロールの手段として「回避」と「除去」があり、リスクファイナンスとしては「転嫁」と「保有」がある。

●リスクコントロール

リスクコントロールでの「回避」は予想される危機に遭遇しないため、その危機に関わる活動をしないことである。例えば飛行機事故に遭いたくなければ乗らない、ということである。また大きな利益が見込めるビジネスチャンスがあってもリスク回避の観点から、その取引をしないことである。いわば後ろ向きで消極的な手段といえる。

ただこのことによって長期的にさらに大きなハンディを抱えたり、別のリスクをもってしまうことも考えられるので注意を要する。

次に「除去」である。これはさらに細かく分けると「危機の防止・分散・結合・制限」に分けることができる。「防止」というのは、危機発生の確率やその頻度を減少させる「予防」と「危機」の損害を減少させる「軽減」とがある。前者は建物の強度を増したり、要員を増やしたりすることである。後者の軽減は危機発生時の損害の最小化に具体的な手段を講ずることである。様々な防災消火設備などを整備するのが防止である。

危機の「分散」は、公共の施設、建物、在庫など一カ所に集中させる危険を避けて、数多くの地区に分散させ、被害を拡大させないことである。

危機の「結合」は、例えばある業界で、多数の企業が相互に協定などを結び、危機を共同で避けようとするものである。これによって、危機発生時の損害額を最小化する試みと言えよう。

危機の「制限」は不特定多数のユーザーや顧客に対して、業界は取引フォームやヒナ型をつくって、危険負担を抑制し、潜在時のリスクを抑止しようというものである。

●リスクファイナンス

除去できないリスクについて財務的な「転嫁（transfer）」の典型が保険である。転嫁手段として保険は合理的なものだが、あらゆるリスクについて付保できるものではない。いわんや最近の激動期には予想もできない危機もあり、付保できないものやできても負担する能力を超えたものもある。また類似した考え方に共済制度や基金制度などもある。

また「相殺《そうさい》」という考え方もある。例えば、商品先物取引などで価格変動のリスクを相殺しよう、という試みが典型である。現物と先物との損益相殺が目的である。

リスクファイナンスの「保有」は積極的、消極的の二つがある。積極的には準備金を積み立てたり、自家保険（積立金、引当金の一つの形態）、キャプティブ（自家保険会社、専属保険会社）などがある。消極的保有というのは、危機意識を持たず知らないで保有していたというものである。

●リスクコミュニケーション

リスクに関わるコミュニケーションについては、自然科学、社会科学、人文科学などあらゆる分野で議論され、日本学術会議での統一研究テーマにもなった概念である。日本規格協会は『リスクマネジメント構築のための指針』（二〇〇三年）の中で、次のように定義した。「意思決定者と他のステークホルダーの間における、リスクに関する情報の交換、又は共有。［備考：ここでいう情報はリスクの存在、性質、形態、発生確率、重大さ、受容の可能性、対応又は他の側面に関連することがある］これをさらに要約すれば、意志決定者としての活動主体をリスク情報の送り手とし、その利害関係者を受け手として、相互に交換、共有、理解をするプロセス（過程）ということができるであろう。さらにリスク事象についてどのように対応し、対策をとるか、どのように動くかまでを相互に理解することが求められる。

経営組織の場合には、組織内（インターナル・ハウス）での上下、左右部門横断的、さらに関連事業組織間でのコミュニケーションと組織外（エクスターナル・ハウス）におけるあらゆる利害関係者（ステークホルダー）、社会に対して迅速にコミュニケーションすることである。

類似概念のクライシスコミュニケーションは、クライシス（危機事象）が発生してからのリスク処理過程でのコミュニケーションの総体である。

2．リスクの調査と予測

リスク処理計画の第一ステップであるリスクアセスメントの最初に実施されるのが調査、分析である。リスクの調査はリスクの洗い出しと関連してくる。通常こうした活動はリスクマネジメント専用の部門またはプロジェクトチームなどによって実施されることが多い。

基本的には経営情報やデータを活用しての分析であるが、一般的な方法として、調査質問表など

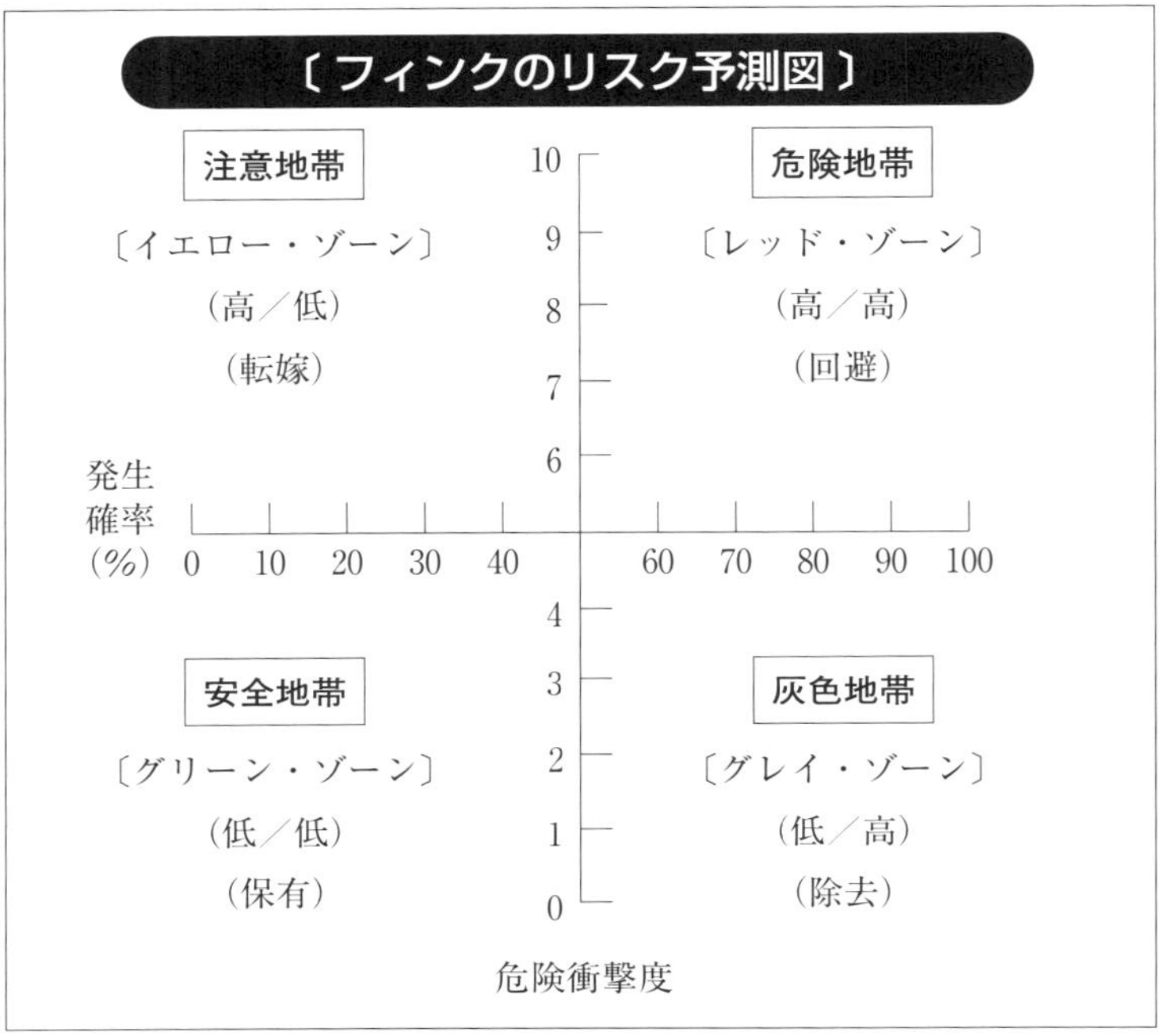

① 危機衝撃度高く、危機発生確率も高い→レッド・ゾーン　（危険地帯）
② 危機衝撃度高く、危機発生確率は低い→イエロー・ゾーン（注意地帯）
③ 危機衝撃度低く、危機発生確率は高い→グレイ・ゾーン　（灰色地帯）
④ 危機衝撃度低く、危機発生確率も低い→グリーン・ゾーン（安全地帯）

（出典）Fink. S., Crisis Management N.Y. 1986, pp. 37–46
近藤純夫訳『クライシスマネジメント』（経済界）pp. 68–79

によるチェックリスト、財務諸表やキャッシュフロー計算書などによる企業財務分析、また営業、流通、生産等に関するフローチャートなどがある。

リスクの予測(forecasting)について実践でも活用されている考え方にフィンク(Fink)の危機測定論がある。危機発生時の損害（ダメージ）を、人的、金額的影響にして「危機衝撃度(crisis impact value)」とし、これを十段階で評価する。これは危機管理プロジェクトメンバーや専門家などとの協議によって出される主観的なものである。ただそこには経験則、データ、専門的判断なども考慮しているものなので、おおむね信頼できるものとなっていると考えられる。そこで五つの質問項目について一から十の段階で採点し、危機衝撃度を出すのである。

[質問１]「危機の衝撃は拡大するか。その水準や速度はどうか」
[質問２]「危機発生時、マスメディアや行政にどのくらい調査され、規制されるか」
[質問３]「危機により、通常業務にどの程度の支障をきたすか」
[質問４]「危機により、イメージや評判はどのくらい下落するか」
[質問５]「危機により、収益はどのくらい低下するか」

次に、こうした危機の発生の確率を考えてみる。自社や業界での過去の事例、最近の技術水準などを配慮しながら、○％から一○○％の間で数量化していくのである。例えば「ほとんど発生しない」「可能性がある」「かなり高い確率である」などで百分率化していくのである。

ここで得られた危機衝撃度と発生確率をそれぞれタテ軸とヨコ軸にしたマトリクスを作成する。交点は衝撃度が五で確率五○％のところである。そして予測される危険の一つずつをこのマトリクスの中にポジショニングしていくのである。

ポジショニングによって位置づけされた危機は、それにふさわしい対応手法がとられるのは当然である。フィンクの理論は現在広く実践の場で活用されており、公共の危機管理について有効なものと認識されている。

3．リスクマネジメントの目的

リスクマネジメントの目的は、狭義と広義の解釈で異なってくるが、トータルなリスクマネジメントの目的は、企業経営の場合、企業価値を低下させず、新たに価値を創造してステークホルダーの信頼を得ること、と言うことができる。

従来リスクマネジメント理論では、その究極の目的は企業の倒産（failure）を防止し、その倒産要因を科学的にマネージすること、とされてきた。ことにアメリカでは企業倒産について経営者の意思決定やマネジメントのミスが主な理由と見られる傾向があり、リスクマネジメントは経営者の重要な課題となっている。近年経済主体として、企業、自治体、公益法人などいずれも透明性を社会から強く求められ、多様な関係者との相互信頼性のうえに自らの存在価値が認められるようになっている。リスクマネジメントはまさにこれらの主体が存続するためであり、社会や利害関係者から評価され価値を向上させることである、と言えよう。

企業の倒産防止ということは、企業のサバイバル対策であり、企業がゴーイングコンサーン（企業は永続するのが前提）としての責任をもつことである。換言すれば、企業の価値を創造し、維持していくことであり、将来へのキャッシュフローベースの経営発想にも連動することになる。

近年、高く評価されるマネジメントとは企業の倒産を防止し、企業価値を創造し、成長させ、ステークホルダーにとって有効かつ有益な存在となる経営と言えるだろう。そのためにリスクマネジメントも経営戦略的な視点で位置づけることが求められているのである。

4．リスクマネジメントの三つの局面

ここでのリスクマネジメントは広義のトータルなリスクマネジメントのことである。まず第一の局面は狭義のリスクマネジメントであり、危機などの不測事態が極力発生しないように防止する活動段階である。ことにその前半はリスクアセスメントであり、ハザードの感知、分析、予測を実施し、後半はリスクコントロールやリスクファイナンスの具体的な方策をとらなければならない。

また注意すべきは、実際クライシスが起こる前ぶれとしての予兆の段階であり、早期にアラームをキャッチする警戒システムやセンサー機能が働かなければならない（アーリー・ウォーニング）。予兆段階でアラームが出れば、この段階からクライシスマネジメント（危機管理）が始まっていると解釈すべきだろう。

❶平常時（事前）

危機管理に向けての事前のあらゆる危機回避と抑止の対応が求められているのが平常時のリスクマネジメントである。実際に行うべきことは、危機管理委員会などの機関を設置し、リスクアセス

メントによる調査、リスクの洗い出し、予測などによって危機管理計画の策定、緊急対策本部体制の準備と戦略的対応をすることである。またトップによる危機管理綱領や方針の策定のサポート、マニュアルの作成、シミュレーション・トレーニング、メディア・トレーニングなどの実施をしなければならない。いわば何事もないときの備えの段階である。

❷緊急時（有事）

不測事態や緊急の事故・事件が発生する直前（予兆時）と発生した緊急時、さらに早期のリカバリーへ対応する段階がクライシスマネジメントである。ここではダメージをできるだけ最小に食い止め、一時《いっとき》も早く収束に向かうようにしなければならない。

従来、わが国のリスクマネジメントはこのクライシスが発生してからの有事対応が主として問題にされてきた。その意味では緊急時対応という視点で研究され、実践的ノウハウも蓄積されている。

しかしながら近年発生しているクライシスは、グローバル化や情報テクノロジーの急激な進展などによって、そ

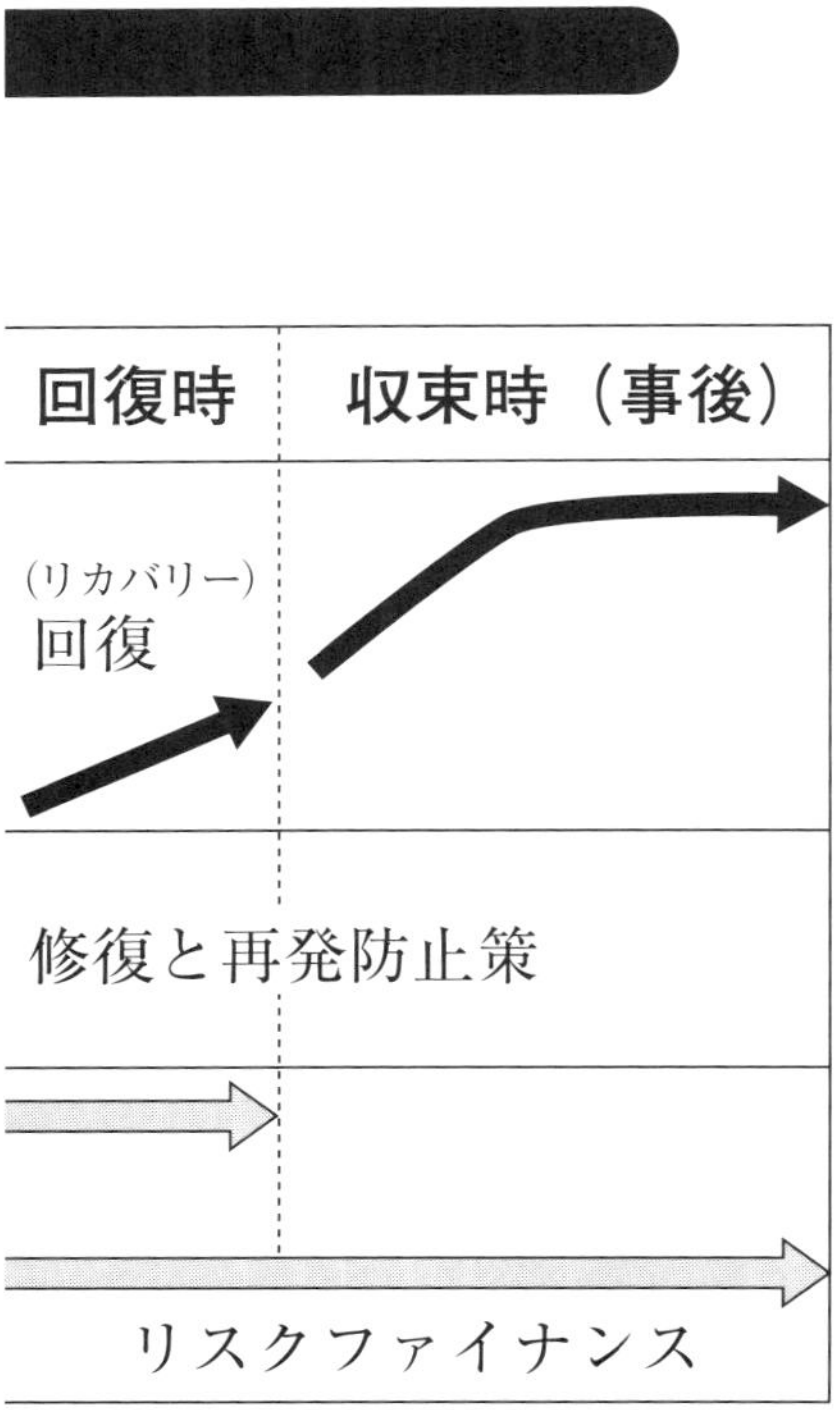

©FUJIE, Toshihiko

の影響が単に特定の企業、組織、地域に限定されず、広く社会全般に及ぶ傾向がある。しかもクライシスやアクシデントが複雑化してきていることである。

緊急時が発生したとき、まず経営トップが率先して緊急時対応に臨む姿勢を示し、確実で迅速な情報収集をして、適切な判断を下し、対策本部や委員会などに指示を与えることである。アメリカの大企業では副社長クラスに「危機担当オフィサー：ＣＲＯ（Chief Risk Officer）」を置いているところもある。

ただ実践の場で中枢的な役割を果たすのは緊急時対策本部の担当者や危機管理委員会のメンバーであり、彼らが平常時から適切な対応ができるように

〔リスクマネジメントの３局面〕

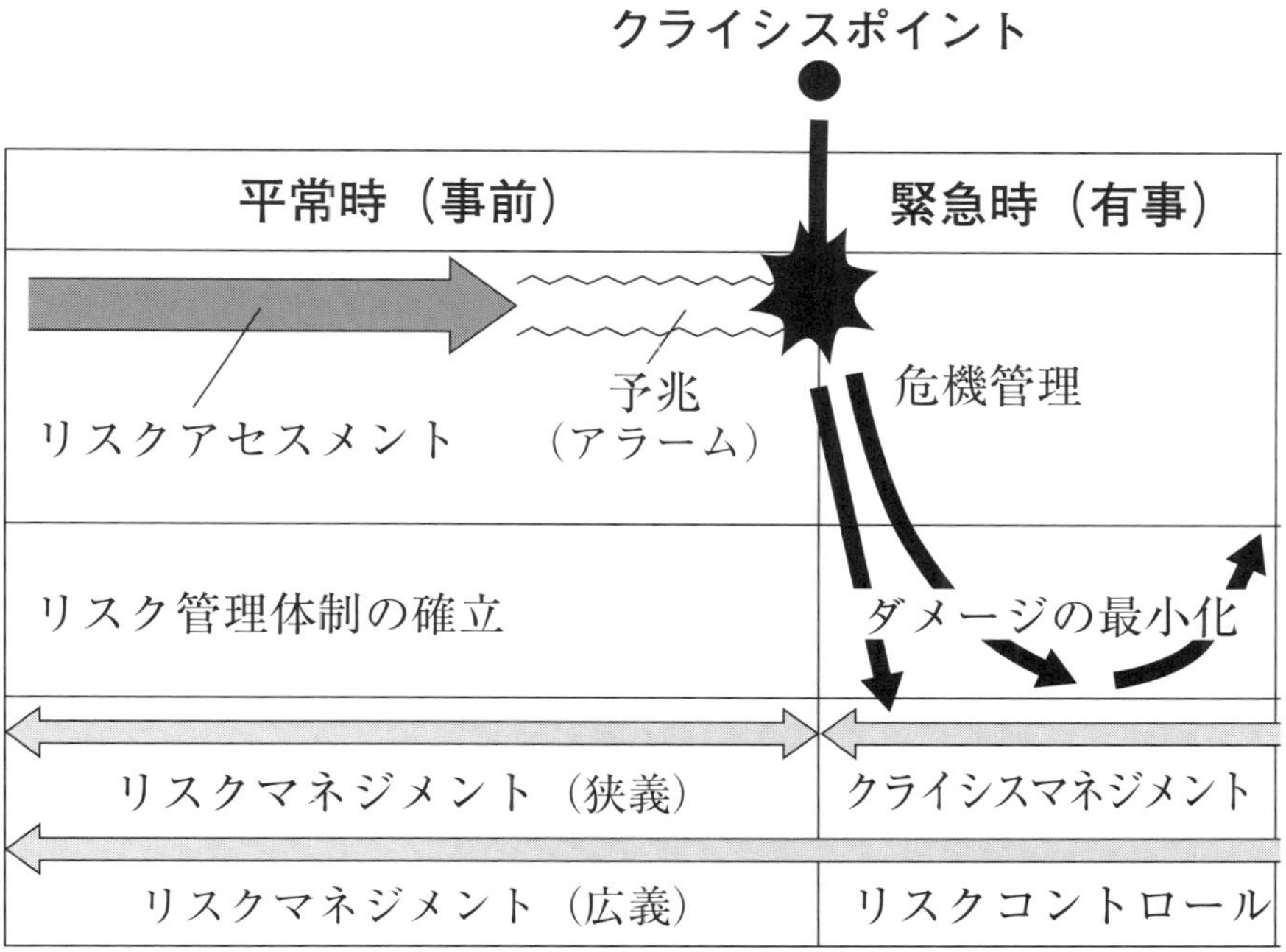

トレーニングされていなければならない。

またリスクマネジメントについて経済産業省（旧通産省）では、「危機管理システム」（JIS／TRQ〇〇〇一）規格を、平成十二(二〇〇〇)年秋から日本工業規格（JIS）として作成している。ここには組織体制の整備、危機管理プランの策定、マニュアルの作成についての指針などを標準化して迅速で適切な経営の意思決定が、緊急時にできるようにまとめられている。

リスクマネジメントの世界標準化の流れを加速し、国際標準化機構（ISO）が、九〇〇一、一四〇〇一のようなシステム規格を検討しているという。緊急時においては、経営トップの意思決定やリーダーシップはきわめて重要である。

緊急時での具体的施策としては、まずは対策本部を設置し、確実な情報収集と分析を行い、マスメディアや所轄官庁、株主、社員などに迅速な情報の伝達と事態の説明を実施する。特にマスメディアへの対応を重視し、緊急記者会見の開催と準備を早期に決断して実施する。他方、常に経営トップがリーダーとなり、クライシスやアクシデントを経営の最優先課題として対応し、そのコントロール下にあることを示していかなければならない。

さらにマスメディアに対する広報対応を進めるうえでも、リスクコントロールのうえでも、法律の専門家と十分意見調整してコンプライアンス・チェックを怠らないことである。

❸回復・収束時（事後）

クライシスやアクシデントは平素からのリスクマネジメントの整備の度合いや仕方によって、早期に収拾《しゅうしゅう》に向かったり、逆に長引いてこじれたりするものである。適切なクライシスマネジメントを進めるには、収束方向に動き始めたら、必ず再発防止への具体策を実施してこれを公表しなければならない。これによって社会は納得し、安心してイメージダウンも少なく止めることができる。

この段階で本格的に取り組むべきポイントは、再発防止策の公表と適切な責任表明による具体的措置、これらの社会的受容を確認しながら積極的なイメージ回復、要するに信頼回復を図ることである。もちろんダメージを受けたことについての修復を急がなければならない。

まず地域社会や行政官庁、関係者に対する報告をする。また、新聞などに広告掲載やマスコミへの記者会見によって事態の終息を公表する。ウェブサイト（ホームページ）へ公表した声明文を掲載することも必要である。業界に対しては報告やヒアリングなどを実施する。

さらに大切なことは社員や社内、関連会社の社員、関係者にも社内メディアやミーティングなどを通じて説明し、情報の共有化とモラールの向上を図らなければならない。

以上のようにリスクマネジメントのトータルな過程では三つの局面があり、それぞれにポイントとなる課題がある。それらに適切に対応し、しかるべき施策をとっていかなければならない。概してリスクマネジメントや危機管理（クライシスマネジメント）は、あってはならないことができるだけ起きないように、また万が一起きたときに、それを隠蔽《いんぺい》せず適切に対応するために整備、実施するものである。近年では雇用の多様化や社員意識の変化、またメディアの進歩によって真実はほぼ露見してしまうと考えなければならない。

不完全な人間のすることは、わずかの確率でも不測事態を引き起こす可能性がある。あってはならないことはこれからも起こるものだと覚悟すべきであり、だからこそリスクマネジメントが求められることを自覚しなければならない。

変動の激しい現代では一〇〇%安全はありえない。事故・事件の発生そのものより、むしろ起きたときにどのように対応するか、そちらの方に社会の関心が集まる。リスクマネジメントの意義や施策の重要性を認識し実践することが大切である。

ちなみにリスクマネジメントは、最悪事態を想定したうえで組み立てられなければならない。

第四章：危機管理体制の整備

1．リスクマネジメント組織の体制整備

❶緊急対策本部は早急に

企業レベルでのトータル・リスクマネジメントは戦略的組織として体制が整備される必要がある。例えば毎期ごとの経営計画の中に盛り込むというよりも、基本的なリスクマネジメントについての綱領や憲章は、自社の経営理念に基づいた方針、組織体制などについて規程するのがよい。マニュアルの作成の際に盛り込んでもよい。リスクマネジメント綱領や憲章というのは、マニュアルの段階的レベルで言うと基本マニュアルにあたるものであろう。

リスクマネジメントについての組織体制を、こうした形で規定するのはいくつかの理由がある。まず第一に、リスクマネジメントを通常のマネジメントと区別するのは、日常的な職制ではダメージを大きくしてしまう可能性があったり、実施が困難であるからである。

第二に、リスクやクライシスは普段、定型的なケースが発生する可能性が少なく、稟議《りんぎ》制や多数決による決定にはなじまない。

基本的な綱領のガイドラインに沿いながらも、柔軟で迅速なリーダーの決断（意思決定）が必要であり、また現場の自己組織化の働きやすい組織体制が求められるのである。

組織が大きくなればなるほど官僚化の弊害が説かれる。官僚制にはそれなりの利点があるが、緊急時に適応する組織形態とは言いがたい。通常の職制ラインではない、緊急対策本部のような危機

に強い機能的組織をつくる必要がある。それは自主的に活動するものだが、リーダーの意思決定とかけ離れることもない柔軟にして、現場主体の動きが明確な指示命令系組織のことである。

地震などの自然災害時には、こうした組織は災害対策本部という名称でつくられることが多い。要はその機能や役割を明確にしておくことである。

またこのように緊急対策本部は、アクシデントやクライシスが完全に発生してから設置されることが多いが、できればハザードを予知したり、予兆を感知した段階で早めに組織化されることが望ましい。危機管理の専門家の多くは「アクシデントやクライシスが発生してから一時間以内に設置されなければならない」と言っている。通常対策本部長はトップが就任し、全権を握ることになる。さらに危機管理上、緊急対策本部が機能し始めたとしても、あくまで現場の社員や構成員がしっかりと危機意識と知識をもち、全員がその担当者のつもりになって動くことは必要であろう。中小企業などでは、カリスマ的な社長の指示があるまで動かないことがよくある。緊急事態発生時に社員が自分たちで判断して動くのではなく、社長探しばかりをして時間が経過し、手遅れになってしまう。結局対応の遅れが最悪の事態を招きやすい。

また近年、インターネットや携帯電話などデジタルメディアの普及によって、ｅメールやブログ、さらにＳＮＳやソーシャルメディア（ツイッター、フェイスブック）など危機的な事件、事故、災害事象の情報はきわめて早く社会に伝達される。場合によってはグローバル社会に外国語で知らされることもある。従って緊急事態への組織的対応は極力迅速に行う必要がある。

❷リスク管理部門と危機管理委員会

平常時からリスクやクライシスについて洗い出し、予測や分析といったリスクアセスメントをしながら現実の対策を実施する専任者や部門があれば望ましいことと考えられている。部門や担当者が様々なリスクやクライシスについての経験をもち、また知識もあるとすれば理想的である。アメリカやカナダにはリスクマネジャーという専門家がおり、彼らの団体も紹介されている。

日本でもリスクマネジメント室やコンプライアンスと危機管理を一緒にした部門を設置するケースも出てきてはいるものの、なかなか普及しないのはいくつか理由があるようだ。まずそうした部門や専任者を置く余裕のある会社が少ない。第二に、ある程度兼任にして担当を置いたとしても十分機能するかどうか分からない。それればかり

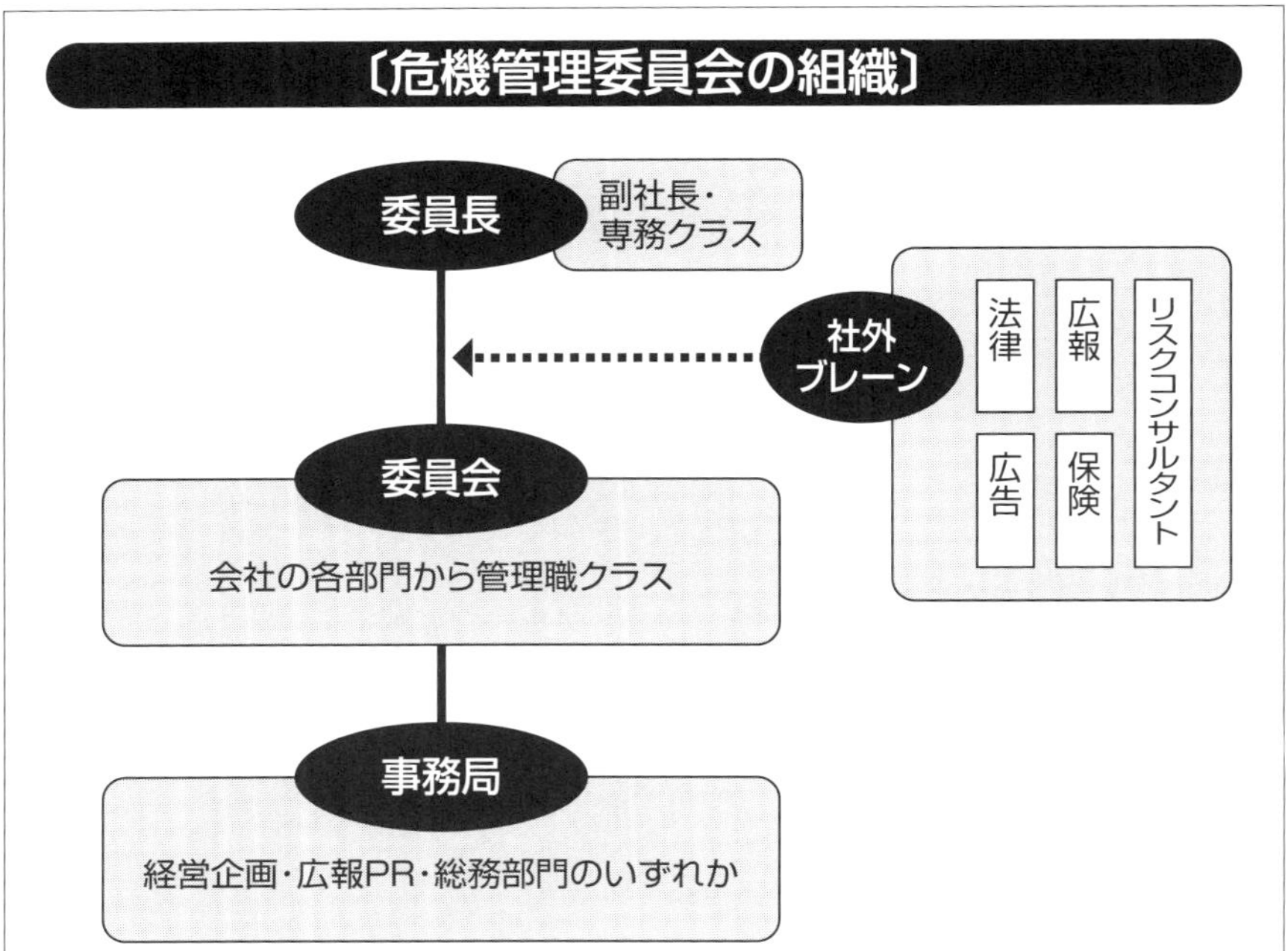

か、リスク関係に関わるものはすべてその担当者に任せてしまう。そのため、現場でのリスクやクライシスへの意識や機能が希薄化することも考えられる。さらにそれは危機が実際に発生したとき、すべてを危機管理担当者への責任転嫁という形にしてしまいかねない。

また担当者が社内の生産、販売、管理部門など、幅広い分野の業務をある程度経験し、また知っている場合はよいが、そうでないときはペーパー上だけの知識で、現場の事情からかけ離れた判断ミスをする可能性もありうる。うまく収拾できなかったときもその種の批判が出ることは予想される。現在の日本企業の実状から、専任制を実効性あるものとするのは容易ではない。むしろリスクマネジメントの研修や講習を受けた者や専門資格を保有した者をリスクや危機管理担当の委員などにするのが現実的かも知れない。

そこで社内のあらゆる部門から横断的に委員を選んだリスク管理委員会や危機管理委員会というプロジェクトチームを組織して対応するのが現実的である。委員会には外部の専門家やエキスパートにも参加してもらうこともある。この委員会の委員長にはトップの社長自らが就任するか、あるいは副社長、専務クラスがなるのが望ましい。事務局は経営企画部門、広報ＰＲ部門、総務部門などのいずれかに置くのがよいだろう。また危機管理委員会の委員は緊急事態発生時には対策本部要員とならなければならない。本社かその周辺事業所で、すぐ集合できる委員が属していなければならない。

❸リスク・危機管理委員会の主な役割

リスク・危機管理委員会の主な役割は次のようなものである。

①リスク、クライシス、イッシューなどあらゆる危機情報の収集とその分析
②想定される危機などの洗い出しとプライオリティ（優先順位）の確立
③優先順位づけされたリスク、クライシスやイッシューなどへの具体策の検討、立案、実施
④緊急時の対策本部の組織体制、活動内容、意思決定システムづくり
⑤危機管理マニュアルの作成、見直し、社内浸透
⑥研修、講演会、シンポジウムなどでの教育、学習
⑦幹部対象のメディアトレーニング
⑧緊急時の情報伝達（通報）システムの整備
⑨社内広報ツールとしてビデオ、イントラネットの緊急時コンテンツ、パワーポイントなどの作成、配布
⑩対策本部を設置するときに必要な場所、施設の確保、什器備品（ファシリティ）、通信機器・放送設備等の整備

委員会は、あくまで常設機関であることを認識し、定期的に開催し、情報収集、分析、防止への対策など常時継続して検討しなければならない。災害についてもこの中に包含することもできる。

また、委員会はできるだけ危機管理についての専門的な研修やトレーニングを受けるようにしたい。

2. 通報システムと連絡網

緊急事態発生の直前や発生した直後、発見者が誰にどのように第一報を知らせるか、は重要なことである。一般の社員が危機の予兆を感じ取ったり、危機の発生を誰に、どういう形で連絡するかという緊急時の専門的な社内の情報伝達（通報）のルールやシステムはマニュアル、研修などを通して、普段から確実に浸透させておかなければならない。

通常の業務であればビジネス上の情報は直属の上司に連絡し、その人がまた直属の上司へとラインの職制で上げていくものである。しかし緊急時に直属上司へ連絡がとれなければ直接その上の役職者へ連絡し、大至急のときは一般社員が役員クラスやトップに直接連絡してもよいという〝中抜き通報〟のルールを浸透させておくことは大切である。そうしたケースがあって、事態が大きくならないで終結したようなときに、連絡した社員を〝オオカミ少年〟のようなとがめ方をしてはならない。大事に至らないでよかった、ということにしないと、次回本当に何かあったときにその社員が連絡してこなくなり、緊急時の通報が遅れてしまうことになる。

また連絡を受けた現場の責任者は、その事実を危機管理委員会の事務局、例えば総務や広報担当者に連絡しなければいけない。委員会メンバーである担当者は、ケースによって至急、緊急対策本部の設置の要請や危機広報の準備を始めなければならない。

さらに社内の各部門に連絡が必要なときは、ネット回線で速報を流すとともに、各部門の危機管理委員会のメンバーが直接説明したり、日頃から連絡員を決めているときは、そのネットワークで連絡をとり合わなければいけない。委員会のメンバーや連絡員の人事異動があったときは新任者を直ちに選任するなどフォローが必要である。

最近はクレジットカード大の「エマージェンシー（非常時）カード」などを配布している企業がある。いざというとき公衆電話ボックスに差し込むと自動的に会社の危機管理責任者につながるようになっている。また主な連絡先や注意事項なども裏面に記載されている。これなども速やかな通報システムの一つとして注目できるであろう。

現在はほとんどの人がスマートフォンや携帯電話を持っている。あらかじめ社員の携帯用メールアドレスを登録しておけば、一斉《いっせい》に緊急情報を連絡できる。但し、個人情報保護に配慮する必要がある。大規模な事故、事件、災害が発生したとき、スマートフォンや携帯電話等は多くの人が一斉に使用するため不通になる可能性が高いため、伝言サービスやメールを活用する。アナログ的連絡方法も忘れてはならない。特に災害時には公衆電話、家庭用黒電話、アマチュア無線、さらに洪水、津波等で孤立した時の手旗信号など様々な手段を考えておく必要がある。ネットによる連絡も、最近はソーシャルメディア（ツイッター、フェイスブック）が普及しており、東日本大震災や熊本地震でも多く使用された。危機管理委員会では、常に最新の通信機器やシステムの技術的進展に見合った方法を学習、研究する必要がある。

3. 緊急対策本部の設置と役割

❶対外的な公式見解の作成

災害や事件・事故が発生し、人命が失われたり、その社会的影響が大きく、拡大・発展のおそれがあるとトップが判断した場合、ただちに緊急（災害）対策本部を設置する。場所は危機管理委員会で平素予定していた会議室などを使用するのがよい。

対策本部が設置されたことは全社一斉にネット回線等で知らせ、社内放送、回覧板等でも伝達し、これ以降は受発信管理も含めてすべての権限を対策本部に一本化する。

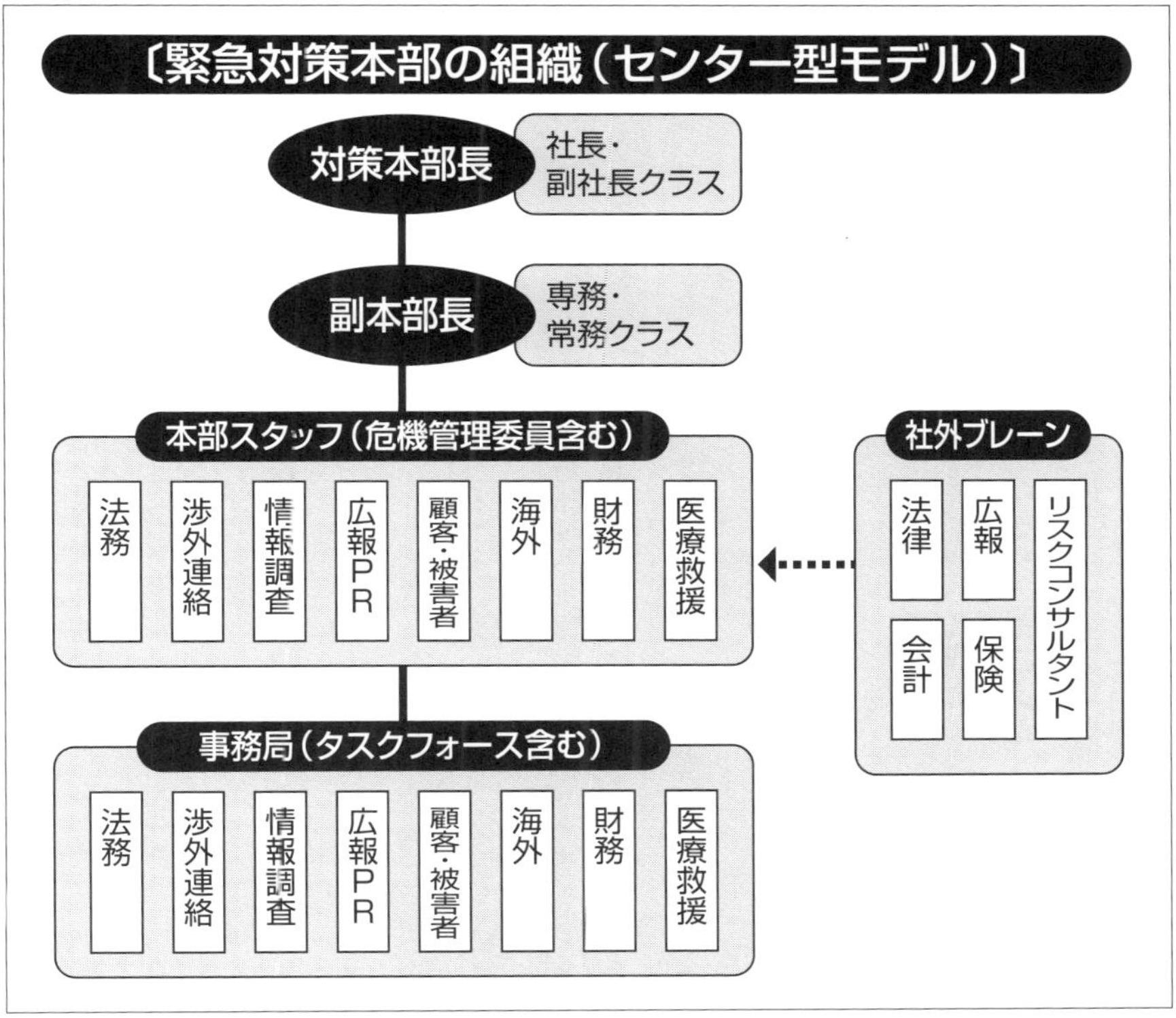

よく対策本部を設置したあとも役員の中には自ら担当する業務を優先して判断や指示を与えたりすることがあるが、それは慎まなければならない。緊急対策本部の権限は通常ラインの業務権限に優先させる。緊急時については一種の大統領制とも言える。役員も対策本部の一員に加わるのがよい。

本部スタッフは危機管理委員会の中で、情報収集業務、危機広報業務、救助救援業務、ユーザー顧客対応業務、総務財務業務などの担当者がそれぞれ本部機構の該当業務を担当することになる。まず対策本部にとっての重要な仕事は集まった情報の選別である。情報収集担当者は、連絡票に必要項目（発信者、年月日・時間、情報内容の概要）を記入する。それを確認情報か未確認情報かに分類し、さらに確認情報の中で公表してよいものとそうでないものに区別する。これらを本部長はじめ各担当責任者などで協議し、最終的に本部長が判断して、ポジションペーパーあるいはポジションノート（事実経過のまとめ）を作成する。これを元にして企業としての対外的な公式見解（声明文）を作成することになるのである。

新しい情報は対策本部内に掲示してメンバーが共有化するが、本部からの文書や資料類は原則的に持ち出しも複写も禁止する方がよい。

情報収集担当は現場へ出かけたり、社内や取引先、関係者などから幅広く情報を集める。他の渉外や広報、被害者担当（ユーザー担当）などからも情報を集め、分析し、常に選別して管理する。

渉外連絡担当は、所轄官公庁、業界、証券取引所、取引銀行、株主、流通関係者などへ連絡し、事態について説明して理解や協力を得る。ことに上場企業の場合、証券取引法による「重要事実」

に該当しないか十分検討する。

被害者は必ずしもユーザー、顧客とは限らないが、誰であったとしても、社会的責任として誠意をもって対応しなければならない。できれば被害者窓口の担当者は顧客相談の経験があるとよい。災害やテロ発生時は死傷者も出ている可能性もあるので、医療、救急担当が必要である。消防署の救急員などと協力して対応する。一種の被害者対応である。当然、警察にも連絡しなければならない。また現場が火災のときは消防自動車が到着する前に自衛の消防隊などで初期消火に努め、関係者を適切に避難誘導しなければならない。平素からの訓練がないと容易にはできない。

さらに復旧段階では、その専任担当者を設けて回復に努めるとよい。

❷広報PR担当者の役割

最後に広報PR担当であるが、主として危機広報業務はマスメディアからの取材対応に追われることになる。緊急時には企業の社会に対する姿勢をパブリック・リレーションズ（public relations）で明確にアピールしなければならない。しかしマスメディアの報道よりも前に、社員やその家族に事態の現状や対応について知らせておかなければならない。社内広報は緊急時こそ重要な仕事であることを忘れてはならない。

危機管理と広報PRは一体であると言われるのは、元来パブリック・リレーションズ、つまり公共関係づくりという本来の意味からきているからである。

広報担当者は普段から危機管理委員会のメンバーとして活動しているケースが多いが、すべての広報担当者が委員であることはないだろう。責任者がリーダーシップを発揮し、適切に緊急時の広報フォーメーションを組まねばならない。だが緊急時にはたいていマスコミ対応のできる要員が不足するものである。だからといって、にわか仕立てで他部門から要員を連れてくるわけにはいかない。そこで以前に広報ＰＲの経験者で、現在他部門に異動している社員を緊急時には広報要員として活動してもらうようにするとよい。もちろんこのことはマニュアルなどでルール化しておき、対策本部長の命令として動いてもらうことになる。

緊急時広報のポイントは、事件・事故の発生現場で地元のマスメディアに担当者が勝手な発言をしないよう本部広報担当に一元化することである。もし現地にも広報担当者がいるときや、どうしても現地でのマスメディア対応を避けられないときでも、本部広報と十分すり合わせをして、ポジションペーパーに基づいた会社としての統一見解を発表するようにしなければいけない。

また幹部や本部長クラスには執拗な取材も考えられるので、彼らとの打ち合わせと本社の広報ＰＲが十分サポートするようにしなければならない（メディア対応などの具体的手法は第五章、第六章を参照）。

4. 危機管理マニュアルの策定

❶三本立てで作成する

マニュアル（manual）というのは、「手引き」と訳されたり、また「ハンドブック」とか「ガイドライン」とも呼ばれる。体裁のうえからも立派な小冊子になったものもあれば、加除式のファイル形式や、システムダイヤリー形式、パソコンにおけるイントラネット、また携帯電話サイトでのマニュアル掲載などがある。紙の加除式は常に新情報の差し換えがしやすい。マニュアルは、アナログの紙媒体とデジタルにおけるネット媒体の両方を作成、活用するのがよい。できれば危機管理についてのマニュアルは緊急時での「行動指針」や「管理規程」のような位置づけにする。

また紙媒体のマニュアルは、できれば一人二冊ずつ配布し、一冊は職場、もう一冊は自宅に保管して、就業時間外の在宅時やどこにいても対応できるようにすることが望ましい。

小冊子のマニュアルを社員、職員に配布するだけでは目を通さず引き出しに入れっ放しにしがちである。研修での活用、社内報や職員報掲載、昇格試験問題への出題などで常に関心と学習を喚起する。

またいざ緊急時の発生したとき、内容が一般的、抽象的すぎてはあまり役に立たない。かと言って専門的、技術的すぎるのもよくない。あくまで一般の社員、職員が理解できる言葉で表現されるべきであろう。

さて「危機管理マニュアル」は、三本立てで考える。

①基本マニュアル
危機管理への基本理念、方針（綱領）、組織体制

②実施マニュアル
具体的な行動指針、アクション・マニュアル

③公開マニュアル

社会に公開する会社案内、地域へのリーフレット、危機管理ウェブサイト（ホームページ）

通常社内で作成しようとしているのは①②を含めたものである。①についてはすでに綱領のところで述べたので省略する。

❷実施マニュアル作成のポイント

②の実施マニュアルが一般に言われるアクション・マニュアルである。実施マニュアルを作成するときの留意点を挙げる。

・一般論でなく現場の行動指針になるものにする。
・過去事例を十分集積して、分析し、検討する。
・業界や同業他社の事例を集め、分析し、検討する。
・場所や器具等は具体的呼称まで記入する。できるだけ実用的で身近なものにする。
・各事業所、各担当部門別のマニュアルも全社マニュアルに則《のっと》って作成することが望ましい。
・現場の状況や条件を踏まえ、役割分担を明確に示す。
・研修トレーニングのプログラムとも連動させる。
・イントラネット上でもパスワードを使用して、社員がすぐ見ることができるようにする。
・活字のマニュアルは加除式またはバインダー式にし、常時見直しを図る。
・配布のときは必ず研修会や学習会を開いて説明する。

・昇格試験への出題や、社内報への連載などを工夫する。
・新たな事故・事件があったときは、マニュアルの見直しを図る。

また③の公開マニュアルは、近隣地域社会などに危機管理がしっかりした企業であることを明確にアピールすることになる。

5. トレーニングの必要性

災害対応についての典型的なものは火災を想定して実施される防災訓練である。訓練日の日時をあらかじめ決め、非常ベルやサイレンが鳴ると総務部などの主導によって、非常階段を同僚と雑談しながら降りた経験をもつ人も少なくないだろう。その後の注意事項もしっかり聞かないで、いつの間にか訓練が終わるというパターンである。これでは参加者の自主的な意欲が不十分で防災訓練の成果は期待しがたい。訓練や演習は必ず目的を明確にし、参加者が共有化して意識をもった自律的行動が期待される。

このようなときには、例えば消防署の協力を得て、消火訓練だけでも実際にやってみるのがよい。消火器の扱い方は簡単なようだが、いざ実際に燃えている火を見て動転した心理状況では適切にできないものである。黄色のピンを抜いてからレバーを握るのだが、あわてているとピンを抜くことができない。ただレバーを握るだけでは動かないから余計にあわてる。しかも消火液の噴霧はわずか十秒から十五秒くらいで終了するので、火元に向かって噴射し、短時間で消さなくてはならない。

こうした実践的な知識や体験は大切である。消火器の使い方によらず、組織としての機動的な動き方は普段トレーニングしていないとなかなかできないものである。

❶シミュレーション・トレーニング

シミュレーション・トレーニングはある特定の事故・事件が発生したことを想定し、会社として全社的に演習するもので、社長と副社長（専務など）を対策本部長として全社員参加型で実施するのが望ましい。シミュレーション・トレーニングは危機管理委員会のメンバーが中心に企画し、日頃の成果を発揮できるよう率先して活動する。想定された事態発生とともに素早く緊急対策本部を設置して、各委員はそれぞれの担当業務を実施する。当日はマスメディアや行政にもあらかじめ協力を依頼しておくと協力を得られて総合的な訓練をすることができる。爆発事故や欠陥商品などがよく取り上げられるテーマである。

❷メディアトレーニング

メディアトレーニングは経営幹部を対象としたマスメディアへの対応訓練である。米国の場合は企業の顔としてトップのメディアトレーニングは普及しており、ビジネスだけでなく行政、大学、病院の代表や大統領でさえトレーニングしていると言われている。

ところが日本では、基本的にあってはならない事態のために、トップが時間やコストをかけてトレーニングを受ける必要性を認めなかったり、それほどのことをしなくてもできる、と軽く考える傾向があるのではないだろうか。しかし近年、緊急記者会見における社長の対応のまずさによって、企業そのものの信頼やイメージが大幅に落ち込み、致命的ダメージを受けたケースをいくつも見てきたはずである。

メディアトレーニングすることによって、普段接触しないプレスと緊張した〝場〟に飲まれず、冷静にマイペースで、伝えるべきメッセージを発信できるようになるだろう。

特にテレビ放映される場合、視聴者は社長の語る言葉よりも、顔立ち、表情、声の調子、服装、話し方で判断してしまうことが多い。またプレスとの会見でもキーメッセージを明確に語れないことで、間違った記事を書かれることもある。

組織の長たる者は必修科目として受けた方がよい。特に新任トップはぜひ受けるべきである。

メディアトレーニングはだいたい座学と実習の二本立てが多い。ただトップが多忙のときは実習の代わりにビデオ学習をすることもある。プログラムの内容は半日、一日、二日コースなどあるが、だいたい次のようなものである。

①マスメディアの知識（種類と特性など）と広報（パブリック・リレーションズ）、危機管理
②記者やカメラマンの特性と傾向
③声明文でのキーメッセージのつくり方
④インタビューでの留意点
⑤身だしなみ、服装、表情と音声の高低、調子、速さ

⑥具体事例のビデオ・ＤＶＤ学習または模擬記者会見、模擬取材インタビュー
⑦模擬演習の記録映像を見て反省と助言
⑧広報ＰＲ専門家からの報告書（助言など）

メディアトレーニングはタレントのようなオーバーな話し方をしたり、妙に馴れなれしく振る舞うのではなく、あくまでキーメッセージや事実関係を確実に伝え、マイナスイメージを与えないようにする話し方を身につけるものである。これによってメディア対応の達人になるわけではない。またパソコンを使用してのパワーポイントやＯＨＰ、ＯＨＣの効果的な使い方など、分かりやすいプレゼンテーションを心がけることが望ましい。メディアトレーニングは一度だけでなく、できれば一年に一度くらい定例化して実施するのが望ましい。

最近はＰＲ会社や外資系ＰＲ会社などで企画、実施しているが、費用が相当高額になっているようだ。広報の専門家に頼んで実施することもできる。ただし、トップの場合多くの時間を割くことはできないだろうから、できるだけ短日時のうちにポイントを押さえ、あとはビデオやＤＶＤなどで自己啓発してもらう方法もある。

第五章：緊急時の広報・広告とマスコミ対応

1. 緊急時のマスコミ取材と報道

❶緊急事態発生時の危機広報とマスコミ報道

●表沙汰になって「危機」となる

現代のような成熟した時代には営利目的の組織である企業でも社会性、公共性が問われるのは当然のことになっている。実際危機的な事故・事件が発生し、自社の社会的、法的責任が問われることが確実になると、経営者は自らの保身を考え、事実隠しや知らぬ存ぜぬで済ませようとする傾向が出てくる。日頃、立派な発言をしている経営者でも良識を疑うような対応や言動をしてしまうものである。何か事件や事故が発生してもマスメディアに報道されず、インターネットで流さない限り、危機としての自覚が不十分で表沙汰にならないように対応するケースが多いと言われる。つまり危機感が出てくるものはだいたいマスメディアの報道かネットの書き込みに始まるわけである。

だが本来、事故や事件が発生した時点で、公共社会の観点から、経営者は危機と判断して動かなければならない。マスメディアはそのきっかけをつくるだけである。普段どんなに広報ＩＲや広告宣伝活動を派手に展開していても、いざというときの対応が不十分では何にもならない。企業イメージや評価は簡単に落ちてしまう。緊急時の危機広報、マスメディア対応こそ、企業の公共性・社会性が強く問われ、社会への説明責任と情報開示による広報の力が試されるのである。

●マスコミ各社により微妙に違う報道

大きな不測事態が発生すると、新聞社や放送局（テレビ会社）などのマスコミからの取材が殺到する。緊急事態への態勢や広報の一元化体制が十分でない事故・事件の発生現場付近の事業所では、通常業務もできない混乱した事態に陥ることもある。また報道記事はインターネットにも影響する。

そして取材された報道記事の内容は、事故ないし事件が発生した事実経過まではだいたいどのメディアもほぼ同じだが、どんな事故や事件だったのかの把え方や、あるいは被害者の人数や被害状況などの詳細については、媒体によって微妙に違うことが少なくない。

込み入った事故・事件だと初期の段階では情報量が少なく、問題の核心事実までを確認する時間が少ないままで報道するからである。時間が経過するにつれ、だんだんと正確な事実が分かり、報道の内容も真実に近くなる。しかし初期の段階でマスコミへの広報対応をミスすると、事実関係が判明してくる段階でも不利な報道論調を続けられることになってしまう。

新聞であれば記事文章の微妙なニュアンスは最後まで違うこともあるし、見出しのスタンスや表現も異なるだろう。テレビであれば、映し出される映像が例えば同じ人物であっても、切り口や角度が各社によって違っているはずである。基本的な編集の意図や方針が異なるからである。

またメディア・リテラシー（媒体読解力）の観点から大切なことは、マスコミは事実そのものをありのままに報道するように努めていても、それを確実に実行することは難しいということである。なぜなら、マスメディア各社はそれぞれの基本理念や方針をもっており、かつ日本のマスコミは経営においてある程度の商業性を否定できないからである。マスメディアは記事や番組を商品として販売するのがビジネスになっているのだから、ある程度はやむをえない面もある。

本来マスメディアには、四つのプラスの機能と二つの逆の機能があるとされている。報道、教育、娯楽、広告宣伝の機能と逆機能として社会的地位を付与したり、規範を強制したりする。

記事や映像はマスコミにとっての商品であるので、他社との違いを鮮明にしたり、他社よりも早く、詳しく、より興味深く報道しようとするのである。新聞社の収入は新聞紙の売上と広告、民放テレビはコマーシャル広告、雑誌の収入は雑誌の売上と広告料からなっている。

だからマスコミ関係者がいつも気にかけているのは、読者であり視聴者であるオーディエンスの反応なのである。もっともNHKは公共放送と言われ、民間テレビのように営利中心とは言えないにしても、受信料を収入源にする限り、視聴者志向でなくてはならない。そのうえ、公的補助金（税金による）も受けている。また制作費として関連会社で収入を得る仕組みにもなっている。

●正確な事実の情報開示が必要

マスコミは、社会という読者や視聴者に自社メディアへの関心と興味をもってもらわなければ、経営が成り立たない。発生した事故や事件をどのような視点で、どのように報道すればインパクトがあるかをマスコミは常に意識せざるをえない。また担当記者の功名心（社内や業界での評価を意識する結果）によって事実がオーバーに表現されるケースも起こりうる。緊急時の報道が興味本位でエモーショナルになりやすいのは、こうした事情からと考えられる。

緊急時の報道対応については、こうしたマスコミ側の立場や事情も理解しておく必要がある。取材のとき、記者やカメラに向かって多く語っても実際に報道されるのはその中の一部でしかない。テレビでは特にこの傾向が顕著である。テレビは視聴者に映像を一過性で流すので、〝絵になる場面〟のイメージがひとり歩きをする可能性が高くなる。

　取材対応時にたくさん話し、発表したうちのどの部分をニュースとして使うかは、マスコミ側の選択次第なのである。マスコミが独自の判断で編集したものがニュース報道されるということなのであり、そこにはメディア各社の報道方針、視聴者層の傾向、広告主との関係、現場記者やカメラマン、編集者の意向や能力なども微妙に影響してくると思われる。つまり、極端な言い方をすれば「ニュースはマスメディアによって事実に近い形でつくられる」と考えることもできるのである。

　そこで、緊急時のニュースが興味本位的だっ

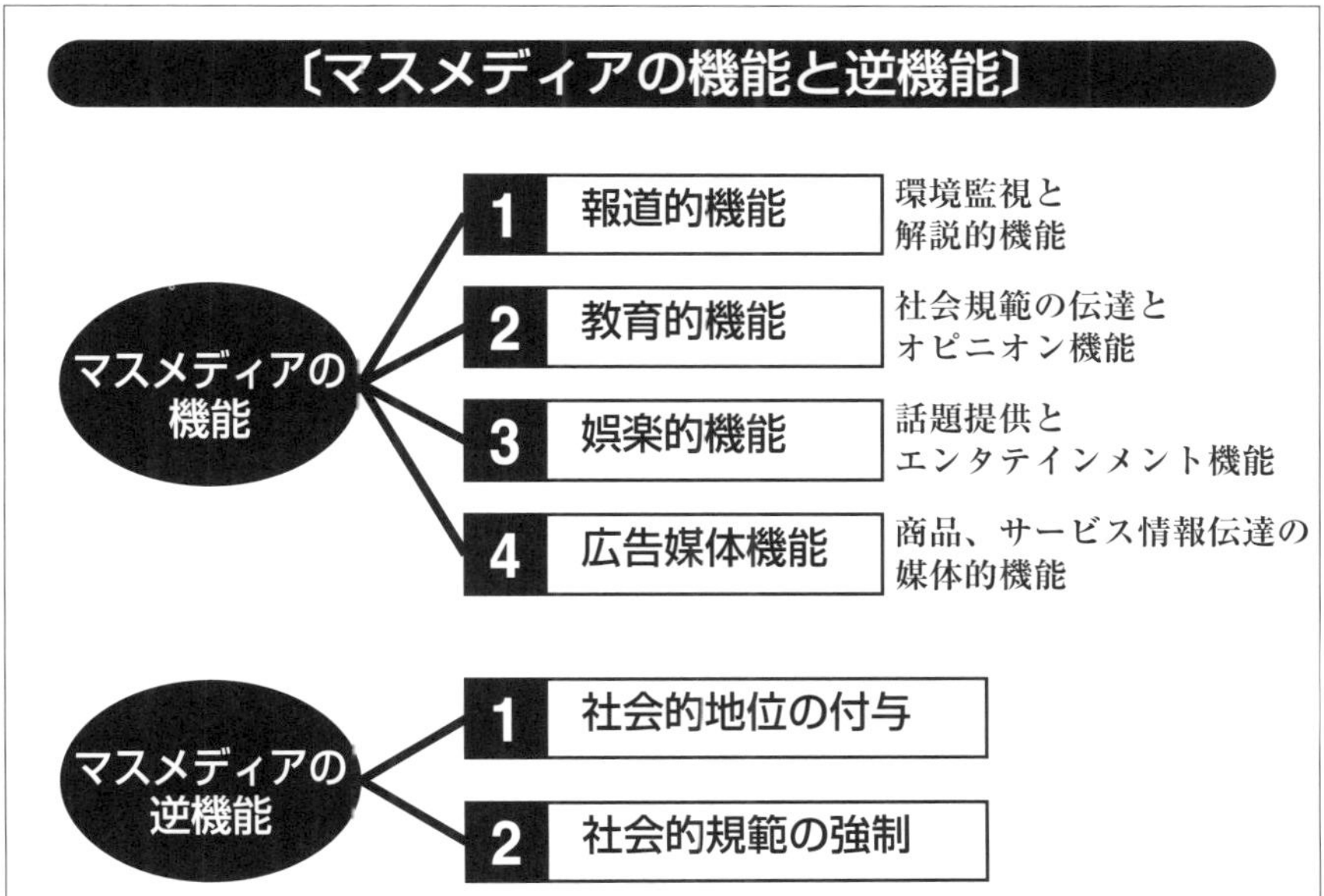

たり、魔女狩り的に報道されないためにも、正確な事実を広報対応の基本的あり方に基づいて情報開示する必要がある。

❷メディア・リテラシー（媒体読解力）と活用力

●媒体ごとに報道分析

テレビのニュース報道は実況中継でない限り、取材のあとの編集によってつくられるものである。新聞報道も事実に近づく努力はしているだろうが、ニュース記事が事実そのものではないことを認識しておく必要がある。報道機関はできるだけ事実に近いことを再構成して伝えようと努力しているはずだが、客観的事実そのものを正確に伝えることには限界がある。

大きな事件・事故は他社の事例でも時系列的に分析すると多くの示唆を得ることができる。ニュースの分析は、一ヵ月単位、三ヵ月単位、一年単位などのターム（期間）を区切って媒体ごとに行い、取り上げられた回数や大きさ、時間の数量的分析、またニュース報道の中身の定性的分析などを実施する。新聞では縮刷版やコンピュータのデータ検索システムを使用するとよい。

報道分析の中身については、好意的か否か、テーマの分野は何か（経営全般、決算・財務、人事、技術開発、マーケティング、環境・社会、商品など業種によって考える）、取り上げ方が企画報道の一部かメインの報道か、なども区別しておく。

これらの分析をする中で、ごとにメディアごとの掲載回数と中身の分析は、今後それらのメディアとどうつき合っていくか、そのメディアの報道の傾向をつかむうえで参考になると思われる。

分析は常に数量的な定量分析と情報の質や深さを見る定性分析の両面から行う必要がある。よくパブリシティ記事の掲載スペースやタイムを広告料金に換算することが行われているようだが、ほとんど妥当性をもつとは考えられない。

また緊急時には、刻々と入る報道（活字、電波、ネットメディア）すべてについて記録を残し、迅速に適切な分析をしなければならない。これが緊急対策本部での情報、記録担当、広報ＰＲ担当の役割と言ってよいであろう。そのために日頃から報道データをストックし、メディアごとの傾向を掌握、すなわち報道分析を行う必要がある。これは専門業者に依頼してもよい。

●求められるメディア・リテラシー能力

マスメディアの報道は事件や事故などの事実の把握の仕方、それをニュース素材にするための選び方、表現の仕方などによって事実そのものに近いものが構成され、一種の擬似的な環境をつくり出すことになる。受け手がそれを主体的に判断することなく、鵜呑《うの》みにしてしまうと擬似的な環境をリアルな環境として認知してしまうことにもなる。ことにテレビによる映像の影響は大きく、デジタルメディアの動画と共に流れてくる映像と音声の迫力はイメージ的に事件や事故を印象づけてしまうので要注意である。

メディアを主体的に活用し、メディアの発信する情報を読み解く能力のことを「メディア・リテラシー（media literacy）」という。すでにアメリカ、イギリス、カナダなどでは何がニュースになり、何がならないか、ニュースはどうつくるのか、というメディア・リテラシー教育が小学校のカリキュラムに組み込まれている。

広報、パブリック・リレーションズの担当者はもとより、一般の社会人もメディア・リテラシーの能力を保有することは必須条件と言ってもいいくらいである。メディア・リテラシーの中には今後デジタルメディアのリテラシーも含まれてくる。要するに人間はすべての環境現象を自らの五官をもって知ることはできないわけだから、様々なメディアによってつくられた擬似環境（情報環境）をコミュニケーションによって確認し、分析し、主体的に判断、評価していかなければならない。そのうえで自らの頭で考え、情報発信をする能力を保有していくこと、それがメディア・リテラシーと言ってよいだろう。

事件・事故などの報道は、マスコミ各社によってニュース報道の表現などが微妙に違っているものである。具体的な事実や数字さえ間違っていなければ、それはそれでメディア報道の多様なあり方として一概に批判できるものではない。マスコミ各社にはそれぞれの報道の理念や編集方針があるからである。

危機的状況の中で、関係者はマスメディア報道やネットメディアでのインターネット情報を常に把握し、評価する作業が求められる。組織の中にはメディア・リテラシー能力に欠けた主観的イメージ判断で発言する人がいるものである。それが指導的立場の人の場合誤った報道の受け取り方をし、判断をミスすることがある。緊急対策本部の情報収集や広報担当の立場にある者は客観的、冷静に報道分析するメディア・リテラシー能力を養ってトップをサポートする必要がある。

❸広報と情報開示、説明責任の関係

●情報隠しの不利益と情報開示（ディスクロージャー）社会の到来

個人でも企業でも誰しも自分にとって都合の悪いことは表沙汰にされたくないものである。言わなくて済むならそれに越したことはない。言えばイメージや信用がダウンすることを恐れる。だが情報隠しや雲隠れなどの取材拒否の行動は、メディア側に不信感と攻撃心を煽《あお》ることになり、一方的な取材によってきわめて不利益な偏《かたよ》った報道をされてしまうことになりがちである。だから情報開示する方が一時的にイメージや株価に影響が出ても、かえってオープンな姿勢が評価されることもある。マイナス情報でも開示する誠実さが評価されるのである。だから今世紀は〝透明性(transparency)〟の時代とも言われるのである。

企業や民間が情報ディスクローズすることを「情報開示」、官公庁や自治体など公的機関がディスクローズすることを「情報公開」と区別して使用されている。

米国では、「ネーキッド・コーポレーション（naked corporation）」と「オープン・エンタープライズ（open enterprise）」という言葉がビジネス界などでよく使われる。これはD・タプスコットとD・ティコルの著書『ザ・ネーキッド・コーポレーション（The Naked Corporation）』(2003)が話題になってからである。前者は何か不祥事が発生したときに、隠しまくって逃げていたのに、厳しい取材や批判などで、結局事実がすべて露見せざるをえなくなった会社のことで社会的信用の失墜を招く。これとは反対に、後者は不祥事の発生時には、調査を迅速に進め、事実や経過を自発的に情報開示して説明する透明性の高い企業のことであり、社会の理解と信頼を得られる企業のことを意味している。

長年にわたって「言わず、聞かざる」を通してきた行政官庁においても情報公開が進み始めた。社会の趨勢《すうせい》は情報開示に向かっていると言えよう。平成十三（二〇〇一）年四月、「情報公開法」も施行され、すでに多くの都道府県には情報公開の条例がある。

といっても情報公開のあり方は、行政官庁によってバラツキがあり、市民の要求に応えようとしているところもあれば、形だけの情報公開にとどまり、旧態依然としているところも少なくない。

そういう行政側の対応や姿勢に対して市民はどう受け止めるだろうか。進んで情報公開する自治体行政に対しては好意的に評価し、協力するが、そうでない自治体に対しては不信感から非協力的になりやすい。

例えばそれがどういう形で現れるかといえば、何か事件や事故が起こると、「やっぱり〇〇県だからな」「〇〇市だからやりそうなことだよ」というように、なかば固定観念で見てしまう。自治体にしてみれば、だからといって倒産するわけでもないから、第三者的に受け取って済ませてしまう。実際には住民の減少、財政赤字、市町村合併、財政再建団体への転落などということにもなりかねない。住民本位、市民重視の姿勢が問われているのである。

近年、各地の都道府県警で不祥事が続発しており、それを隠したりすることによって一層その警察や自治体のイメージと信用をダウンさせているところがある。また中央省庁でも社会保険庁の不祥事は底なしで国民を呆れさせ、解体に向かわせた。国民の生活に直結する年金の不始末はその存在をなくすのである。中央省庁や自治体も今後不要と国民が判断すれば、統廃合が進んで消滅していくのであろう。

●緊急時のマスコミ対応、記者会見での留意点

緊急事態が発生したときのマスコミ対応について、次の点に留意したい。

①司会者が会見に出席しているスポークスパースンなどを紹介する。
②「現段階で掌握している事実」に基づいて話し、嘘や隠しごと、矮小化《わいしょうか》はしない。
③対策本部で作成したポジションペーパーをベースに声明文を用意して語る。やや長文なら読み上げてもよい。
④言葉づかいは、明瞭に、適切に、丁寧にする。高い声や早口で話さない。
⑤態度は品格を保ち、穏やかに、威張ったり居直ったりしない。
(事件や事故の加害者だったり、不幸な出来事などの場合は謙虚な態度で臨み、通常よりトーンを落とした言動に心がける。照れ笑いや咳《せき》払いに要注意)
⑥謝罪の言葉のあと、頭を下げる。このときカメラの撮影を意識して、すぐ頭を上げない。
⑦会見時、記者の中には、怒らせるような質問をする者もいる。だが挑発に乗ってはいけない。その表情や言動がそのまま映像や活字で報道されてしまうことになる。常に冷静に対処し、感情的にならないように不動心で臨む。
⑧傍観者的立場の発言や表情、態度は避け、誠意が伝わるように努力する。
⑨聞かれたことについては誠実に答えるようにして、関係ないことを話さない。答えられないこと

はっきり伝え、なぜ答えられないかの理由を明確にする。現在調査中の場合はいつ頃なら発表できるかを伝える。

⑩コップの水を飲んだり、クセで耳に触れたり等しない。

⑪会見出席者は、お互いにその場で打ち合わせたり、尋ねたり、相談するような素振りは禁物。

⑫誤解に対しては明確に訂正し、正しい事実を説明する。

⑬記者会見終了後、廊下や控室などでの不用意な雑談や談笑は慎む。

⑭対応のあと取材記録をメモする。

⑮報道記事をモニターし、内容を分析する。

●透明性アピールへの「情報開示ガイドライン」「機密事項ガイドライン」

社会の趨勢や世論、市民（生活者）の利益や要望を軽視していたら、その企業イメージや評判はボディブローを何度も受けたときのように徐々にダウンし、業績や株価に大きく影響してくるものである。マイナスイメージが固定すると回復するために多大な時間とコストをかけることになる。マスコミは「国民の知る権利」やジャーナリズムの「知らせる権利」で、ディスクロージャーを迫るが、企業は法人格権やプライバシーや個人情報保護をベースにした機密事項の守秘義務を強調するきらいがある。もちろん、求められた情報は何でもかんでも開示しなければならないわけではなく、開示する必要のないものもある。できれば「情報開示ガイドライン」または「機密事項ガイドライン」を作成しておくとよい。

肝心なのは、「企業には機密事項があるので、お答えできないこともありますが、極力情報開示して透明度の高い会社として、皆様にご理解いただく努力をします」という姿勢を示すことである。それとともに、開示することへの受動的対応にとどまらず、能動的に情報開示していくことを考えなければならない。つまり、「わが社は、こういうビジョンで再建策を立て、こういう政策を進めております」ということを積極的にアピールしていくことである。

情報開示を求められたとき、それを無視したり、頭ごなしに拒否したり、前向きに善処します、などと言ってお茶をにごして済むような時代ではもはやない。賢明な生活者市民が増加している。緊急時においてはなおさらのことである。社会や市民の不安を和らげ、今後の理解と協力を仰ぐためにも現状、原因、対策、再発防止策などのメッセージをできるだけ早く具体的に開示し、社会的責任を果たすという立場を明確にしなければならない。

また質問に対して、明確に分かりやすく説明することも重要である。説明を求められたことは当然だが、求められていないことも必要と判断したときは、自発的に説明するのがよい。説明の仕方もアリバイ証明的に話すのではない。紙に書いて渡すとしても形だけのおざなりなものであってはならない。相手に真に理解してもらい、納得してもらうことを心がけ、誠意をもって前向きに説明することである。関連した実物やその部分、写真、図表などプレゼンテーションのツールも工夫が求められる。

❹記者の関心と動きをさぐる

●記者の所属キャリアと関心

プレスの記者は、新聞でもテレビでも所属する部門によって関心のもち方が異なっているものである。通常、企業の広報PR担当者がつき合うのは経済部や産業部などの記者であるが、事故や事件が起きたときには、社会部記者が取材に集まってくるものである。

経済部の記者は企業の業績や活動を客観的につかみ、事実報道の傾向があるが、社会部記者は、元来社会正義感が強く、ジャーナリスト的なスピリットをもつ人が多い。事故・事件の発生時には辛口の質問などをすることで知られている。

緊急時には普段記者クラブなどで顔なじみになっている経済部記者とは違う社会部のメンバーが集まることを覚悟し、彼らの関心が、社会的不正、犯罪性などにあることを認識しておかなければならない。

緊急時における彼らの関心事は、基本的に記者会見で答えるべきことであるから、会見時のコメントの項目と同じことになる。すなわち、起きたことへの企業としての何らかの意思表明（お詫びなど）、事実の経過、原因、具体的対応策（収拾と再発防止）、責任と処分表明である。もちろんこれらを一回の会見やインタビューですべて済ませることはできない。彼らの関心は同時に危機事態の収拾、解決への要所と考えて対応する必要がある。

また政治部のキャリアをもつ記者などは、所轄官庁や行政との関係、有力政党、政治家との関係などから突っ込んでくる可能性があり、科学技術系のキャリアをもつ記者などは、商品や製造工程、情報システムなどの技術面から質問してくることが多い。記者の所属やキャリアで、彼らの関心分野をつかみ、情報や資料をそろえるようにするとよい。

●記者懇談会等を交流の機会とする

記者と企業（広報担当者）の関係は、外交関係に似ていると言われる。平時は通常の外交ラインでつき合っているが、緊急時（戦時）には敵対関係のようになることもあり、記者会見では質疑応答というやりとりをすることになるからである。記者会見は特定テーマについて公式の見解を発表するオフィシャルな場である。

したがって、平時にはよき相談者であるが、緊急時には手ごわい相手となる。マスメディアの記者と日頃から接触と交

〔新聞社（中央紙）編集局の組織図・例〕

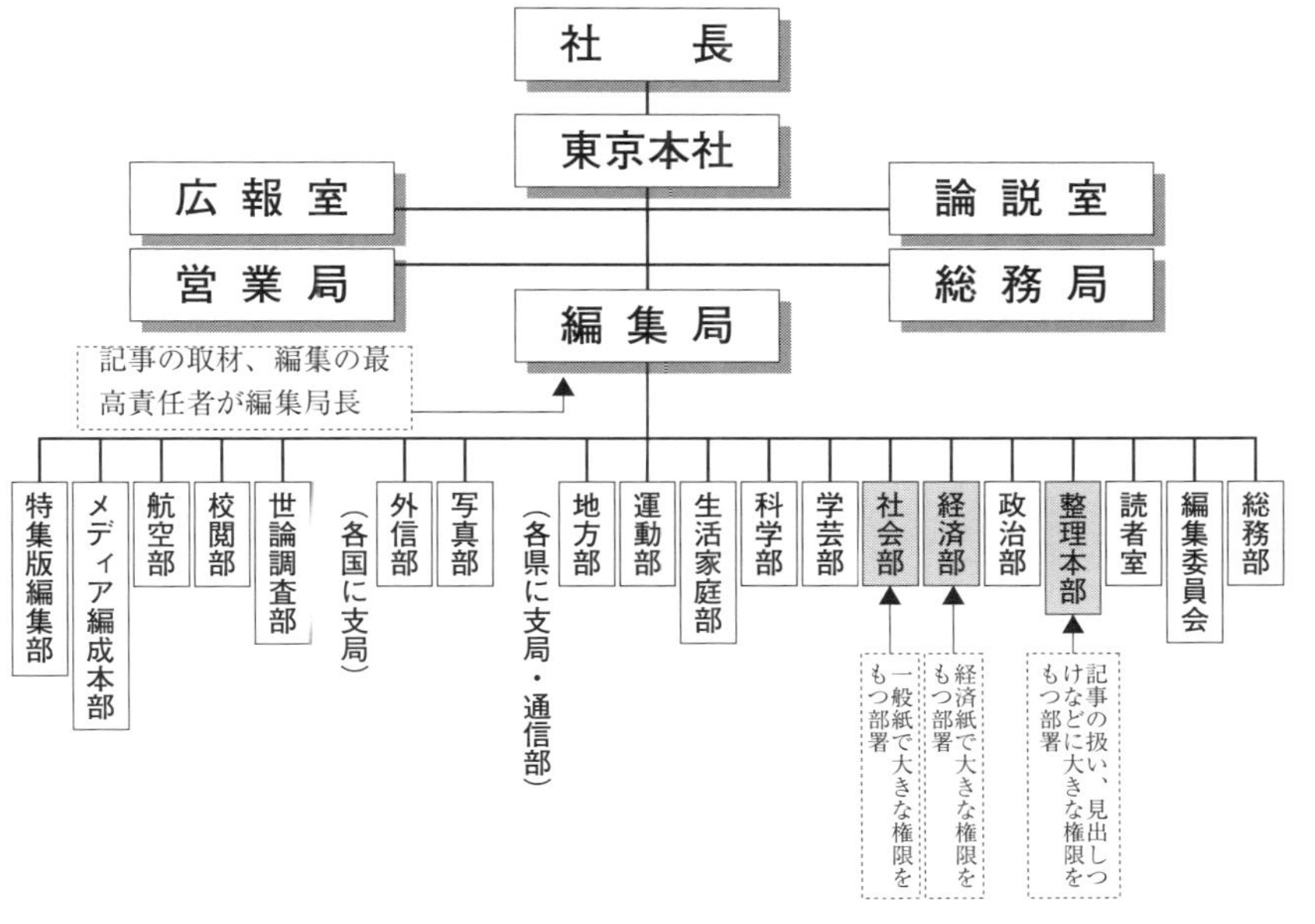

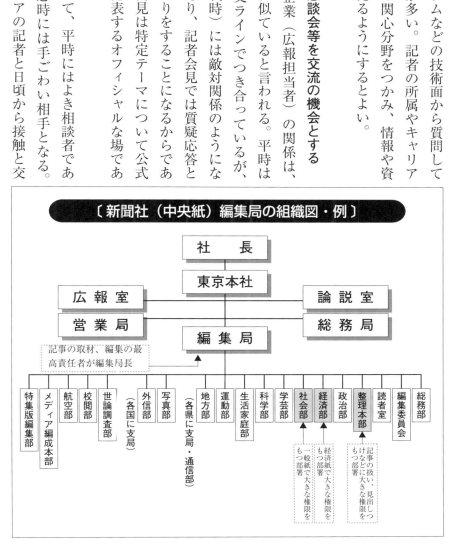

流の機会をつくり、顔見知りになっておくことが望ましい。
広報担当者なら仕事を通じて経済部や記者クラブ詰めの記者と知り合うことも多いだろう。場合によっては知り合いに紹介してもらったり友達の輪を広げていくのもよいかも知れない。ただし、社会部記者や整理部、写真部の記者とのパイプはもちにくいものである。企業主催で記者懇談会や見学会、プレスランチョン（昼食会）、プレスツアー、プレスセミナーなどを開いて記者を招き、交流のきっかけをつくるという方法がある。大企業であれば、社内にプレスルームを設置する企業もある。

●記者懇談会、プレスセミナー、プレスルームの概要

①記者懇談会の概要

〔目的〕行政幹部や企業のトップと記者たちがテーマを決めず自由に話し合う。オフレコが原則。記者会見での発表内容の背景説明、業界動向、景気の見通しなど。

〔性格〕非公式

〔記者会見と記者懇談会〕

記者会見	レクチャー	公　式	特定のテーマ	オン・ザ・レコード（記録メモ可）	飲食不可
記者懇談会	ブリーフィング	非公式	複数テーマ	オフ・ザ・レコード（記録メモ不可）	飲食可

〔手続き〕記者会見と同様で幹事社を通すことが多い。出席者を選別することがある。

〔開催時期〕年末、年始、夏期休暇明け、決算直後が多い。

〔開催回数〕年一回から月に数回開くところもある。

〔会場〕ホテル、自社の会議室など、工場見学を兼ねるところもある。

〔形式〕昼食会、レクチャー主体の勉強会など。内実は飲食会でギフト付きのところもまだあるが、好ましいことではない。

②プレスセミナーの概要
〔目的〕広報担当者と記者の相互理解を深め、広報担当者とのリレーションシップを親密にする。

〔内容〕企業情報を正確に報道してもらうための業界や新規事業、新プロジェクトなどの最新情報の勉強会。社員講師による英会話のレッスン（商社）などがあり、会費制のところもある。
・業界の現状、技術問題などを記者にレクチャーする相談システムの実施。

③プレスルームの概要
〔目的〕報道活動を円滑にし、メディアの便宜を図れるよう協力する。

〔効果〕コミュニケーションの促進、信頼関係の醸成《じょうせい》、情報交換。

〔特徴〕記者が自由に使用できる机、パソコン、電話、ファックス、資料ファイルなどを設置。
・業界情報や企業情報を入手しやすい。
・広報部門の近くに設置することが親近感を醸成する。

❺テレビ報道と社会情報系番組

●視聴者を引きつける社会情報系番組

テレビ番組の中で、ニュース報道番組と社会情報系番組（ワイドショーも含む）の占める割合が高くなり、歌謡番組やドラマが減少し、各番組間の視聴率争いは熾烈《しれつ》である。

それにもかかわらず、いずれの番組も同じ出来事を扱うことが多いため、他番組との違いを出すために演出効果を競うようになってきた。例えば、報道番組で雅子妃殿下のご懐妊のニュースを流すと、別の時間帯で同じご懐妊や妃殿下関連の番組をワイドショーで取り上げる。

ニュース報道番組では、キャスターを起用したり、ゲスト・コメンテーターを招くなどして目先を変える工夫を常にしている。女性アナウンサーを複数登場さ

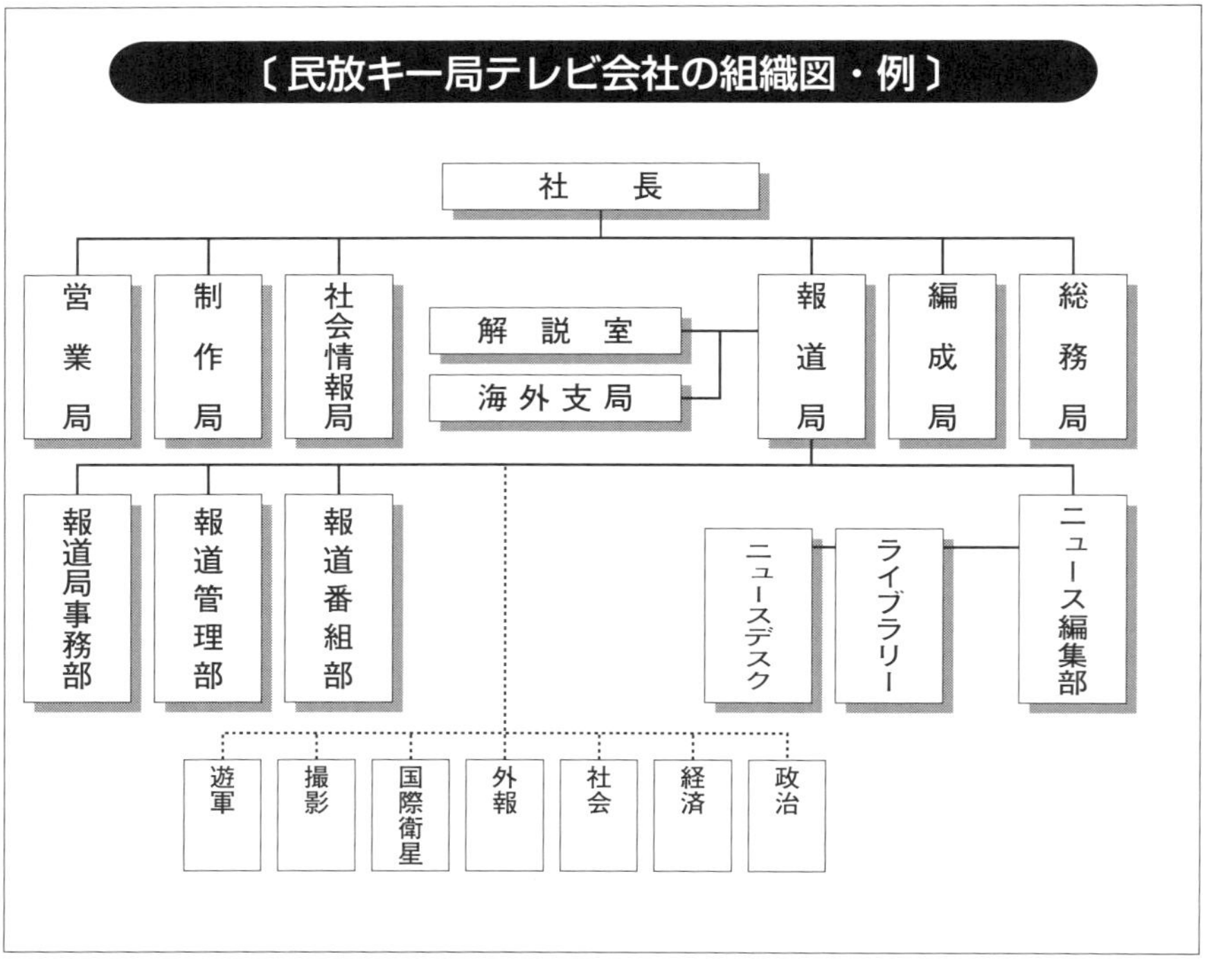

せたり、専門家にコメントさせるだけでなく、タレントなどにもニュース原稿を読ませたりしているものもある。事件、事故関連の図解をパネル化することもよく行われている。

このようなニュース番組の一種のショー化は、視聴者になじみやすいものになったかも知れないが、放送時間が限られているのだから、扱うニュースの量と内容の質に問題を招きかねないケースも出てきている。

そこでドラマチックな演出効果を当初から盛り込んでスタートしたのが社会情報系番組（ワイドショーも含む）であった。社会情報系番組が扱う分野は、主に事件や事故、それに関係する人物、生活情報などの社会関連の分野で、世間の話題となりやすいテーマが多い。例えば新聞の場合であれば、社会部や芸能スポーツ部などの記事と言えるだろうか。

社会情報系番組の取材は、ほとんどの場合、報道記者たちに混ざったり、彼らが引き揚げたあと、リポーターとカメラクルーが中心に始めることが多い。

ニュース番組に比べると速報性や正確性には欠けるが、一つの事件や事故などを取り上げる放映時間は長く、リポーターが余韻の冷めない現場と周辺をめぐり、関係者や近隣の人々の生の声を聞いて構成する。こうした手法は日常の生活者の関心や目線から把えているということもあり、多くの視聴者を引きつけ、視聴率も上げている。しかし問題としてはある種の話題を追った興味本位な傾向も否定できない。

●速報性の高いニュース報道番組

これに対しニュース報道番組は、国際、政治、経済、社会、文化など広範な分野にわたって報道の立場から番組放映する。事件や事故などの発生情報をキャッチすると、記者やカメラクルーが即座に現場に駆けつけ取材・撮影にあたる態勢になっており、速報性が高い。

担当記者は、それぞれの分野に精通しており、専門知識とそれまでに得てきた情報をもとに分析したうえで、専門家から一般市民までを視野に入れた報道を行っている。

ニュースになるかどうかの判断は、①社会性、②新奇性（初出性）、③事実性、④話題性、⑤適時性、などをモノサシとして決定される。もちろんメディア社の編集方針に沿っている内容でなければならない。絵になる映像がないとニュースにならないことがある点で、活字メディアと異なっている。

またニュース報道番組を最近はアナウンサーが話すだけでなく、キャスターやコメンテーターなどとともに進める形態が定着してきている。コメンテーターの発言などで、その局のニュースに対する見方や立場が示されることになる。同じテレビ局の放送でも部門（局）が違うと把え方、視点、放映方法なども違っているものであり、番組の種類を必ず確認しなければならない。

報道番組は主に視聴者がほしがっている公共社会性のある情報を提供し、社会情報系番組は視聴者が知りたがる話題性のある情報を提供するものなので、両者の違いを理解し、広報対応するときには留意するべきであろう。ネット時代でもテレビの影響は根強いものがある。

❻法務的対応だけでなく広報的対応も

●倫理的責任、道義的責任が発生する

経営者の中には何でも事故・事件を法的に解決しようとする人がいるが、いくら裁判で法的勝利を得ても、マスメディアでマイナス報道され、社会的にイメージダウンしてしまえば何にもならない。むしろ裁判で勝つことより、広報で勝つことの方が、社会的信頼や企業評価には大きく影響するとも言える。「広報」は「広く社会に報《むく》いる」ことなのだから法的に問題がなくても社会的、倫理的視点で検討しなければならない。政治家の事務所費疑惑で「法律に則り、適正に処理していました」と答えるのを見て、公正さを感じられるだろうか。法令遵守だけでは社会の信頼は得られない。

企業が緊急事態に陥ったときには、倫理的責任や道義的責任が発生する場合がある。どのような社会的責任が発生するか、これまで第一章および第二章で述べてきていることと次の三つの点でまとめてみよう。

①コンプライアンス（法令遵守）の問題

コンプライアンスとは、法令や社会規範およびビジネスや経営上のルールを遵守することである。会社法でも業務の適正確保の体制を規定し、内部統制システムを強化している。

会社側の違法性や法的責任について法律の専門家によって法務の面からチェックする。その結果、会社の加害性、違法性を判断する。加害者である場合は、どのような法的責任がどの程度あるか、どのようなスタンスで対処するかを検討し、対応しなければならない。違法行為としての法的責任

が発生した場合は、法律の専門家とともに危機管理担当者は、戦略的な対応を検討する。ことに最近、企業や業界によって企業行動憲章や「コンプライアンス・ガイドライン」などを作成する動きが盛んである。これらが整備されているか、あるならそれがチェックの基準になるはずである。

②コーポレート・ガバナンス（企業統治）の問題

経営管理上の問題はなかったか、社内外から監視機能は十分働いているか、やるべきことを怠っていなかったか、杜撰《ずさん》な管理ではなかったか、内部統制やリスクマネジメントに問題はなかったか、などを検討する。あったとしたら社会およびステークホルダーなどに対しての経営責任や管理責任が発生する。

③倫理的・道義的問題

会社側に法的責任が発生しなかったとしても、道義的・倫理的観点から社会的に問題がある場合がある。企業市民としてのあるべき行動をとれなかった、というような場合である。法律に触れなかったとしても、企業市民としての社会的責任や道義性、倫理性を考えて対応しなければならない。

緊急時の取材対応や記者会見においての見解の表明は、これらをチェックしたうえで、適切な姿勢でなされなければならない。司法的な勝利を考えることも大切だが、それよりも企業の社会的評価（レピュテーション）をいかに得るか、という広報の本来の姿勢をもたないと事業や企業の存続そのものが致命傷を受けてしまうことになる。

●法務的側面からの検討

会社側に法的な責任がある場合は、メッセージの内容や表現の仕方などが不適切であってはならない。報道で批判され、訴訟で会社側に不利な材料となるばかりでなく、それ自体が訴訟の原因にもなりかねない。事故・事件の案件に詳しい弁護士などの法律の専門家と相談し、法務的側面からの検討を加えながら、マスメディア対応や広報活動を行う必要がある。弁護士は顧問弁護士でもよいが、案件のテーマにたけた誠実な人を選ぶべきである。概して弁護士は訴訟上の立場からしばしば情報開示に消極的なことをアドバイスする傾向がある。しかし広報やパブリック、リレーションズの視点では、情報開示を原則として記者発表することが望ましい。隠しごとや曖昧《あいまい》な答えを繰り返すと、社会的・道義的面から厳しく追及されることになる。記者発表は社会的な面からも十分検討して公表する必要がある。

違法行為がなかったとしても、「法的に問題ないから社会的にも問題ない」とか「違法性はないからノーコメント」といった態度や発言はすべきではない。違法性はなくとも社会的・倫理的に問題がある場合がある。マスコミでの発表は、法的観点からだけでなく、公共社会の道義的・倫理的立場からも発言しなければならないと心得るべきである。それすら考えられなくても、事態に背を向けるような態度や発言が社会的姿勢を疑われ、ブランドや信頼を喪失することになりかねない。記者会見での司会者は企業関係者が行うべきであって、弁護士に任せない方がよい。あくまでも弁護士は法律上の専門的助言者として対応すべきである。

マスコミは企業に対して、法的責任はもちろんだが、それ以上に社会的・公共的責任を追及してくるケースが多く、一般社会もそれを支持する傾向がある。「広報」はパブリック・リレーションズであり、公共との良好な関係づくりであることをいつも忘れてはならない。

2. 緊急時のマスコミ対応と記者会見

❶マスコミの取材対応の基本

●取材申し込み時の留意点

取材の申し込みに際しての留意点を挙げると、次のようになる。

①媒体名を正確に聞き、どのような媒体か確認する。

②知らない媒体の場合には、どのような会社か、どのような媒体（メディア）か、編集や発行の責任者が誰か、を確認し発行している雑誌等の実物を送ってもらう。

③どんなテーマで、どんな目的の取材かを確認する。

④自社がその媒体にどのような形で取り上げられ、どれくらいの扱いになる予定か、確認する。

⑤記者の氏名、所属部署（立場）、連絡先（名刺）などを確認し、できれば取材依頼書に記入してもらう（電話申し込みのときは依頼書をファックスや電子メールで返信してもらう）。

⑥取材対象者などを確認する。

⑦取材の日時、場所を確認する。

⑧連絡先を聞く（携帯電話だけでなく会社や事務所の電話と住所も）。

以上を確認したうえで取材に応じるかどうかを検討してから折り返し架電する。諾否《だくひ》はその場で即答しない。そして取材を断る場合は、その理由を明確に告げるべきである。

●取材時における留意点（言ってはいけないこと、してはいけないこと）

取材に応じる場合の留意点は、次のようになる。

①聞かれたことに対して確信のないことは話さない。
②事実をありのまま話し、誇張《こちょう》しない。嘘やつくり話をしない。
③専門的な質問の場合は、その分野に詳しい担当者に同席してもらう。
④市民社会の一員である企業を代表する立場を忘れずに対応する。
⑤クイック・レスポンス（素早い対応）を心がける。
⑥公開できる関連資料は十分そろえておく（特に図表やグラフなども用意するとよい）。
⑦説明する時間を十分にとる。
⑧経営にとってマイナスと思われる事柄でも、嘘をついたり曖昧な返答をせず事実を語る。
⑨記事にされたくないことは話さない。話してからのオフレコにないと考える。
⑩なぜ答えられないのかと聞かれたら、その理由を伝える。
⑪分かりやすく正確な言葉で伝える。専門用語は避ける。
⑫時期的にまだ話せないときは、いつ頃なら話せるかを伝え、後日の公表を約束する。
⑬記者に誤解のある場合は、率直に指摘し、正しく理解してもらうように努力する。

⑭記者との議論は避ける。特に面子などにこだわることをしない。

⑮あらかじめ原稿やニュース映像を見せてほしいと言わない。取り扱いの判断はメディア社がすることを知る。

⑯記者は常に新鮮な情報を求めており、広報担当者も普段の社内外情報の収集に努める。

⑰事前に質問内容が分かっているときや想定される質問に対しては、あらかじめ答えを用意しておくとよい。

⑱記者の所属するメディア社の幹部、記者、社員など知己のある人の名前を出さない。

取材時の対応の内容は記録しておくとよい。記者が同意したときはテープ記録をとる。アメリカではビデオで記録することもある。記者の態度や言動などから感じられた会社に対する好感度や評価なども記してておき、さらに報道された記事や放送されたニュースの内容を分析し、後日の参考にする。また、「取材対応マニュアル」を作成し常時修正を加えながら、広報担当者はもとより経営層クラスや、取材を受けそうな社員に配布して習熟しておく必要がある。

❷受動型広報と能動型広報

●緊急事態の情報収集と広報スタンス

緊急時のマスコミに対する広報活動のやり方には、受動型広報と能動型広報の二通りがある。

受動型広報とは、単独あるいは多数のマスコミからの取材を受けて、受身的にインタビューに答える形のものである。取材型ＰＲとも言う。

これに対し能動型広報とは、何か事故・事件が発生したときに複数のマスコミに集まってもらって、同時に企業の側からステートメントを発表し、記者から質問を受けるものであり、前向きな公表スタンスをアピールできる。記者会見などがこれにあたり、発表型ＰＲとも言う。

緊急事態が発生したときは、相当数のマスコミの取材攻勢があると考えなければならない。不祥事の発生のときなどは特定のメディアが一足早くスクープをねらって取材に来ることもあるが、遅かれ早かれ他のマスコミも駆けつけてくることになる。避けなければいけないのは、マスコミ側から情報隠しや嘘の発言を見抜かれて告発型になってしまうことである。追及されて受身になるより、能動型が有利なのは言うまでもない。

そこで重要なことは、広報担当が事実関係や経過などの正しい情報をキャッチしていることである。緊急対策本部がただちに設置されれば、そこの調査班で相当の情報を集めることができるだろう。ただし、緊急時の初期の情報というのは大雑把で正確さに欠ける傾向がある。できるだけ５Ｗ１Ｈに近い形のものを収集する。対策本部で情報を吟味し、現状分析して会社のスタンスを明確にし、マスコミの取材に対しての統一見解などを協議しておかなければならない。

緊急時には、広報部門はもとより総務部門や、場合によっては一般社員などへも取材が殺到し、通常の業務に支障をきたすことがある。そのとき詳しい状況や確実な情報をもたない社員が、個別に憶測で発言したらそれが記事や見出しになり、とんでもない事態を招きかねない。

日頃から全社員にマスコミ対応は必ず広報を通すように教育しておかなくてはいけない。また基本的に対策本部の広報担当に一本化するのがルールだが、まだその体制ができていない段階では本社の広報部門が窓口となるのが一般的である。その場合でも、会社としての正確な事実経過の認識と統一見解を示したポジションペーパーを作成して、それに基づいて対応する。

緊急時にマスコミからの問い合わせの電話がたて続けに二、三社以上かかってきたら個別対応は不可能と考え、記者会見に切り替えた方がよい。

また記者会見は通常一般メディア（全国紙、地元地方紙、民間放送局、ＮＨＫ、総合通信社）と専門紙、業界紙、雑誌、ローカル誌を対象にしたものとは別に開催するのだが、緊急時には一緒に開くこともある。最近では一般のブローカー対象の会見を記者会見のあと開催するケースも出てきている。

❸緊急記者会見の開き方

●緊急記者会見の意義と効果

緊急時はマイナスのイメージを伴うものが多く、経営者は表に出たくないし、極力事実を隠したがる。大きくならないで済めばそれに越したことはない、と思いがちである。マスコミからの取材に逃げ回るよりも、むしろ早く事態を収拾して事を大きくしないためにも記者会見を開くことが望ましい。

緊急記者会見には、次のような意義と効果がある。

①マスコミからの要請による受け身ではなく、企業が自ら会見を企画することで前向きの社会対応の姿勢をアピールできる。

②トップないしはそれに準ずる者がスポークスパーソンになることにより、信頼を得やすい。
③会見までに情報を整理分析し、原因究明や対策にあたれる。
④会社の統一見解をまとめ、ステートメント（声明）として明確に示すことができる。
⑤正確な情報を伝え、効果的なプレゼンテーションをすることができる（文書、資料などの配布や関係物品の提示により）。
⑥マスメディア各社へ同時に同一内容を発表するため、フェアな情報開示をすることができる。
⑦記者会見により公共社会に向けて公式に発表したことになる。
⑧誤報やマイナス報道、うわさ、風評などが発生する確率を減らすことができる。
⑨訴訟などになったとき、公的発表の事実が有利な材料になり、正当性を主張できる。
⑩適切な記者会見は事態の始まりでなく「幕引き」にできる。

つまり、取材を受けるという受け身の態勢から、こちらから公表するという能動的な態勢に転換することで発表の側が主導権を握り、新たに発生する二次的被害を防止することができる。

さらに記者会見の開催は、早い段階にしないといけない。遅れてしまっては裏目に出てしまうこともある。日頃からどんな場合に緊急会見を開くか、またどのような準備を進めるかを十分検討し、準備して情報を関係者の間で共有化しておかなければならない。

次のような場合には、基本的に緊急記者会見を開いた方がよいケースである。

①死傷者が出たときや人命に関わる重大な事態のとき

②火災、爆発、環境汚染など地域社会にまで影響が波及したとき
③欠陥商品、欠陥サービスにより、消費者などの社会的影響が大きいと予想されるとき
④リコール隠しなど明らかな違法行為や社会から注目される訴訟の事態になったとき
⑤社会的関心が高く、マスメディアからの取材が集中する事件・事故などのとき
⑥要するに緊急対策本部を設置するような事件・事故が発生したとき

さらにつけ加えれば、緊急時においてはマスコミの記者は常に新しい経過情報を求めており、一度会見を開いて終わりにするのではなく、定期的に会見を開くなど、継続した情報発信に努めなければならない。それを怠ると彼らは他のニュースソースから情報を集めて、偏向したり事実に即さない記事を一方的に書いてしまうことになる。

●緊急記者会見の会場設営

緊急記者会見を開くことが決定されたら通常、最初に電話取材の依頼のあったマスコミだけでなく、正式に記者クラブ幹事会社に連絡し、会見の日時と場所などを伝えなければならない。またクラブ単位でない場合（緊急時はたいていそうだが）、メディアのメーリングリストをチェックし、ファックス、電話、電子メールなどで至急連絡する。

事件・事故の場合はいつもつき合っている経済部や産業部ではなく、社会部へ連絡することになる。記者クラブがあるときは、クラブ幹事にも知らせた方がよい。具体的氏名が分からないときは社会部デスク宛に知らせるとよい。また会見場は緊急時には記者クラブではなく、自社の一番広い

会議室や食堂などを使うこともある。緊急対策本部を設置する建物の中がよい（社内の方が質問時の情報が入りやすい。ただし看板、掲示物等、不利になると思われるものをチェックしておく。平素よりあらかじめ部屋を決めておくこと。そこが使用できない場合も想定して第二、第三の場所も決めておくべきであろう）。一〇〇名ぐらい入れるスペースがほしい。

会見日時は、緊急事態発生の連絡を受けてからできるだけ早く、二時間以内くらいが望ましい。新聞の締め切り時間やテレビ放映の時間などを計算に入れる。なお、対策本部が遠隔地にある場合は、それを考慮した時間に設定すべきである。

対策本部は、本部長であるトップ指揮のもと、通常時から整備された危機管理委員会（プロジェクトチーム）のメンバーが中心になり役割分担に基づいて対応する。だがそれだけでは要員がまかないきれない場合もあるだろう。ことに集中豪雨的マスコミ取材に対応する広報要員は、不足することが予想される。そのときのため、かつての広報業務経験者などを支援要員としてあらかじめ決めておき、現在どの部門にいるとしても、緊急対策本部の広報支援に参加するようにルールを決めておきたい。したがってこれらの広報業務経験社員は、年に一回か二回集まって研修や連絡会など最新情報で開催することが望ましい。

●会場設営における留意点

会場設営にあたっては次の点に留意したい。

①事件や事故の規模にもよるが、会場の広さは大きい方がよい。五〇名〜一〇〇名くらいを想定す

る。

②記者などへのメンタル・ヘルス対応

記者たちは興奮気味なので、落ち着くように飲み物などを用意しておく。空調がきいている方がよい。

③機器の準備

携帯電話、パソコン、ファックス、コピー機器など、通信機器や事務機はいつでも使えるように準備しておく。またホワイトボードやスクリーン、プレゼンテーション器具をそろえる。

④会場の設営

記者、スチールカメラマン、テレビカメラクルーなどが殺到し、相当数の人が集まることになるだろう。特にテレビカメラクルーは会場のどこにでも出ていって撮影を始める傾向があり、新聞記者たちとトラブルになる可能性がある。テレビ関係者を誘

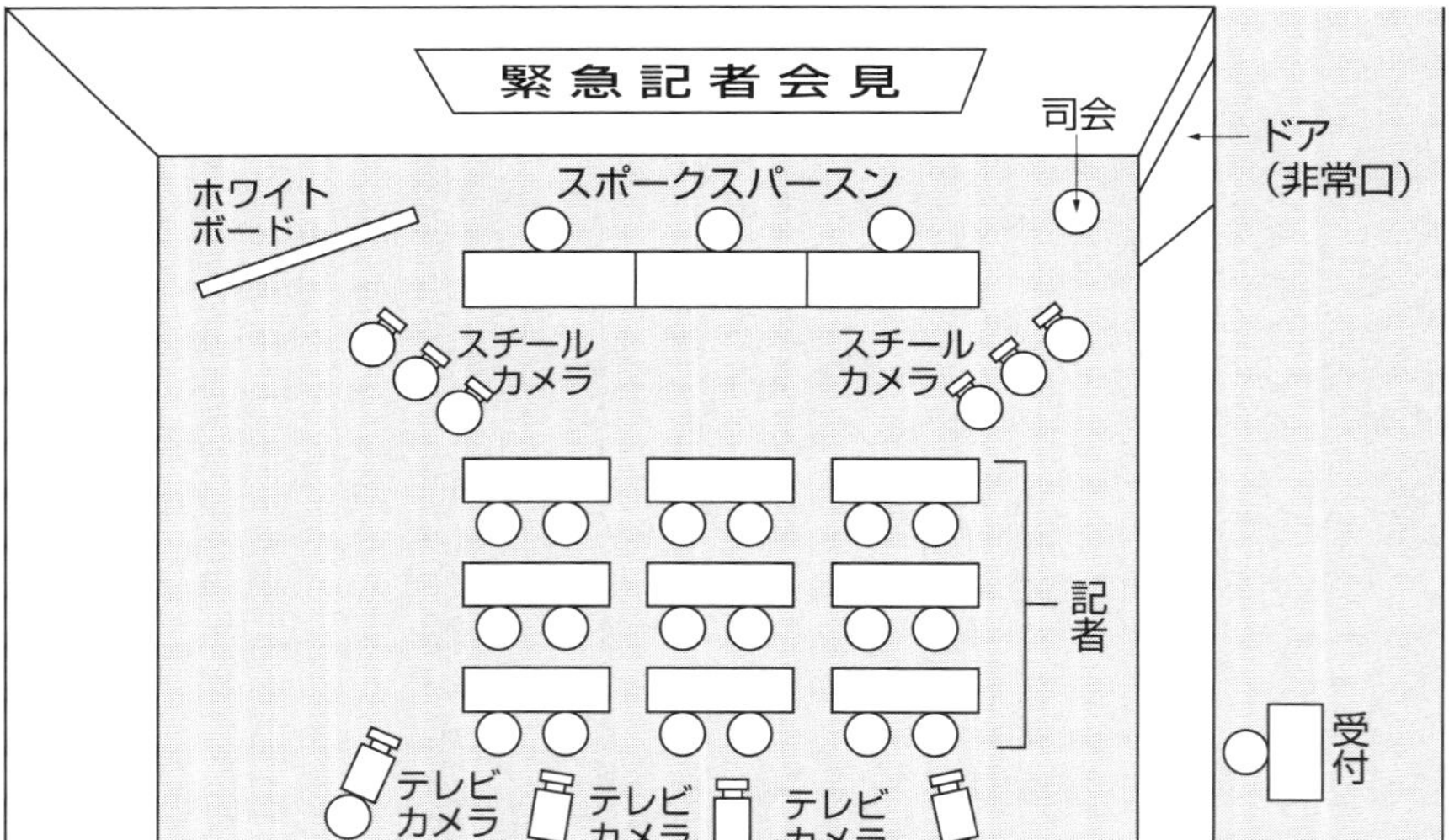

導する広報担当者を決めておいて、カメラクルーの撮影位置を部屋の後方に集めるなど、ある程度限定することである。

配置は次のようにするとよい。

・スチールカメラ（新聞社、通信社）は発表者の前の左右最前列
・テレビカメラは会場の後方
・記者は中央部

テレビカメラは「近づかないと撮影できない」などと言うことがあるが、その場合は「望遠で撮影して下さい」と答え、会場が広い場合は両端の脇から撮ってもらう。記者席の中へ入ってきたり、スポークスパーソン（発表者）の前に来ることは控えてもらう。また決してスポークスパーソンの後ろに回り込まないよう広報担当者が注意する。

・会場の設営は開始三十分前までに終えるようにする

⑤会場の受付

会場内へ入室する記者、ディレクター、カメラクルーのすべてについて名刺をもらうか、氏名、会社名、所属、連絡先を確認して記録する。したがって受付担当者は最低二人、多い方がよい。

●緊急記者会見とスポークスパーソン

組織を代表して社会に公式メッセージを発表する役割の人がスポークスパーソンである。事故・事件など不測事態の程度によって、誰がスポークスパーソンになるかの判断は異なってくる。緊急

対策本部が設けられる前の段階までなら、広報責任管理職か担当役員などでもよいが、人命が一人でも失なわれたり、社会的影響度が大きい場合は、トップ（代表取締役や首長）が出席するのが通例である。

ただし、いつもトップが社内にいるとは限らないので、いざというときのために、取締役、役員（助役、局長）クラスを優先順位的に決めておき、いつ何が起きても、すぐに役員以上の誰かがスポークスパースンになれる仕組みを普段からつくっておかなければならない。

スポークスパースンは緊急時に企業を代表して声明を発表したり、厳しい質問攻めにも適切に対応しなければならない。したがって緊急時におけるメディアへの対応についての基本を身につけている必要がある。トップをはじめ幹部、広報総務の管理責任者は、平常時にメディア・トレーニングを受けておくことが望ましい。また年に一度受けただけでは忘れてしまいがちなので、機会があれば危機管理委員会のメンバーなどとともに、緊急時シミュレーションに積極的に参加したり、専門家の講義を受けたりしておくと、いざというときに自信となり、落ち着いて冷静に対応できることになる。マスコミから信頼される誠実な姿勢と精神的には〝不動心〟で臨みたい。

会見に臨んで、スポークスパースンは時間通りに会場に入り、一礼して役職と名前を述べる。地味な服装で落ち着いた口調でキーメッセージを入れた声明文を公表し、質問を受ける。質問は明確に答え、その場で分からないことは調査していつまで返事するかを伝える。話せないことは理由を明らかにして、その旨を語る。質問内容が分からないときは、理解できるまで確認するのがよい。挑戦的質問に乗せられない。あくまでも組織の代表としての発言であることを肝に銘じ、個人的な見解は話さなくてよい。

●緊急記者会見の事前準備

緊急記者会見が記者クラブでメンバーを対象として行うときはそれほど問題ないが、外国プレスや専門紙、業界紙、雑誌記者も対象にしたオープン・スタイルのときは、あらかじめそのことを記者クラブ幹事に伝え、連絡文の中へ入れておかなければならない。

会見までの事前準備として、次のことをしておきたい。

①情報を吟味、分析し、公式の統一見解を協議してポジションペーパーや声明文にまとめる。
②ポジションペーパーには事実経過、それに対する原因、対策、見解などを入れる。
③配布資料（データや図表を入れて分かりやすく工夫）、プレゼンツールの準備（ビデオやパワーポイントの実物サンプルがあるとよい）。
④司会進行の確認と時間の見積り（ただし緊急時は時間を区切らない方がよい）。
⑤想定される質問と答弁の準備（「想定質問表」をポジションペーパーに沿って作成する）。
⑥質疑応答の練習（時間的余裕が少しでもあれば、スポークスパースンの「リハーサル」をする）。
⑦多様な質問に答えられる資料やデータの用意をする（パソコンにあらかじめ「データストック」しておくとよい）。
⑧出席者の役割の確認（スポークスパースンを補助するため、広報や専門分野の責任者が分担）。
⑨時間的余裕があればリハーサル（予行演習）する。専門家の助言があればなおよい。

⑩発表者は開始時間通り入室して、終了のタイミングは司会者が質問の途切れを見て判断する。
そのほかに留意することとしては、遅れて来るプレスのために玄関に誘導員を配置しておくとよい。また大幅に遅れてきたり出席できなかったプレスのことを考え、配布資料（この中にポジションペーパーを含む）などを用意する。会見後は問い合わせや確認の電話に備えておく必要がある。

❹発表側の記録（ビデオ撮影、レコーダー、ポジションペーパーの作成）

●記録を残す意義と効用

危機管理についてのノウハウの蓄積や今後の対策の検討のためにも、必ず緊急記者会見の記録は残さなければならない。

緊急記者会見の反省事項を関係者でチェックしたり、社内へのフィードバックなど学習ポイントを摘出するためにも記録は必要である。

社内の記録は、広報の中でも社内報の編集者が担当するなど事前に決めておくと、いざというときにあわてなくて済む。記録を残す効用は次のような点にある。

①事実経過をデータストックできる。
②緊急時広報体制の反省材料になる。
③トップや担当者のメッセージ内容やコメント方法の反省材料になる。
④広報スタッフの役割や動き方の反省材料になる。
⑤会場設営の反省材料になる。

⑥備品や資料などの事前準備の反省材料になる。
⑦記者など報道の関心と動きが学べる。
⑧質疑応答の傾向が学べる。
⑨カメラクルーの関心と動きが学べる（テレビとスチールカメラの相違点も分かる）。
⑩クライシスマネジメント全体での対応の反省になる。
⑪誤報、マイナス報道など報道被害へのエビデンス（証拠）とすることができる。
⑫マニュアル作成やシミュレーション・トレーニングの材料にできる。

●記録の方法

記録にあたっては、次のような方法を用いるとよいだろう。

①取材陣へのビデオ撮影

会場全体の情景や参加している記者の顔や表情、言動や態度、設営の状況、雰囲気などを撮る。会場にビデオカメラを設置したい。目立ちすぎると記者からやめてほしいとの要望が出やすい。手撮りの小型ビデオカメラを使用するか、ビデオ撮影へのクレームに対してはスチールカメラでの撮影に切り替える。最近、記者自身が小型ビデオカメラで撮影するケースも出てきている。

②発表側出席者へのビデオ撮影

発表側からのスポークスパースンなど出席者のコメントの仕方、態度、表情、質疑応答などを撮る。これは必ず撮影しなければいけない。

③テープレコーダー、ICコーダー

記者発表の声明文や質疑応答を記録する。音声の記録は最低限残さなければならない。

④ポジションペーパーの作成

緊急事態の発生から事実の経過を時系列にまとめ、原因、対策、統一見解などをまとめたポジションペーパーを作成する。これが声明文（ステートメント）になる。自社のみならず、相手方があるときはその言い分もまとめておくと比較検討できる。またこれは記者だけでなく、官公庁、社員などの利害関係者にも配布することになる。

❺緊急記者会見の進行と発表声明、質疑応答のポイント

●発表声明の内容

緊急記者会見では、記者の質問によってスポークスパースンの回答の内容が揺れ動くようであってはならない。会社の事態への対応方針と統一見解を決定し、ポジションペーパー（事実経過と声明文）を作成してそれに沿った発言をしなければならない。

情報開示も信頼できる確実な事実情報と開示のガイドラインに照らしてするのがよい。企業機密、当事者、家族などのプライバシーに関連する情報は話す必要はない。

会社に明らかに責任がある場合は、明確に謝罪を表明する必要があるが、訴訟などが想定されそうな複雑な場合は、法律の専門家と相談したうえで発言内容を考えた方がよいだろう。記者に疑いを抱かせるような声明や回答はしないことである。言動や態度がテレビで放映されるときは特に気

をつけたい。全般を通して、加害者であってもなくても社会的責任を果たすという姿勢が伝わるようなメッセージや態度で臨みたい。発言のポイントは「想定質問表」にしてまとめ、時間的余裕があればリハーサル（予行演習）をするとよい。目的は信頼の回復にある。

緊急時の発表声明は次の順序で進める。

まず、冒頭に法的責任などの有無にかかわらず「世間をお騒がせして遺憾である」という意味でのお詫びをする。日本や東アジアの国ではこの言葉がないと前へ進まないことが多い。アメリカなどは、先に謝ると責任を認めたことで、裁判に不利になるという判断から謝罪の言葉を冒頭で言うケースは少なかった。しかし近年、先に謝まっても法的責任を問われない「アイ・アム・ソーリー法」を制定する州がふえている。

それから事実に基づいた経過を説明する。現状で掌握している範囲での事実関係でよい。事態への全貌が明らかでないときは、調査中であることを告げる。原因究明に力を注いでいることを伝え、もし分かっているなら慎重に発表する。調査結果が出た時点で新たに会見発表する。商品の回収などがあるときは、その時期、方法や、賠償についても触れる。そして再発防止に向けての具体策を述べなければならない。単に精神論として再発防止に努めます、ではいけない。

最後に関係者や責任者の処分が決まっていたら発表する。自社に責任がないと判断したときは、理由を明らかにして明確に伝える。業界全体が抱えている問題や特殊な状況を説明することもある。事態が地域社会などの第三者に及んでいるときは、地域住民や行政機関に対しての発言も入れる必要がある。

〔発言内容の必須事項〕

発言内容の順序	注意事項
お詫び・陳謝	●「世間をお騒がせして、申し訳ない」「事態の発生について遺憾」という意味でお詫びする。 ●裁判など法的問題がからむ場合は、専門家と相談してコメントする。
事実経過説明と対応策	●正確な数字を添え、データが曖昧なら、分かり次第発表する。 ●事態が長期化しそうなときは、随時記者会見を行い、新たな情報を提供する。
原因の究明	●原因が明らかになれば、明確に発表する。 ●原因を特定できない場合は、現在究明に全力を注いでいることを伝える。
賠償あるいは回収	●事故で補償を問われている場合は賠償について言及する。 ●商品事故の場合等は、商品の回収方法やすでに購入した人への賠償に触れる。
再発防止策の表明	●早期に再発防止に着手する用意があるかどうかが企業の評価を決定づける。 ●具体的な再発防止策を明確に表明する。
責任の所在を表明	●責任の所在を明瞭にし、具体的な責任の取り方を明確にする。 ●特定個人の責任のみを強調しない。 ●トップの引責辞任だけで責任問題を終わらせようとしない。 ●補償などの誠意を尽くしお詫びしたい、という意思表明を大切にする。
処分	●責任者について社会的にも納得できる相応な処分を発表する。 ●適切で早急な実施を行う。

きわめて多数のメディアが押しかけ、会見での混乱が予想されるときは前もってメディア側と話し合い、通信社などを代表者とする代表質問にすることを決めておくとよい。いわゆるメディア・スクラム（集団的加熱取材）への対策である。また記事にされたくないことは言わない。話したあと「オフレコ」を求めることはマナーに反する。質問に答えられないときは、なぜ答えられないかを説明する。回答に時間がかかる場合は、追って事実関係が明確になってから答える旨を伝える。専門的な分野の質問に対しては、広報でなく専門担当者が答えてもよい。答えられないときは「ノーコメント」と言わないように注意する。

また一般紙、放送、通信社記者を対象とした緊急記者会見を別途開いたり、最近は一般のブローカーを集めての会見を開くケースも出てきている。

❻取材記者との接触とつき合い方

●取材記者とともに学習を

一口に記者と言っても新聞だけでも全国紙、夕刊紙、専門紙、業界紙、スポーツ紙とあり、雑誌でも月刊誌、週刊誌など、様々な媒体の記者がいる。さらにテレビはNHKから民間放送局、地方局まで数が多い。広報担当が日頃接触するのは、全国紙、専門紙もしくは業界紙の記者であろう。彼らの関心は主に政策、経営、人事などに関するもので、読者層は比較的限定されており、その分野に関連する新鮮で詳細な情報の提供が第一義となる。新聞、マスコミ業界を代表する団体として（社）日本新聞協会がある。

当然それぞれの記者は、取材目的である分野の情報や知識に精通していてその業界に人脈をもっている。同じ企業や同業他社を訪れる頻度は高いと思われる。したがって、記者は企業や業界の事情や抱えている問題を把握しており、受け手の企業（広報）もこの分野の記者への対応には馴れているといえる。つまり、取材する側とされる側とはお互い気心が知れているわけであり、比較的フレンドリーな雰囲気のもとでやりとりがなされているはずである。

しかし、全国紙でも社会部の記者や、夕刊紙や週刊誌の記者が社会問題としての視点で取材に来る場合は、企業や業界の専門分野に関する取材というよりは、企業の外側（公共社会）に対する姿勢や態度に関連する取材が目的となる。読者も市民社会全般を想定しており、そのバックアップを受けて取材しているという意気込みを強くもっている。企業の広報担当が日頃からつき合っている経済部記者とは、取材の姿勢からして違っているのである。

情報は多角的に収集し、取材は必ず裏を取り、客観的に分析するというのが記者の基本であるが、特定のテーマについて取材班を編成し、調査取材で臨んでくることもある。

調査報道や企画テーマでの取材では、同業他社へも取材に行き、情報や資料を集めていると察したうえで対応しなければならない。取材を受ける側のちょっとした動揺や不用意な発言に対して敏感に反応し、疑いを深めることにもなるので慎重に対応したい。

といっても、神経質になりすぎるのはよくない。慎重に対応するのは当然だが、誠意をもって、フェアに、嘘をつかず正直に答えればいいのである。話すことがなければないと明確に答え、話せないことはそのわけを話せばよいのである。

〔新聞社を中心とした媒体グループ〕

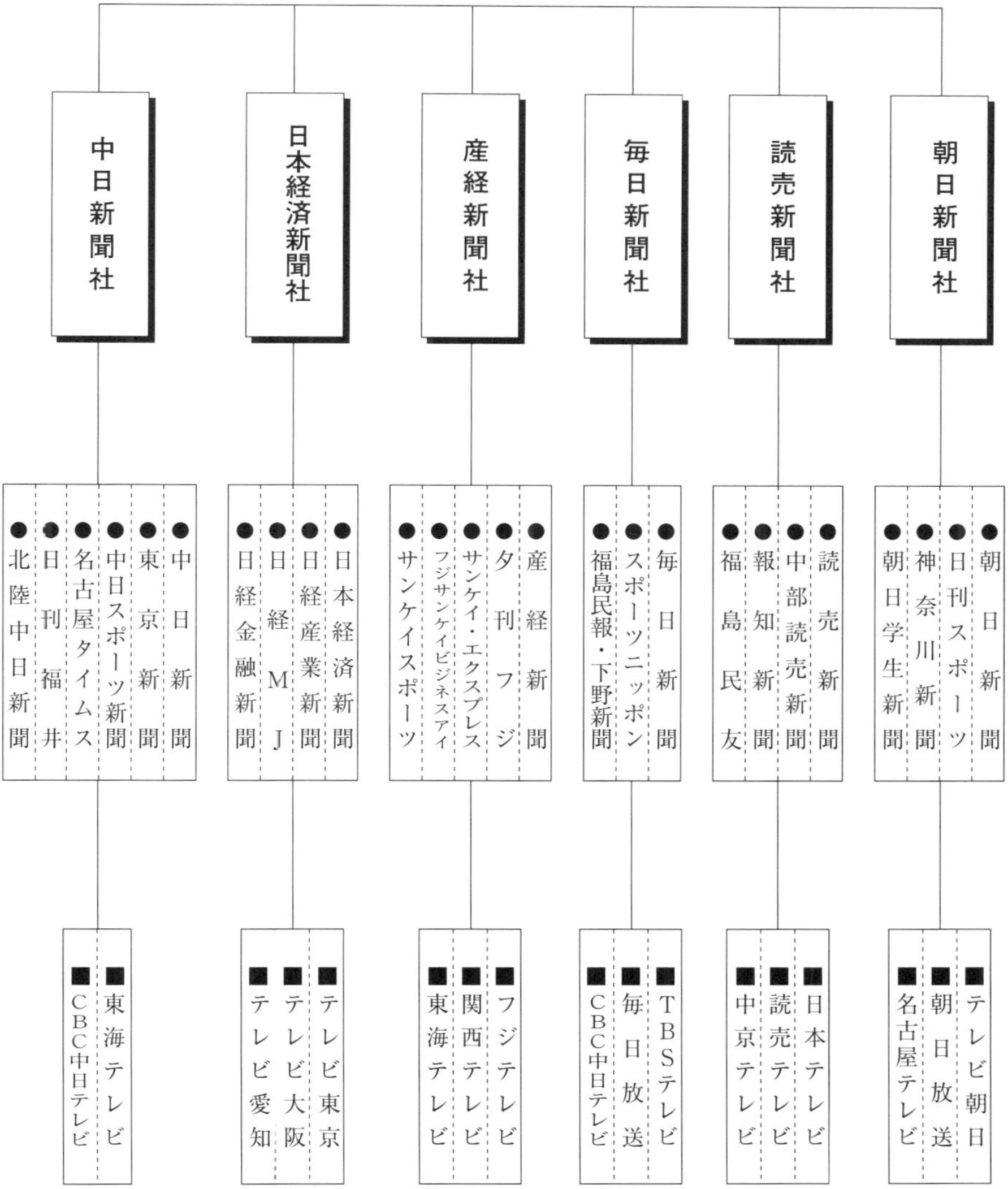

求められた資料についても同様である。落ち着きのない態度であると、かえって疑われることになる。やましいことがなければ堂々としていればよいのである。

記者、編集者といったマスコミ関係者は、職種、階層、性別、業種、地域、国家などといった垣根を飛び越えて、人や組織と接触している。場《ば》数《かず》を踏んでいる記者は、企業に一

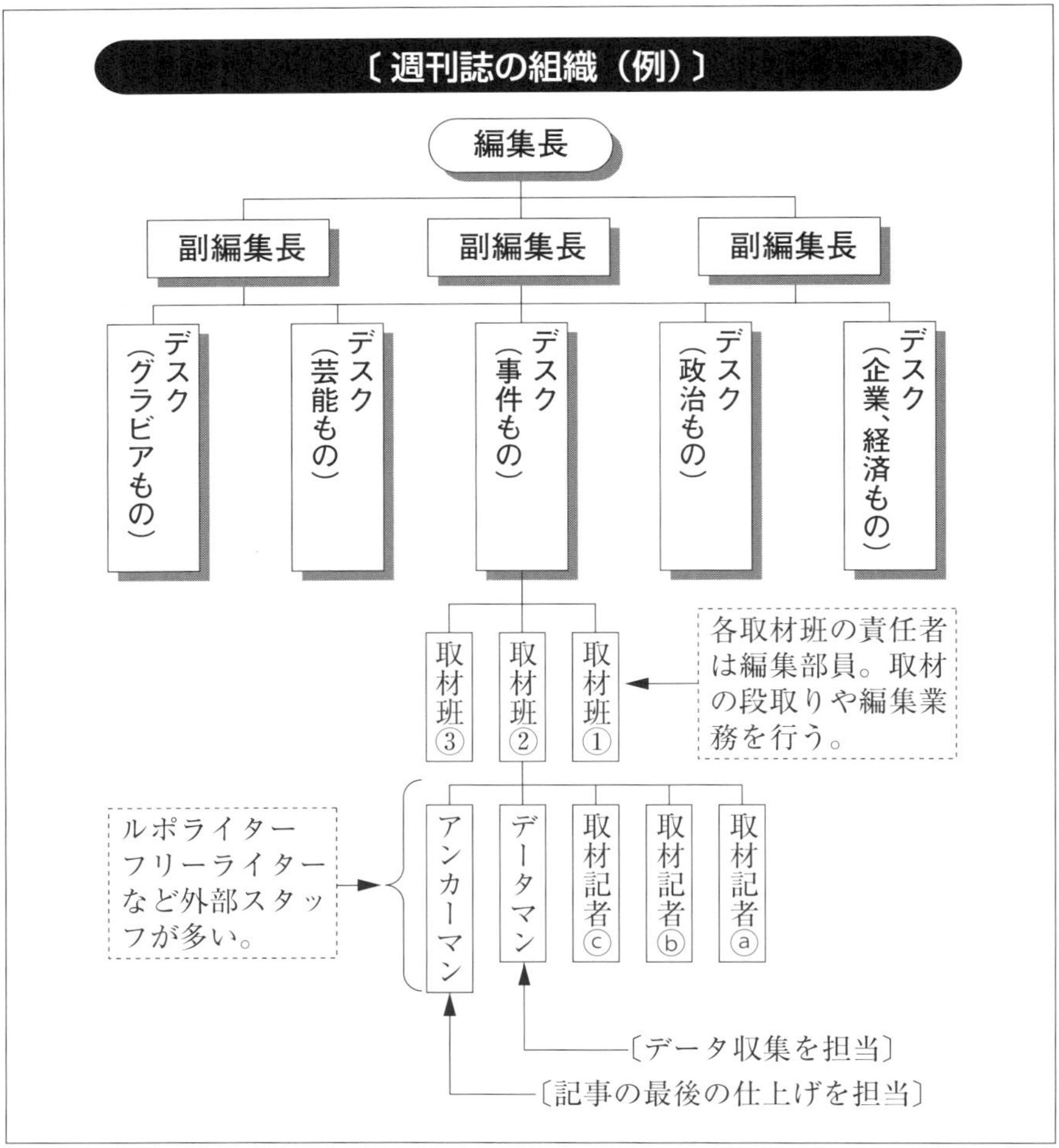

歩足を踏み入れ、広報担当者などの対応を見れば、彼等の置かれている立場や現状を見抜いてしまうものである。

広報担当者は特に取材記者と互角に渡り合えるように、日頃からマスメディアの知識やパブリック・リレーションズについて学習し、研鑽《けんさん》に努めたい。優秀な広報担当者がいるということは、記者の評価や信用も高まることになる。

●写真誌、週刊誌報道への対応

雑誌は、テレビや新聞に比べると情報の持続性があり、まとまった情報を伝え、特定される読者層への浸透率が高い。詳報性、解説性、視覚性、娯楽性に優れており、比較的長い記事文章が掲載できて主張や解説も加えられる。活字メディアは保存がきくため、露出時間が長く、反復できるので、回読率も高く、波及効果は高いという特徴を備えている。もっともこれらの特性は月刊誌において顕著であり、週刊誌ではその娯楽性や話題性が強まる。保存するケースはあまり多くなく、正確な事実というより、生活の話題提供が中心となる。

週刊誌は大手の新聞社が発行しているものと、出版社が発行しているものとがあり、概して前者より後者の方が興味本位になりやすく商業性が強くなる傾向がある。

編集部の陣容は、編集長と、数名の副編集長のもとに、企業・経済、政治、事件、生活、芸能、スポーツ、グラビアなどを担当するデスクがおり、それぞれに編集部員がいる。取材班の陣頭指揮は通常この編集部員があたり、その下に実際に取材する記者がいる。

出版社系週刊誌記者のほとんどは正社員ではなく、野球の選手などのように年間単位の報酬で編集部に常駐している契約記者か、外注の記者である。前者は担当ページを抱えているレギュラーの記者、後者は不定期で取材を受け持つスポットの記者などがおり、彼らは特定の編集プロダクションに所属していることが多い。

また記者は、取材してデータを集めてくるデータマンと、集まったデータをもとに記事文章を作成するライター、さらに数名のライターの書いた原稿を一本化して文体の調子などをまとめるアンカーマンに分かれている。また自分で取材して自分で記事を書く記者もいる。

このほか出版社によっては、分野ごとあるいはまとまったページを編集プロダクションに割りふって外注している場合がある。さらにそこから請け負ったライターが取材することもある。またまったくの部外者であるルポライターやフリーライターが、個人の立場で取材し原稿にまとめたものを出版社や雑誌社に持ち込むことがあり、それが掲載されることもある。

記者の取材は、時間に余裕のある場合は通常アポイントをとってから行われるが、そうでない場合もある。アポ（約束）なしで取材を申し込まれたとき、応じるかどうかの判断でまず第一に注意すべき点は、その雑誌の確認と本当にその雑誌に関わっている記者なのかどうかを確認することである。その雑誌の取材であれば、企業としては取材を受けるにしろ受けないにしろ、きちんとした対応をする責任がある。

通常、雑誌であれ新聞であれ、その媒体社の記者であれば雑誌名（新聞名）と会社名および住所、電話番号などを明記した名刺を持っているはずである。社によっては、その名刺に会社のマークの入っているものもある。フリーランスの場合でも雑誌名（新聞名）を記した名刺を持っていることもあるが、いつ電話しても不在で、携帯電話やメールで連絡をとり合うことが多い。また自宅や事務所の住所や電話番号を記した名刺を渡されることもある。

記者が本当に取材目的でやって来たのなら、きちんとした名刺を出すはずであり、名刺の提示は社会常識である。電話が会社・事務所の番号でなく携帯の電話番号しか明記されていないのは要注意である。

加えて、取材の目的やどんな雑誌なのかを詳しく聞くことである。ほとんどの場合、既刊の雑誌であれば現物を、新創刊雑誌であれば、企画概要を記したペーパーなどによって確認が必要である。このプロセスを確実にしないと、自社を誹謗《ひぼう》するような他の雑誌記事の材料にされたり、また一方的に批判や暴露本の材料に使われてしまうこともある。念のために取材依頼書のフォーマットをつくっておき、あらかじめ記入してもらうのがよい。何かトラブルがあったときのエビデンス（証拠）にもなる。

●記者との接触とつき合い方

記者との接触のポイントは、次のようになる。

①まず人間関係、信頼関係の構築に努力すること。といっても酒食中心の馴れ合い関係ではなく、情報の提供と協力といったお互いの職務上での信頼関係の形成である。

②記者とのリレーションシップを構築するため自社への意見を求めたり、社内研修に講師として参

加してもらったり、社内報に投稿してもらうなどは親しみを増す機会となるであろう。
③公私混同はしない。記者とのつき合いは職務上でのことで、プライベートな相談ごとやお願いごとなどは慎《つつし》まなければならない。
④時間厳守、秘密厳守で信頼を裏切らないことである。
⑤幅広い媒体と公平につき合う。
⑥金銭、金券、高額なギフトは贈らない。マネーがらみのつき合いは禁物である。
⑦記者に対して同業他社への批判やコメントをしない。
⑧記者クラブにはルールがある（記者発表の申し込みの期限など）ことに一応留意しておく。

次にフリージャーナリストについての留意点をまとめておこう。

フリージャーナリストの取材は、発表する媒体が決まっている場合と、記事を書いてから発表する媒体を探す場合があるので、最初に取材目的と発表する媒体の確認をしっかりする必要がある。できれば取材依頼書をもらっておく。取材したあと別の目的や媒体に情報を利用されないためである。フリージャーナリストにはテレビや雑誌などに登場する人物もいるが、見たことがあるからといって特別な対応をする必要はない。他の記者と同じように対応すべきである。そうでない場合でも目的や媒体がはっきりしていて、言動や人柄などに問題なければ、同様に対応すべきである。

また、聞きなれない媒体名で取材と称してやって来たときは、次の点に注意する。

・取材目的と媒体の現物を必ず確認する。
・発行先と発行責任者について必ず調査する。

・謝礼、掲載雑誌の買い取り、広告掲載などを要求しないかを確認する。
・取材を受けるか受けないかは即答を避け、追って連絡するようにする。
・文書、ファックスかメールなどで依頼の趣旨等を書いてもらう（フォーマットを用意）。

❼誤報道への対応

●誤報道の原因

事実と異なることを報道された場合を「誤報道」と言う。例えばトップの氏名の文字の間違いとか、数字上のミスとかいうものから明らかな事実誤認と思われるものまである。誤報道されていることを知ったら速やかに対処しないと、メディア各社ではそれがコンピュータのデータとして蓄積されていく。その誤報に基づいて、また次の報道が繰り返されていくこともありうる。

実は企業の広報PR担当者の半分近くが誤報道の経験がある、と調査で答えているのに、(社)日本新聞協会の新聞記者を対象とした調査では、数パーセント程度となっている。つまり何が誤報道であるかについて、企業の広報担当者と記者の間で解釈が違っているのではないだろうか。

報道機関に誤報道の訂正を求めるには、単純な文字や数字のミスは担当記者に電話やファックスで済むこともあるが、事実誤認により、深刻なダメージを受ける場合などは明確な根拠を示して迅速に対応する必要がある。特にテレビの場合、ニュースのVTRやDVDはオンエア間際にできるため、プロデューサーなどのチェックがないまま放映されるケースがある。そのうえ影響は大きいのでモニターをしておかなければいけない。また誤報を発見したときはその原因を早く明確にし、報道機関に納得してもらって訂正しなければならない。株価や業務に影響が出たり、取引先、金融機関などへ迷惑をかけることもあり、縮刷版やコンピュータ・データがそのまま蓄積されてしまうことになる。

誤報道の原因は次の二点に大別できる。

①会社側に原因があるケース

広報担当が話だけで終わらせたり、十分な資料の提供をしないか、きわめて専門的なデータしか渡さなかったことによる場合。広報担当が記者に提出した資料や情報の中の数値や固有名詞などが間違っていた場合は、そのまま記事にされてしまうわけである。このような誤報の原因は防ぐことが可能であり、そのための対策を社内で確立しておく必要があろう。

誤報されないための対策方法としては、次のようなことが挙げられる。

・取材対応は話だけでなく、必ず関連資料を十分に渡す。
・氏名、地名などの固有名詞に使用する漢字や数字、単位などは二重、三重にチェックしたうえで、メモにして記者に渡す。
・情報や資料を提供するときは明確な表現を使い、十分な時間をとって説明する。
・資料を分かりやすくするために、図表や写真を使用して工夫する。
・ビデオやパワーポイントなどのプレゼンツールを活用すると分かりやすい。
・固有名詞、数字、単位、その他の間違えやすいデータなどは電話だけで伝えない。必ずファックスで送るようにする。口頭だけの伝達はミスを引き起こしやすい。

②記者側に原因があるケース

記者の情報に対する把え方、理解の仕方、認識の仕方などが間違っていたために誤報となる場合がある。また記者が業界の事情を熟知していないことによる勘違いや誤解ということもある。その場合は会社側の説明が十分であれば防げたとも考えられる。社員からの情報をリークとして裏を取らずに記事にするケースがある。これも原因の一部は会社にあると言えなくもない。最近はインターネットでとった情報を十分事実確認せずに記事を書くケースもあり、取材姿勢を問われることもある。また誤報というより、取材側との見解の相違ということもある。実際は説明の不十分さが原因となっていることが少なくない。記者に対しては記事にした経緯を確認し、再取材を申し出る。そして修正記事を出してもらうように働きかけることである。加えて、社内の情報管理や取材対応のあり方の見直しも行うことが必要であろう。

●誤報道への対応の手順

誤報道への対応は、次の手順で行う。

①まず会社側の情報提供にミスはなかったかを調査し、誤報道された部分の正しい情報を準備する。

②記者に誤解を与えた原因をさぐり、誤報道の根拠を示すことができる資料などもそろえる。

③担当記者への連絡では、苦情の申し立てや責任追及は避け、誤報をいかに訂正するかの手段をともに考える。新聞では縮刷版での訂正、データベースの訂正を目指すべきである。

④担当記者に直接面談し、訂正方法の相談をするのがよい（電話でのやりとりはしない）。

⑤訂正記事の掲載が無理な場合は、なぜそうなのかの説明を聞き、「修正記事」（事実上の訂正になるように別のテーマで自社の記事を書いてもらうこと）の掲載を打診してみる。今後の掲載記事の公正を期し、正しい情報や詳しい資料を媒体側に提供し、誤報道がないように求める。

⑥担当記者との交渉が不調に終わった場合は、記者の上司であるデスクと話し合う。それも不調に終わったら法律やＰＲの専門家と相談のうえ、文書の形で「○○記事についての申し入れ書」などを作成し、管理者である編集局長などにそれを手渡して回答を求める。

⑦編集部門との交渉が不調に終わった場合は、その媒体内の審査委員会ないしは審査部門へ申し入れ書や抗議書として苦情を申し立てる。通常この段階で媒体社からは、社内調査に基づいた調査結果と対応措置が示されるものである。

⑧苦情申し立ても不調な場合は、はじめて法的な対応について検討するが、極力そこに至らないように努力したい。マスメディアとは今後もつき合っていかなければならないからだ。

⑨新聞でもテレビ報道でも基本的には三日以内の対応が望ましい。またテレビの場合は放映から一週間以内が申し入れの限界となる。

誤報道への対応はなかなか骨の折れるやっかいな仕事であるが、前向きに把えるならば、媒体や記者とかえって親しくなるチャンスでもある。「災い転じて福となす」の諺《ことわざ》が示すように、将来の良好な関係づくりに転換していくように対処したい。

また、これを機会に社内のマスコミ取材への対応態勢やノウハウについて見直し、リスクの洗い直しも行っておきたい。

誤報道発生に対する社内での検討事項は次の点である。

①いきなり苦情の申し立てと責任追及を担当記者にしていないか。相手の理解を前提に問題の処理を図る。

②会社側の情報提供の方法にミスはなかったか、情報提供の拒否はなかったか。

③記者に誤解を与えた原因は何か。

④会社内部や周辺に誤報や誤解の発生源があったかどうか。ある場合は、対応処置をどうとるか。

⑤情報発信の方法と伝達の仕方に問題がなかったか。

⑥新聞社や雑誌社などの審査機構と記録担当機構に、早期に訂正情報を流しておいたか。

例：「〇〇の記事は誤報であり、事実は□□である」

⑦訂正に関する問題が発生したり、発生しそうなときの取材に対して、拒否せずに誠意をもって対応したたか。

⑧安易に、裁判で解決しようとしなかったか。

❽マイナス報道への対応

誤報道ではないが、微妙なニュアンスの違いにより、企業にとっては好ましくない否定的な報道のされ方をすることがある。このようなマイナス報道を放置しておくと、情報がひとり歩きして思わぬ方向に行くので、きちんと対処しなければならない。

その場合は、まず会社内部に落ち度はなかったかを十分に調査する必要があり、早急に次の点を

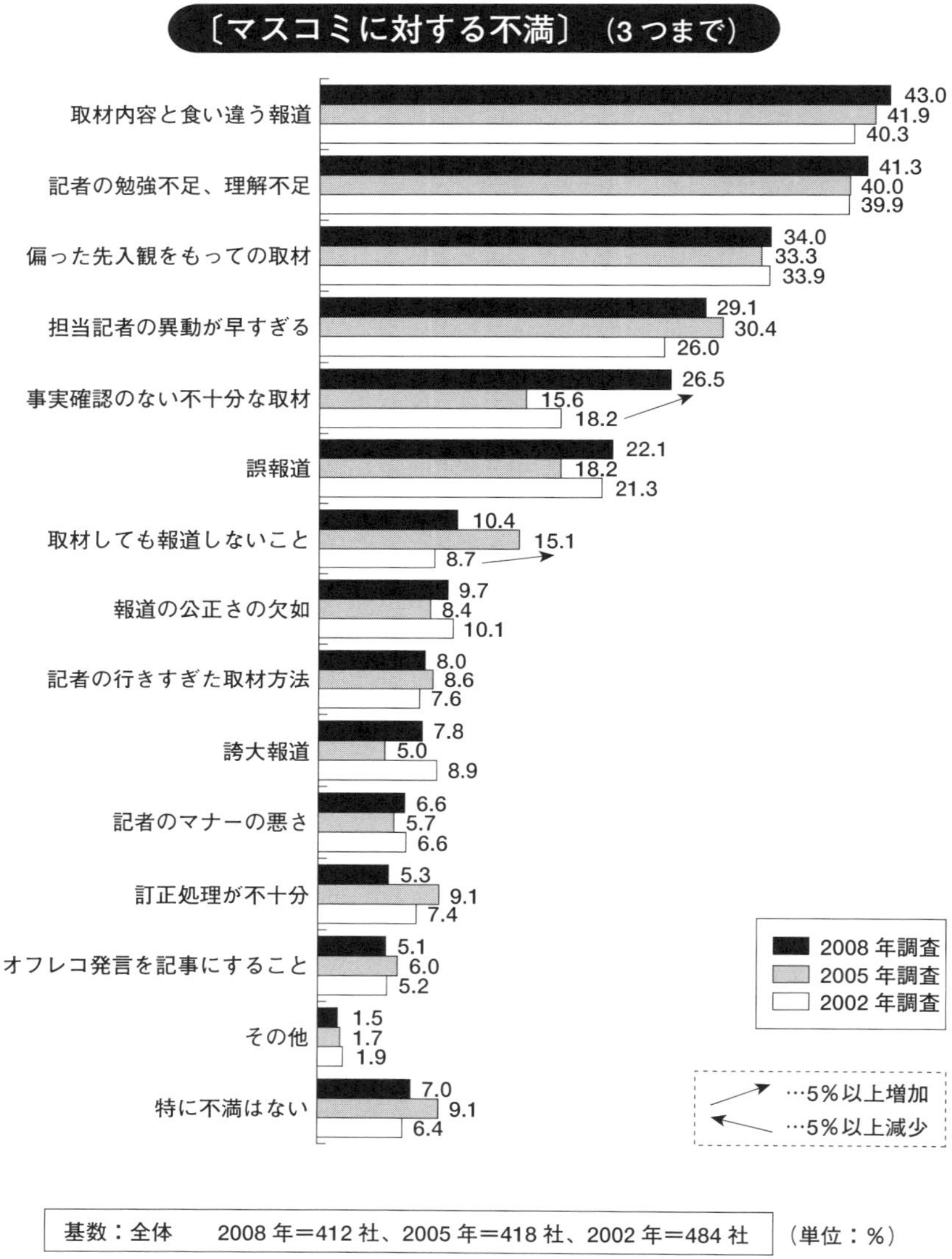

「第10回企業の広報活動に関する意識実態調査報告書」2009（平成21）年３月
（財）経済広報センター

確認することである。
①情報提供者が組織全体の意向を発表できる立場の者だったか。
②情報提供者に誤解がなかったか、意図的に誇張したり歪めて伝えなかったか。
③憶測で個人的見解を述べたのではなかったか。
そのうえで、媒体側に事実関係を説明し、続報で修正記事を掲載してもらうか、訂正記事を掲載してもらうように働きかける。

マイナス報道への対応では、次の点に留意したい。
①もみ消しを図ろうとしない。
②記者に対しては記事にされては困る事情やマイナス記事を放置できない事情を率直に話し、理解してもらうように努力する。
③断られた場合は、できるだけ早く正確な公式情報を発表すると約束し、それまでは他に情報を流さないように依頼する。つまり情報開示のタイミングをずらす方策をとる。
④記者が記事にしないようにするための圧力をかけない。
⑤特に広告絡みの圧力は避けなければいけない。あまり効果は望めず、そのうえ今後に禍根《かこん》を残す。
⑥でっち上げ記事の掲載に対しては会社への取材の事実を調べるとともに、第三者の陰謀であったのか、内部告発であったのかなども調査、検討し、そのうえで対処する。

❾その他のジャーナリズムなどへの対応

●毅然《きぜん》とした態度で接する

近年〝民暴〟と言われる脅迫ビジネスは、ますます巧妙かつ凶暴化する傾向がある。

社会運動や政治運動を騙《かた》った献金要求、いわれのない製品やサービスへのクレーム、建設現場の騒音に対する迷惑料の要求、交通事故を装った保険金の詐欺などから、株式の大量取得による株主権の乱用、巧妙な手口での会社乗っ取りなど、あの手この手で企業に襲いかかっている。

実際に彼らにねらわれ絶命した企業人や公務員もおり、役員や担当者だけが対応していればそれで済んだという時代は過ぎている。警察などとの協力関係とともに全社的、組織的に対応しうる関係と、自分たちで守るという意識の確立が急務となっている。

彼らが企業をねらう理由は、企業が社会的面子《めんつ》にこだわるため、たやすく金品を脅し取れるからである。企業は大きくなればなるほど失態のあるなしに関係なく、社会的信用の失墜を恐れるあまり、トラブルなどを必要以上に避けようとし、表沙汰にしないような方策をとる。つまり〝きれいごとのイメージ〟を守ろうとするので、そこに彼らの付け入る隙《すき》が生まれてくる。

彼らは雑誌の購読、取材、買い取りなどジャーナリズムを装ってくることもあり、特殊ジャーナリズムと言われる。結局、目当ては金銭的利益である。ねらわれたら一切お金は出さない、といった毅然とした態度で接し、警察と法律の両面から対応しなければならない。彼らもあえて取りにくいところにリスクをかけたくはないはずである。彼らも一種のビジネスであり、恐れているのはやはり警察による検挙と刑務所での服役である。リスクを抱えているわけである。目的の金銭が取れないとしたら、相手にしても意味がないので遠ざかるのが通例である。一度金銭的利益を与えると共犯的関係になり、長期にわたって手が切れなくなってしまう。たとえわずかな金額でも甘く考えてはいけない。少額でその場を乗り切ろうとすることは大変危険である。近年は自治体や病院、学校などへの〝民暴〟的動きが拡がってきている。

そこで、彼らに対する対応の留意点をまとめておく。

①総務担当者や広報などの特定の部門任せにせず、組織全体で対応する体制を確立する。これも危機管理の一つであるという位置づけを明確にする。
②経営トップが先頭を切って毅然とした姿勢を示す。
③ここでもコンプライアンスを固く守る信念が必要である。
④日頃から警察とコミュニケーションをとり、親密な関係を築いておく。
・警察の担当者を招いてセミナーを開催する
・警察が主催する講習会などへ参加する
⑤トラブルが発生したらすぐに警察や民暴対策団体、法律や危機管理の専門家にも相談する。
⑥裏取引ではなく、必ず法律や社会ルールに則した対応を図る。
⑦専門の調査機関と連携して日頃から情報収集に努める。
⑧面談は必ず複数名で対応し、相手の言い分をよく聞き、事実関係を正確に把握する。
⑨言葉づかいに注意して対応する。
⑩「諾否」を明確にし、曖昧な言い回しをしない。

⑪場当たりの不用意な発言はしない。
⑫早く終わらせたい気持ちから、相手の要求を簡単に受け入れてはいけない。
⑬何か当方に落ち度があったとしても、法律と社会常識に則って対応する。
⑭相手が度を超えた陳謝の内容を要求してくる場合は、法的手段も辞さない態度で対応する。
⑮対応は一人でなく、担当に関係なく必ず複数、できるだけ多くの者で組織的に対応する。
⑯相手の描いたシナリオ通りに動かない。
⑰ビデオカメラやレコーダーで映像と会話を記録するとよい。最初から応接室に通さず、受付の前など他人の目のある所で話を聞く。あらかじめ記録装置を設置した応接室を準備してあれば一番よい。他の部屋でモニターできる装置などを設置する。これらの記録が司法介入の正当な理由づくりにもなる。
⑱その場で解決できないときはお互いの言い分を文書にし、どこが問題かを明確にしておく。所轄の警察と連携して進めていくのが基本であることを忘れてはならない。
⑲過去の事例を集めて分析し、傾向と対策を立てる。
⑳自分の会社において予想されるケースを摘出し、検討したうえで記録し、マニュアルを作成する。

❿誘拐報道での注意点

近年、脅迫事件とともに増加しているのが、国内外での企業関係者や公務員などの誘拐（拉致《らち》）・人質事件である。誘拐の対象者はトップや支社長、事業所長といった幹部に限らず、社員・職員やその家族にまでも及びつつある。最近のイスラム過激派の動向に充分注意する。

国内の誘拐報道については、直接人命に関わることが多いことから、昭和三十五（一九六〇）年には(社)日本新聞協会編集委員会によって「誘拐報道の取り扱い方針」が定められた。これは人質をとって金銭を取引する犯罪では、捜査側と報道側が話し合って取り扱いに注意するというものである。

その年の五月に起きた幼児誘拐事件を契機に、さらに内容が検討され、十年後の昭和四十五（一九七〇）年十二月五日には「誘拐報道の取り扱い方針」として日本新聞協会・第二五九回編集委員会が決定し、今日に至っている（さらに平成十一年十二月、この報道協定は各社の編集責任者の同意を得て成立することになった）。

このような報道側の慎重な態度を踏まえ、企業広報もこれに協力し、被害者の人命尊重に最善を尽くさなければならない。しかし、海外で続発する誘拐事件に対しては、日本のような記者クラブ制での協定がないこともあり、国内とは違った対応になる。その場合は、日本大使館を通じて現地の報道関係者や現地にいる日本の報道関係者に協力を求めることになろう。

注意することは、被害者解放後の記者会見で新事実が出ないように打ち合わせておくことである。収束後は反省に基づいてマニュアルやシミュレーションの改定を行い、対応策の蓄積に努める必要がある（グローバル社会でのテロや誘拐・人質問題については「第七章」を参照）。

⓫報道被害とオンブズマン制

●繰り返される報道被害

四半世紀ほど前のことである。ドイツの作家のハインリッヒ・ベルは『カタリーナ・ブルームの失われた名誉』を執筆し、「新聞などで傷つけられた名誉（被害）はもとには戻らない」、ということを訴えた。この本はヨーロッパからアメリカに広まり、日本でも翻訳・出版され、ジャーナリストの間ではちょっとしたブームになったものである。

それまでは大部分のジャーナリストが活字信仰というものをもっており、新聞の活字は真実を伝えていると信じていたから、報道被害という意識はなかったのである。この本によって覚醒されたジャーナリストも多かったのではないだろうか。

以降、報道被害なる言葉は定着し二十五年の歳月が流れたが、今あらためてその言葉の意味を問い直してみると愕然《がくぜん》とさせられるのである。

長野県松本市で発生したサリン事件では、被害者の河野義行氏が被疑者扱いされたうえ、プライバシーが無残に侵され、その影響は家族にまで及んだことは記憶に新しい。日本では自衛隊の某施設でしかサリンの製造は不可能とされていた状況下での話である。そのとき多くのマスメディアが謝罪したが、地元の有力紙だけが誠実な謝罪をしなかったことも思い出される。これほどダイナミックでなくても、沈黙し、耐えている被害者は個人も法人も含めて少なくはないだろう。

同じ新興宗教関連事件では、民放テレビ局のT社が放映前に教団幹部へ坂本弁護士を映したビデオテープを見せ、それが引き金となって殺害されたとして社会的反響を呼んだ。

また、民放テレビA局のニュース番組で、埼玉県のゴミ処理場の煙突から排出される煙の中にダイオキシンが含まれ、周辺の農作物への被害を不適切なデータで放送したことで、地元のホウレンソウの需要が激減してしまった。これなども報道被害と言っていいだろう。

●オンブズマン制が有効

いったいこの二十数年間、報道被害への取り組みはどのようになっていたのか。年月を経るごとに精査され、再発が減少していくはずなのに、相変わらず続発していることはどこに原因があるのか。過去から学んだことを未来に活かさず、教訓化しないで、同じことを何度も繰り返す体質を報道機関も改善しなければならないのではないか。

このような報道被害を少しでも減らしていくには、やはりパブリック・ガバナンスが求められる。監視・監督を目的とした市民や専門家からなるオンブズマン制も出てきているが、一部の関係者によるものであってはならない。一般企業と同様、マスコミ各社も情報開示と説明責任を生活者社会に果たす努力が求められているであろう。内部チェックの問題だけでは、解決するものではない。最近、弁護士会の人権擁護委員会等で「報道被害」に積極的に対応するようになってきた。

3. 広告への危機管理と対応

❶広告の公共倫理性と不適切な広告表現

●広告の規制と倫理

広告は社会的に大きな影響力をもつため法規や倫理での規制がなされている。広告関連事業は独禁法、景品表示法、著作権法、PL法、商標法等で規制され、間接的には食品衛生法、薬事法、消費者保護基本法などが関係してくる。また法律によらない自主規制として公正競争規約があり、景表法の具体策の一つとして倫理基準の接点となっている。

全日本広告連盟編『広告関係法規集』によると広告関係団体等の倫理綱領、自主規制規約は約七〇編にのぼり、広告の理念と規範から成り立つ。だいたい内容には信用、品位、虚偽や誇大な不当表示の排除、教育的配慮が盛り込まれている。

また広告表現については日本広告業協会が広告倫理綱領とクリエーティブ・コードを設けている。表現の自由、模倣や盗作、曖昧表現、誤解を招く表現、誹謗中傷や攻撃の禁止、健全な生活慣習、幼少年の教育、無秩序なノイズをまき散らさないなど十項目である。これらの解釈は人によって異なることもあるが、要は受け手に対する公共社会的な配慮、倫理的視点が強調されており、触れればリスクとなるので注意を要するものである。

●広告表現での注意点

他者に不愉快な思いをさせる言葉や表現を使わないのが広告表現の鉄則である。特定の世界観、価値観や評価の一方的押しつけは避けなければならない。

広告コピーの表現では、次のような点に留意したい。

①言葉づかいと文体に注意する。
②正しい漢字と仮名づかい、送り仮名をする（「記者ハンドブック」共同通信社を基準）。
③外来語や外国語の音声、外国語の表記、文字表現などを多用しない。
④「ら」ぬき言葉など、文法にはない言葉は慎重に使用する。
⑤誤字、当て字、略字などは使用しない。
⑥俗語の使用に注意する。
⑦尻上がり言葉などは使用しない（テレビなどの場合）。
⑧重複語を避ける。
⑨放送、ナレーションでは共通語の発音を基本にする。
⑩身体、肉体、階級、職業、年齢、人種、性などで不適切な表現や差別語、不快語を使用しない。
⑪誇大な表現をしてはならないし、嘘の表現はしない（キャッチコピー、写真・映像など）。
⑫誤解を招くような文章、ナレーション、絵、写真、映像にならないように注意する。

⑬思い込みや当てずっぽうで広告を制作しない。十分に調査、確認したうえで実行に移す（A国の国旗とよく似たB国の国旗を間違えるなどのケース）。

広告の制作にあたっては、受け手に分かりやすく、クリエーティブ・コードにもあるように正しく伝わる表現を用いて、曖昧な表現は避けるように心がける必要がある。

最近、地球環境意識が高まり、広告表現として「環境にやさしい」といった曖昧表現が規制されるようになってきた。すでに欧米先進国ではこの表現の使用に慎重であったが、わが国でもようやく公正取引委員会が景品表示法に関わる留意表現とすることを明らかにした。例えば「地球にやさしい」とか「リサイクル可能」という環境への配慮を示す表現については、その具体的根拠を示さなければならない。表示の指し示す範囲を明確にし、表示の裏づけとなる実証データを用意することなどのポイントを示した。これによって事実上、曖昧でムード的なきれいごと表現は使用できなくなる。もし消費者を誤認させるこれらの表現があるときは、景品表示法違反（不当表示）のおそれがあることになる。広告表現についてのリスクと言える。

また冷静に考えても、人間の力というものは自然の偉大さに比べればささやかなものなのに、その人間が自然や環境に「やさしくする」などという主体的表現は人間の勝手な思い上がりである、として不快を表明する人も少なからずいることに注意したい。

❷広告と広報・パブリシティとの連動

●緊急時には広告やCMをストップさせる

緊急事態は突然訪れる。そうなると新聞広告では広告原稿を出稿し、掲載がすでに決まっている場合、自社の不測事態を報道する記事の下にその広告が掲載されるケースも出てくる。

また民放のテレビであれば、同じように自社のクライシス局面のニュース報道番組の時間内に自社のCMが流れることになったり、自社がスポンサーの番組で緊急事態のテロップが流されることもありうる。

そうなっては一般の読者や視聴者からは常識を疑われたり、不興《ふきょう》をかうことになり、企業イメージの低下を助長しかねない。そこで通常時から広告担当部門と広報PRの担当者は情報を共有しておき、緊急事態のときには即座に広告やCMをストップする態勢をとっておく必要がある。

阪神・淡路大震災のとき、混乱の最中に地元で大きな被害に遭っている企業の明るいコマーシャルフィルムが避難所のテレビで流れていて、不評をかったことがある。このような事態の発生は、社内での広告担当と広報PR担当の相互連携の問題を表面化しただけでなく、CMを請け負った広告代理店も、プロとしての配慮を疑われるものであった。緊急時には速やかに関係者がストップするか差し替えるべきだったのである。出稿段階でこうした事態での措置も打ち合わせておく必要があろう。

●緊急事態での広報・パブリシティとの連動

したがって、緊急事態を確認したら、広報PR担当者はただちに次のような行動を起こすことを忘れないようにしたい。

①広告宣伝担当に速やかに連絡、状況を説明し、出稿、掲載予定の広告がないか、テレビCMがないかを確認して、関係者間で緊急協議する。急がないと間に合わなくなることがある。

②新聞に対しては、広告の内容を差し替えるか掲載中止の交渉をする。

③テレビに対しては、CMの内容を変えるか企業名を外すか、放映中止の交渉をする。

これらは、緊急時の時間に余裕がないときは現実にはなかなか難しい。またいったん広告を中止すると事態回復時の再開の時期の判断やスペースどりが難しくなる。日頃から媒体社の広告担当、広告代理店、さらに広報PR代理店などとの間に、情報の共有化や信頼関係が築かれていれば、円滑に事を運ぶことができる。そのためには、

①媒体社や広告代理店、広告PR会社とのコミュニケーションを密にしておく。

②広告宣伝部門と広報PR部門のコミュニケーションを常に円滑にする。定期的に連絡会を開くなどして情報交換したり、意思統一をしておく。

実際には、記事やCMの差し替えや中止はなかなか難しいが、緊急事態の場合には記事と広告の不都合や番組とテロップの不都合などには配慮してくれるはずである。

❸企業広告で顧客、社会への説明

●スタンバイ・コミュニケーションとしての企業広告

不測事態の発生確率が増加している今日、広告主は思いがけない緊急時に迅速に対応できるスタンバイ・コミュニケーション（stand-by communication）としての企業広告を考える必要がある。小林太三郎氏はかつてアメリカ広告主協会の「企業広告の実際」の調査データを示しながら企業広告がスタンバイ・コミュニケーションの手段として増加傾向にあることを指摘した（「宣伝会議」誌第五三六号／一九九五／㈱宣伝会議）。

「企業広告は偶発的出来事に対する計画の一部としてお使いですか」の質問に、だいたい六〜七割の企業が「はい」と回答している。目的は「クライシス・コミュニケーションの支援」「災害チーム が決定する企業広告の戦術的利用」「コーポレート情報広告」などが挙げられている。

元来、企業広告自体の中に報道、政治、社会の攻撃に対する防御、好意的イメージ形成、業界の自衛などの役割があるとされており、スタンバイ・コミュニケーションとして十分検討すべきものであろう。

●意見広告の活用

広告には、①商品名や特徴などを伝え需要の喚起を目的とする商品広告、②企業のコンセプトや活動内容を伝え、イメージを高めることを目的とする企業広告、③企業の考え方や意見を伝えることを目的とする意見広告（アドボカシー広告）などがある。

最近、危機的な状況の中で注目を集めているのが「アドボカシー広告」、つまり「意見広告」などと呼ばれるものである。

新聞社によって掲載基準は多少異なっている。裁判で係争中の当事者の意見、広告や媒体を否定する意見、不適切な表現を使用した意見などは拒否されるが、社会的関心が高いテーマに関する行政体や業界団体の見解、一企業であっても社会性が高いテーマであれば掲載が受け入れられている。これによって企業の公共社会性をアピールすることができる。

●意見広告の効果的方法

顧客や生活者市民など広く不特定多数に向けて企業や自治体が自らの立場を表明したり、事情の説明が必要な場合は、広告代理店が扱っている新聞に広告を掲載するとよい。

①企業が関わることで地域や社会全体に何らかの影響を及ぼすとき
②マイナス報道や誤報道により社会的にある事柄についての誤解が広がっているとき
③事実と異なる「うわさ」や風評が拡大するとき
④社会や市場に向けて株式上場、債券発行などの告知の挨拶をするとき
⑤社会に向けてお詫びの意思を表明するとき
⑥社会に向けてお礼の意思を表明するとき
⑦公共性のある大型プロジェクトや新規事業を展開するにあたり、社会からアイデア、意見をもらって対話したり、またはプランについて理解を求めるとき

⑧大きな災害事故・事件から再出発の意思を表明するとき

これらの広告を出すときは、時期（タイミング）、媒体、世論の傾向など、受け手側の状況を十分検討したうえで判断する必要がある。

また、次のような点に配慮したうえでアピールする。

①生活者市民本位という自覚
②自然環境やエネルギー資源への配慮
③人権の尊重
④公共社会の常識への配慮
⑤コンプライアンス（法令遵守）と道義性、倫理性の尊重

❹お詫び広告・謹告と挨拶広告など

●お詫び広告の出し方

最近一般紙の社会面の下段に、企業等のお詫び広告や謹告・リコール社告などをほとんど毎日複数見かけるようになった。これは二〇〇〇年代に入ってから目立つ傾向である。

事故・事件でのお詫び広告は、広告主が自主的に過ちを認めて出稿する場合と顧客などからの苦情、公正取引委員会の排除命令、トラブルの示談による義務的出稿の二種類がある。前者は通常のケースだが、後者は通常「謹告（きんこく）」と呼ばれ、媒体社の広告審査でもめることがある。

「お詫び広告」は被害の大小、影響度、原因などを十分考慮したうえで、自らのスタンスを明確に

し、スペースの大きさ、社会常識に反しない内容と表現方法をとる必要がある。広告の一種であるが、宣伝担当ではなく、広報や総務部が文案作成することが多い。

欠陥商品の場合は、人の命や健康を害し、事故の原因をつくることもあるので、緊急記者会見を開くとともに、ただちに商品回収の告知も含めた「お詫びとお知らせ広告」の手続きをとらなくてはならない。裁判の和解案件や敗北による「謹告」はいわゆる「黒枠広告」や「臨時もの」と言われている。制度的にはスペースの大きさに上限はないのだが、割りつけの関係でスペースの確保が難しい。広告主や広告代理店で完全版下原稿を作成して入稿するケースが普通である。臨時ものは、通常の広告と異なり割高である。

「謹告」を出す媒体は、全国紙に加え、事の重大性によってブロック紙、地方紙なども考慮しなければならない。全国紙なら夕方六時、地方版なら午後八時までに版下原稿を入れれば翌日の朝刊に間に合うだろう。

全国紙は、読売新聞、朝日新聞、日本経済新聞、毎日新聞、産経新聞の5社である（系列のスポーツ新聞などがある）。

ブロック紙とは、北から北海道新聞、中日新聞（東京新聞、北陸中日新聞、日刊福井を含む）、西日本新聞の三社（六社）になる（系列のスポーツ新聞などがある）。また、仙台の河北新報が東北圏へ、広島の中国新聞が島根、岡山などに拡大してブロック紙化への動きをしている。県紙は、基本的には各府県を代表する日刊紙でだいたい一紙だが、福島県、島根県、鳥取県など例外的に複数が存在する。

リコール社告についての規格

経済産業省は近年消費生活用製品の欠陥や回収などを告知する企業のリコール社告の作成書式について、平成二十（二〇〇八）年四月に日本工業規格化した。（ＪＩＳ Ｓ ○一〇四）独立行政法人製品評価技術基盤機構（ＮＩＴＥ）は平成元年からリコール社告の情報を収集していたが、特に平成十一年から平成二〇年までの一〇年間に一、〇二三件と増加が著しいことなどが背景にある。

適用範囲は製品事故が発生したか、発生のおそれがあるとき、製造業者がリコール社告で発生を未然防止、または拡大可能性を最小限にするよう消費者に知らせるための「リコール社告の記載項目及び作成方法」を定めたものである。リコールとは類似事故未然防止のため使用上の注意など情報提供、注意喚起、製品の交換・改修（点検、修理、部品の交換など）または引き取り、流通及び販売業者から改修することである。

リコール社告は新聞、雑誌、社内ポスター、ホームページなどの媒体を通じての消費者への緊急の知らせである。お詫びと説明だけのものはリコール社告ではない。「お詫びとお知らせ」と言われるものである。

リコール社告では次の項目を記載する。

（ａ）タイトル、（ｂ）危険性、事故の状況及びその原因、（ｃ）消費者が取るべき対応策、（ｄ）回収、部品交換、（ｅ）製品の特定方法、（ｆ）連絡先の住所、電話番号、ファクシミリ番号（例えばフリーダイヤル）など、（ｇ）社告の回数及びこれまでの回収率、（ｈ）日付、（ｉ）ホームページアドレス、（ｊ）その他必要な事項

また社告には一般のものと区別するように必ず リコール社告 と表記しなければならない。さらに副タイトルを会社・製品名等カッコつきで設ける。また製品を特定しやすくするためのイラスト・写真など使用する。文章はＪＩＳ Ｓ ○一三七で能動態で簡潔な表現にすることなど指針が規定されている。

リコール社告・記載例（参考）

〈縦書きの場合（7cm × 12cm）〉

リコール社告

○○社製薄形テレビ（回収）

発火のおそれ

○○○商品名・形式

弊社液晶テレビ○○○で発火・火災事故が発生しています。電源盤の部品不適合が原因です（と思われます）。

回収いたしますので、お客様は直ちに電源プラグを抜いてご使用を中止し、左記に連絡して下さい。弊社の社員証を携帯した担当者が回収（無償点検）にお伺いします。

イラスト
（対象商品の図、写真、形式番号、問題箇所などを明示）

・販売場所と期間　全国のスーパー、家電販売店などで平成○○年○○月～平成○○年○○月に販売
・連絡先　○○株式会社　お客様相談室
0120－000－000（携帯電話でもかけられます）FAX 000－000－000
・受付時間　毎日○○時から○○時まで
・回収対象数　一万台
・これまでの回収数五○○○台（回収率五○％）
・インターネット　http://www.000000.co.jp

平成二十八年○月○日
東京都○○区○○町○○丁目○○番地
○○株式会社

〈横書きの場合（10cm × 12cm）〉

リコール社告　○○社製薄形テレビ（回収）

発火のおそれ

“○○○”商品名・形式

弊社液晶テレビ“○○○”で発火・火災事故が発生しています。電源盤の部品不適合が原因です（と思われます）。

回収（無償点検）いたしますので、お客様は直ちに電源プラグを抜いてご使用を中止し、下記に連絡して下さい。弊社の社員証を携帯した担当者が回収(無償点検)にお伺いします。

イラスト
（対象商品の図、対象商品の写真、問題箇所を指示）

・連絡先　○○株式会社　お客様相談室
0120–000–000（携帯電話でもかけられます。）FAX000–000–000
・受付時間　毎日○○時から○○時まで
・回収対象数　1万台
・販売場所と期間　全国のスーパー、家電量販店などで平成○○年○○月～平成○○年○○月まで販売
・これまでの回収数　5000台（回収率50％）
・インターネット　http://www.000000.co.jp

平成28年○月○日　東京都○○区○○町○○丁目○○番地　○○株式会社

JIS：S–0104（日本規格協会）を元に作成

このほか、製品の販路が限定されている場合などは、会社の誠意を示すうえでも速報性のある専門紙や業界紙などへの告知も考慮したい。

「謹告」は公共的義務性が強い。急を要するので、媒体各社とも特別扱いで対応してくれるのが普通である。掲載日は印刷に入るタイムリミットやクライアント（広告主）の事情があるので、緊急記者会見と連動させるのは至難の技といえる。緊急時に備えて、あらかじめシステムを調べておきたい。

掲載面は、ほとんどの場合は社会面の下の広告スペースを用意してくれるが、こちらもクライアントの事情などから、そうならないこともある。大きさは半二（二段二分の一）ないしは全三（段）が慣例になっているが、事の重大さによって判断する必要がある。

掲載文の内容は、緊急記者会見の声明文や、コメントなどを凝縮したもので簡潔なものがよい。ただし、一般的で抽象的な文章では意味する内容が分からない。何についてのお詫びなのか、事実を簡潔に表現し、誠意の伝わるものにしなければならない。

「お詫び広告」「謹告」の文章は、緊急時での会社の存在に関わる重要なことなので専門家（広告代理店、コンサルタントなど）に相談して作成した方がよいこともある。末尾には会社名だけでなく、必ず代表者名を入れる。不適切な内容や文章表現があると社会からさらに反発を招いて一層事態を悪化させることになる。当然新聞社では広告審査部が事前チェックをする。また「謹告」では公正取引委員会が指導したりするため、一般には理解しづらい文章になることがある。一般から誤認されないように法律用語を使用する傾向があるからである。また、企業の名だけではなく代表者名も入れることによって誠意を伝えることができる。

なお消費者や顧客への誠意ある対応を考慮して、社内に受付窓口を設置したときは、広告文案の中にその電話番号と受付時間も記載しておくようにする。

●「お見舞い」「元気づけ」「再出発」の挨拶広告の手順

「謹告」や「お詫び」の広告とは異なり、加害者としてではなく善意の第三者としての「お見舞い」「元気づけ」の広告があり、被害側が出す「再出発」の挨拶広告がある。

大きな災害や事件、事故のあとに出す広告である。お見舞い広告は、被害に遭った人たちへの温い思いやりの心が伝わるように、お見舞いのメッセージを工夫したり、将来への期待感を表現できるようにするとよい。阪神・淡路大震災のあと、埼玉県が被災地の人々へ新聞全紙一ページの広告を出したが、近づくひな祭りへの思いを託したもので、当時、広告業界で注目された。内裏雛《だいりびな》と、その下に女児のイラストが描かれ、実際の女の子の書き文字で「被災者のみなさん、まだ寒いけどがんばってください」と書かれ、埼玉県の某市名と本人の氏名が記されたものであった。

また「元気づけ」広告というような激励のメッセージも出てきた。「負けないで、がんばって」とか「がんばれ、神戸っ子」などの呼びかけの言葉に始まる広告を各種企業や自治体、団体などが出稿したものである。

「再出発」広告は対象は社会や顧客、関連企業などの関係者、株主などである。したがってその内容は、原状が回復し、ビジネス活動が通常に復帰し、今後の再起、勉励《べんれい》を表明する。そこで次の内容を入れるべきであろう。

①謝意の表明

心配をかけ、協力、援助してもらったことへのお礼。

②原因、現状の説明

原因に関しては簡単に触れ、現状に関してはそれより多く、どのように対処しているか具体策を含めて簡潔に伝える。

③今後の見通し、方針

当面の努力目標や今後の方針を述べ、関連機関などの協力も得ているなど、株主、顧客、社員、取引先等の関係者に安心してもらう内容および将来の成長に向かって努力する決意を表明する。

使用する媒体は、被害に対する外部の反響の大小によって判断し、広告を出す時期は収束過程の後半からバックアップに入ってからが適当であろう。

第六章：危機のケース別実践対応

1．危機ケース別対応の実際(1)

❶内部告発への対応

最近、新聞社の社会部や週刊誌の編集部にたくさんの内部告発の電子メールや文書が届くという話を聞く。企業のリストラの増加によって、長年会社に貢献してきた中高年社員から、社会正義に基づく告発が多く寄せられるようになっているという。

内部告発の特徴は社内にある文書の写しやメールなど事件関連情報が告発者からマスコミに送られるために、企業の側に取材の依頼が来たときには、記者はほぼ事件の全容を掴んでいると考えられる。マスコミからの取材が入ったら、「そのような事実はありません」「あるはずがありません」などと、調べもしないで不用意に答えてはいけない。必ず「調査をしてからご返事します」と答えて事実確認の時間的猶予《ゆうよ》をもらい、超スピードで社内調査を実施する。ただちにトップに報告、相談して、見解をまとめなければならない。トップへの報告をためらうとあとで問題が大きくなる。取材に来た記者に対しては認めるべき事実とそうではない事実を選別し、判然と説明することである。報道されたとしても正確な事実が伝わった方が、長い目で見ればベターとなるものである。

また内部告発ものは公表される前に未然に防げるのであればそれに越したことはない。だがすでに報道されてしまったら、告発した犯人探しよりも先に、まずその報道内容が事実かどうかを徹底的に調査し、事態を把握することが大切である。そのうえで記者会見などを開いて、事実関係や見解を明確にしなければならない。

またメディア側は意図的に情報提供者を探し、接触しようとすることがあるので、日頃からメディアとは良好な関係を築き、何かのときにも広報に連絡がくるようにしておく。

内部告発は従来、企業への社員のロイヤルティーの面からタブーとされてきたが、自動車メーカーのリコール隠しや食品メーカーの偽装表示などがきっかけとなり、他の先進国に倣《なら》って

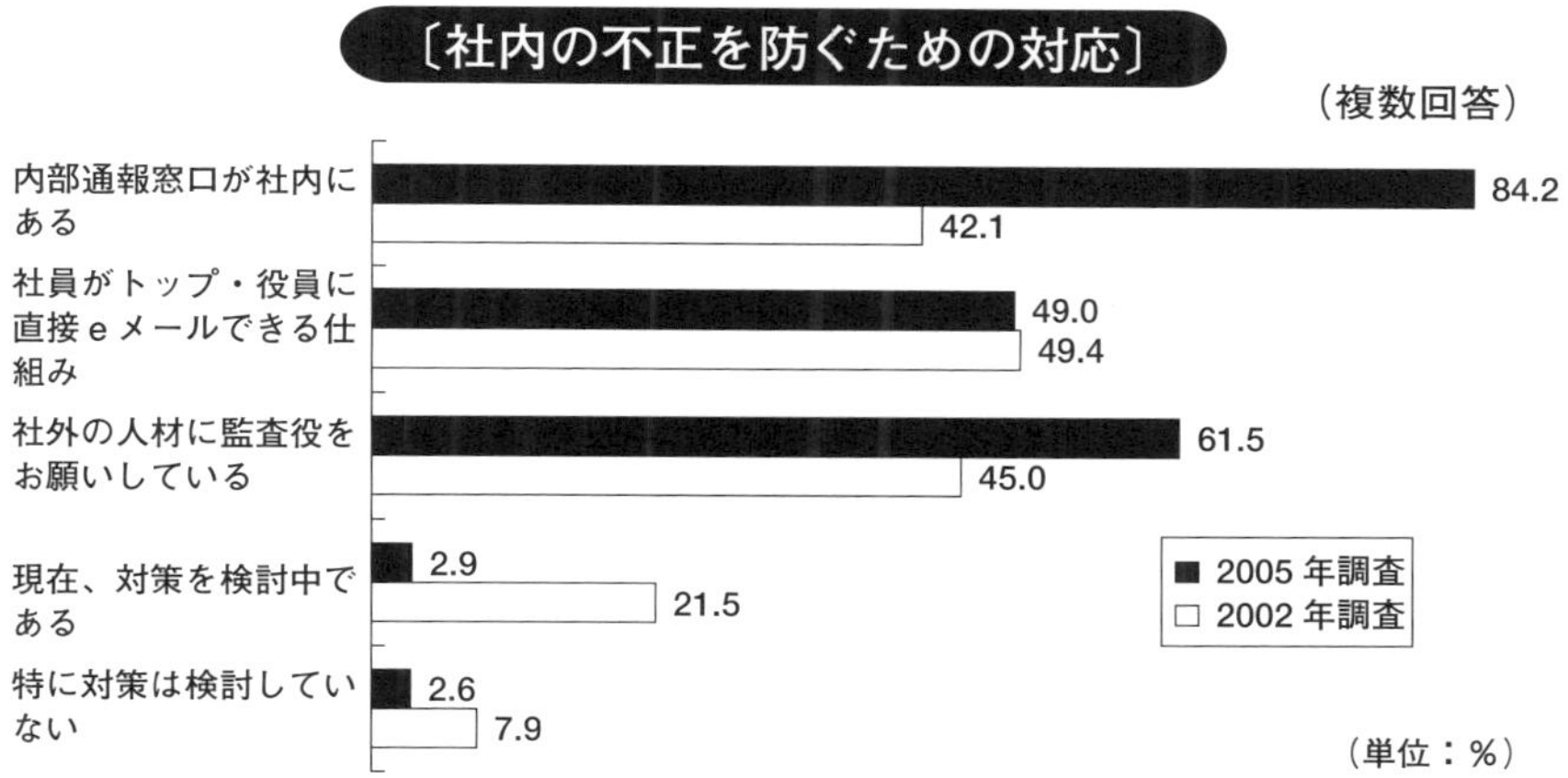

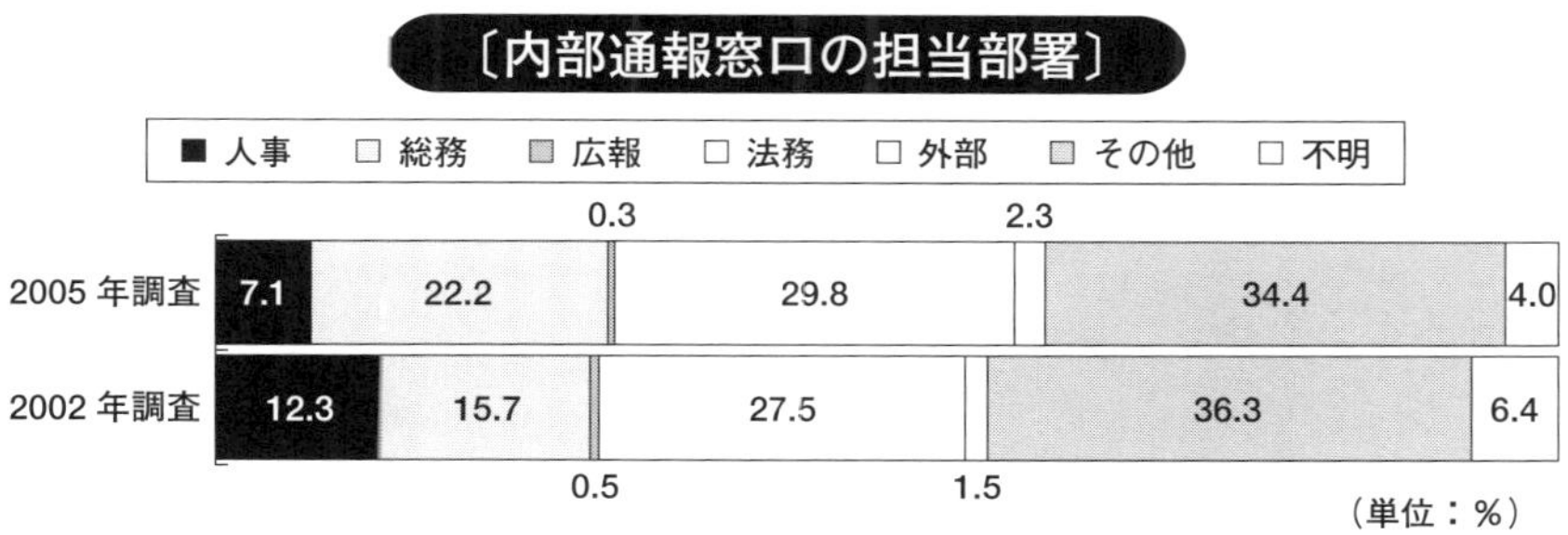

基数：内部通報窓口設置企業2005年＝352社、2002年＝204社

「第9回企業の広報活動に関する意識実態調査報告書」（財）経済広報センター
2006（平成18）年3月/基数：内部通報窓口設置企業2005年＝352社

公益通報者保護制度が設けられた。公共的視点での不正行為の告発は「公益通報」として通報者が不利益を被らないように国が保護する「公益通報者保護法」も平成十八（二〇〇六）年四月一日に施行された。ただし適用範囲は、通報対象事実が「国民の生命、身体、財産などの保護にかかわる法令（例えば刑法、法人税法、食品衛生法等）違反」に限定され、社内のヘルプライン窓口などの手続きをとったもの、などの条件がつき、マスコミ等外部通報の要件も厳しく、当初のねらいより後退した。また、原則として匿名の公益通報は保護対象とならない法令遵守はもとより実行性に問題を残す結果となった。そのためマスコミへの告発は今後も続くと思われる。

結局、内部告発を出さないためには社員に信頼される公正な経営と、明るい風土があることが前提となる。実力主義の名のもとに、実際は徒党《ととう》を組んだ一部のグループや元労組幹部が人事や管理面で優遇されていたりすると、社員の不満や怒りを招き、優秀な人材の流出や不祥事、内部告発につながることになる。やはり原因の根はマネジメントにあることを反省すべきなのである。

❷欠陥商品への対応

この数年、件数が増加しているのが欠陥商品問題である。これは初期対応を誤ると複雑で重大な問題へと発展してしまうことがある。

欠陥商品問題は顧客やユーザーからのクレームの形で始まることが多い。もちろんメーカーの担当者や中間取引業者が発見するケースもあるが、これらは社内的な問題として解決していくことができる。やはり危機的問題は顧客からのクレームで始まるケースである。まず確認することは、どこの部署にどんな形で欠陥商品についてのクレームが入ってきたか、ということである。そのとき誰が電話対応し、どんな対策をとったかがポイントになる。そこから、事実関係などの情報収集が始まる。

大切なことは、顧客のクレームの内容や日時、場所、どの製品を使用し、どのような被害や問題が起きたかである。そして明らかに自社側のミスで欠陥が出てきたかどうかを調査する。また過去に類似の問題が発生しなかったか、チェックする。できれば速やかに対策本部を設け、集まっている限りの情報を分析し、ただちに製品の回収や賠償などについて協議する。

記者会見は調査が一通り終わり、全体として状況や原因が見えてきた段階で統一見解をまとめて発表する。ただし、社会的影響力の大きいときは、すべての調査結果が出る前に開催することもある。また株主、社員、顧客などの関係者にもデジタルメディアなどを流用し、コンタクトをとって自社の欠陥商品について記者会見と同じポジションペーパーに基づいて説明をする。所轄官庁にも速やかに連絡して説明し、理解してもらう。行政処分の可能性などもさぐらなければならない。訴訟の発生などが予想されるときは、弁護士とも相談して態勢を整える必要がある。

製品回収（リコール）を決定したら、速やかに実施する。新聞に「お詫びと回収のお知らせ」の広告を掲載する必要があるときは、会見のあとただちに出稿の手配をする。リコール後の顧客やユーザーの反応を十分注視しながら適切に対応し、風評などの二次被害に備える。状況によっては製品の製造を中止することもありうる。

大手家電メーカーの温風石油暖房器の回収についての大がかりな広告、コマーシャルの展開は、かえってその企業の評判を上げることになった。一方、多数の死者を出しながら、修理業者の責任に転嫁し続けたガス瞬間湯沸器メーカーは社会の不評を買ったことを思い出してほしい。

❸苦情、クレームへの対応

大きな事件や事故には顧客や生活者市民からの苦情、クレームがからむケースが多い。事件の場合はクレームが契機になったり、事故の場合は事後の措置などに対して出てくるものである。近年は欠陥商品、粗略なサービス以外にも営業のやり方、電話での話し方、接遇の仕方、配送、代金収受など身近なものから、企業や団体組織のマネジメントのあり方、環境や社会への関わり方まできわめて広範囲に拡大している。IT化が進み、販売や生産の拠点がグローバルになったことは、苦情、クレームもグローバル社会から受けることになり、デジタルメディアによって日本語以外の言語によって世界中に広がることになってしまう。

「苦情」と「クレーム」は混同して使用されがちだが、一応区別して認識しておきたい。苦情(complain)は、ユーザーや顧客の不平や不満、あるいは不愉快な感情などがベースになっているものである。したがって理にかなっていないこともありうる。これに対しクレーム(claim)はユーザーや顧客側からの供給者サイドへの要求行為である。当然の権利として要求することであり、確信をもって主張する行為である。オピニオン的ニュアンスもある。企業での顧客窓口(コールセンター)や自治体の市民広聴窓口にくる〝声〟の中には、これら以外にも「照会」「問い合わせ」「詳しい説明」「要望」などがある。当初これらは苦情、クレームとは異なっていても対応を誤ると苦情やクレームに変化することがあるので十分注意しなければならない。

苦情、クレームは企業間取引において起こることもあるが、主としてエンドユーザー、最終顧客を想定した対応を考えておく方がよいであろう。よく販売の現場で「最近はうるさいお客が増えた」といった言葉を耳にすることがある。だがこうした認識は慎まねばならない。すでに日本のマーケットは成熟しており、消費者、生活者市民の目が肥えている。需要者本位の時代になっている。マスプロダクション時代のようなわけにはいかない。

また顧客満足（カスタマー・サティスファクション）が盛んに喧伝《けんでん》されたことにより、顧客、消費者の側の満足への期待度が一層強まる傾向もある。それによってオーバーランした一部の顧客が、過度の満足を求めて苦情に及ぶケースも出てくる。元来顧客からのクレームはよりよい商品、サービス、マネジメントを改善する有効な声であり、アドバイスと受け取るべきである。米国の大手流通業の中には、顧客クレームを受けつける部門を「顧客相談室」「カスタマーセンター」から「プロフィットセンター」に名称変更したところもある。顧客からの〝声〟、たとえそれがクレームであっても、それを逆にビジネスの糧《かて》、宝の山として前向きに把え、将来のプロフィット（利益）を生み出す源泉とする、という意味である。単純にクレーム処理と考えないことである。

顧客からのクレームは約五〇～六〇パーセントが電話によると言われる。顧客相談室や担当者本人、あるいは責任者宛にくる。いくらかけても話し中で、架電できない場合、照会が苦情となり、さらに怒りを増幅させることになる。近頃は電子メールも増加しているが、いきなりウェブ上に載せてしまうものもある。また社長やトップ、自治体なら市長、知事への手紙（文書）というケースもある。対応を誤ると国民生活センターや所轄の行政官庁に通報したり、マスメディアへ連絡したり、特殊ジャーナリズムに通報されることもある。事態の進展によって弁護士を立て法的手段に出てくることもある。適切な対応が求められる所以《ゆえん》である。

ただし、なかには明らかに理不尽な要求や言いがかりのような苦情を言う者もいる。異質な苦情、クレームや理不尽な要求には、法律の専門家などとも相談し、慎重に対応する必要がある。

●顧客やユーザーの苦情、クレームが起こりやすい要因

①顧客やユーザー（需要者側）が主役であることを忘れ、供給者側（企業、行政官庁、病院、学校等）の都合でビジネスを進めるとクレームや苦情が発生しやすい。

・顧客に選ばせず、供給者が差し出がましいことを言う。
・顧客を待たせたり、時間がかかることのメッセージや断りがない。
・顧客が期待しているのと違ったサービス、商品を提供する。
・顧客の存在を無視し、差別的対応をする。
・顧客を疑ってかかったような物言いをする。
・顧客の言うことをきちんと聞く姿勢がない。
・例外を認めようとせず、「そんなはずはない」と押し通そうとする。
・一度約束したことを忘れたり、変更して守らない。

②電話応対のまずさによるクレーム、苦情の発生要因

・何度電話してもつながらない（話し中）、応答率が低い。
・電話がプッシュホン式自動応答（コンピュータ方式）で、つなぎに時間がかかる。
・会社名も名乗らず、「ハイ」とだけ応える。
・面倒そうな暗い声で、早く済ませようとする。
・言葉づかいがぞんざいで、敬語、丁寧語を正しく使用しない。
・相づちも打たず、黙っている。
・商品やサービスのコンテンツについての知識が不十分でよく分からない。
・適切で迅速な対応を明言せず、だらだら話す。
・顧客、ユーザーの言い分をさえぎる。
・専門用語や業界用語、外来語を使いすぎる。
・電話や取り次ぎの「たらい回し」をする。
・「後日連絡する」と言ったきりでコールしない。
・顧客が長距離電話なのに長話する。
・会社の代表でなく個人の立場で発言する。
・議論、口論をしてしまう。
・語尾が不明瞭（「～のはずですが……」「～と思いますけど……」）

●クレーム、苦情発生時の対応の留意点

・事態発生までの事実経過を調査する（担当者等からの聴取）。
・事実経過を文書にまとめる（ポジションノート）。
・こちらサイドの問題点はなかったか、応答、言動を分析する。
・相手方の顧客やユーザーについて情報確認（氏名、年齢、性別、職業、住所、電話、メール等）。
・事実関係調査は第三者の専門家等の委員会で行う。
・相手方にクレーム歴はないかの確認をする。
・クレーム時の録音や記録メモはあるか。
・訪問、面談した方がよいかを検討する。
・事態が異質で複雑な場合、弁護士等専門家に相談する。
・「話し合い」か「訴訟」で臨むか、「ウェブ」で反論するかなどを検討する。
・判断は法的視点のみでなく社会的責任（ＣＳＲ）をベースにする。

●クレーム、苦情への社内システムの整備

・通常のクレームには顧客相談部門、コールセンター部門、品質管理部門、広報部門などが連携して対応する。たらい回しにならないシステムを整備する。
・大きな問題には、危機管理委員会などのリスクマネジメントの社内機関が中心になり、組織として対応を検討し、社外専門家のアドバイスによってトップが最終的に決断する。法的チェッ

クだけではなく、コンプライアンス（法令遵守）やビジネス・エシックス（企業倫理）の観点も忘れない。

・社内での情報共有化や保存のために、クレーム、苦情事案の文書的記録と電磁的文書でストックしなければならない。前者については接触から交渉までのプロセスをまとめ、かつ報告書が作成されればこれも共に残すようにする。また、顧客情報やサービス、製品情報など、過去の特定顧客の購買記録がデータベース化されていれば、その後顧客からクレームがきたときパソコン画面で詳細を出しながら対応できるシステムを構築しておくとよい。

・クレーム、苦情対応マニュアルを作成し、再発を防ぐ。ただし、マニュアルは新しいケースが起きたとき、危機管理委員会などで修正や追加していく。マニュアルをテキストにした社員、職員教育やセミナーを継続的に実施したり、事例研究会を開催したりする。

●インターネットによるクレームへの対応

いまやパソコンや携帯電話の普及は生活に多くの利便性をもたらしたが、それと同時にネット・クレームや名誉毀損《きそん》、誹謗中傷、ウイルス、ハッカー、個人情報漏洩など多くの問題も生み出している。

ネット・クレームは広く公表されるために影響は甚大で、対応をミスすると十年程前の大手電気メーカによるカセット・レコーダーへのクレームに対する威圧的対応のネット流出のような事態を招いてしまう。またネットでいきなりクレームを誇張する顧客、ユーザーはいわゆる〝クレーマー〟

と言われる。正当なクレームを装った一種のセミプロ的存在に変身することがあるため十分注意が必要である。

正当なクレームかそうでないかを見分けるには、まず相手方の主張が筋が通っているかどうか、ということが第一のポイントである。ささいな根拠や針小棒大《しんしょうぼうだい》な事実表現は正当とは言いがたい。またいきなり組織のトップレベルのところにメールを送りつけたりするのは、正当性を疑ってもよいだろう。また実際には大きな被害や損害を受けたと思えないのに、損害賠償やら「誠意」を見せるように求めるのはおかしい。しつこく求めてくるのはまともなクレームとは考えがたい。このようなときは弁護士など法律の専門家と相談し、慎重に対応することである。法的に損害賠償が成り立つのは、「過失」と「損害」に因果関係が認められる場合に限られている。

ネット・クレームへの対応としては、まずウェブサイトに返品などのよくあるクレーム対応の基準を明示する。法務担当者や弁護士と相談のうえ、相手とコミュニケーションし、反論すべきは主張し、訴訟も辞さないつもりで臨む。根拠となるネット関連法としては、プロバイダー責任法というのがある。プロバイダー責任法は正式には「特定電気通信役務提供者の損害賠償責任の制限及び発信者情報の開示に関する法律」と言われる。インターネットの掲示板などで権利侵害された場合のプロバイダー（特定電気通信役務提供者）の責任の所在範囲を明確にし、過度に責任を問われることのないようにした法律である。

ネット掲示板で権利侵害（刑法二三〇条による名誉毀損や人権としてのプライバシー侵害など）を見つけたときは、まずプロバイダーに誰が発信しているのかの情報開示請求をして、相手方に削除を求める。情報開示請求ができるのは、侵害されている違法な情報の内容を示し、侵害された権利と根拠を述べ、相手方が特定できたら理由を明示して相手に削除を求める文書を内容証明で送る。プロバイダーには侵害情報の通信書兼送信防止措置をとり、できるだけ早期にネット上やアナログメディア（新聞等）で正しい情報を発信する。また書き込み内容が明らかに侵害にあたると判断したときは、所轄の警察署や弁護士に相談するとよい。捜査に入ったらできるだけ心あたりなどを詳しく述べて協力する。

❹うわさと風評

企業にとって根も葉もない「うわさ」や風評への対応は、なかなか厄介なものである。例えば、不渡り手形が出るかも知れないなどという「うわさ」は、多くの人々の間に伝播《でんぱ》すると本当になってしまうことがあるほど深刻なものである。だが、取引などではなく、経営者や幹部などの人に関するプライベートでささいな「うわさ」であれば、下手に対処するより、一時静観する方がよいこともある。社員が外部からその「うわさ」に関して尋ねられたとしても、軽く笑って受け流せば済むこともあり、ケース・バイ・ケースと言える。

しかし、燎原《りょうげん》の火の如く広まるビジネス上の「うわさ」は、ネットの炎上やマスコミの誤報を招く可能性があるばかりでなく、会社の社会的信用の失墜、資本市場や取引への影響、社員の不安の増大、ひいては業績の悪化につながることにもなる。

広報は総務、企画部門などとともに、速やかに「うわさ」や風評の内容や影響度、あるいは発生源などを調査し、防止策を検討する必要がある。かなり深刻な場合は取引先、銀行、業界団体、地域コミュニティ、マスコミ関係者などにヒヤリング調査を行って、協力を仰ぐことも考慮すべきであろう。

そのうえで、「うわさ」や風評が根も葉もないことであるということを社会に伝える必要がある。それには事実に基づいて内容を否定する声明を公式に発表することである。記者会見を開くか、ウェブサイトに掲載するか、などである。声明文を作成し、場合によってはエビデンス（証拠）となる資料もそろえて、十分に説明し、理解を求めていく。

少なくとも「うわさ」や「風評」が出てくること自体、公的な情報が不足して憶測や推測がエスカレートしたのであろう。広報ＰＲも含めて企業の情報開示や発信の仕方に問題があったと考えられる。だから企業が明確な形で公式情報を発信することによって徐々に「うわさ」は消えていくものである。

ただし、公表する段階で「最近当社について……のようなうわさが流れていますが…」などと、「うわさ」の内容を言葉にしてはいけない。今度は「うわさ」に興味や好奇心をもたれ、ひとり歩きすることがある。内容そのものを否定する情報を具体例で示すなど説得力ある方法で発信すれば足りるのである。

また悪質な「うわさ」については弁護士等専門家とも相談し、法的対応を考えたり、警察に被害届けを出すことも検討する。被疑者不詳の告訴という形で社会に強く訴えることもある。顧客や取引先には、裏づけ資料なども添えて「うわさ」を否定する説明を十分する必要がある。また一般消費者に対しては顧客相談窓口などで一本化して対応する。

それでもなおかつ十分に「うわさ」が消えないようなときは、新聞などに意見広告を掲載して「うわさ」の内容をオフィシャルに否定することもある。

2. 危機ケース別対応の実際(2)

❶知的所有権（著作権、肖像権、不正競争防止法）と広報・広告リスク

現在日本政府は知的財産国家戦略を推進中で、日本経済団体連合会も推進計画を策定して知的財産権の保護、創造、活用に努めている。広報PRや広告宣伝活動では著作権や肖像権などの知的所有権（知的財産権）を侵害しないように注意して展開しなければならない。

●著作権

著作者は著作権法によって作品（創作物）を完成したときから発生する著作権と著作者人格権を有することになる。著作権は著作財産権とも呼び、著作物で収益を得る権利である。著作者人格権は著作者の人格的利益を守るための権利で「公表権」（作品を公表する権利）、「氏名表示権」（作品を公表する際、著作者の氏名をどのように表示するかの権利）、「同一性保持権」（著作物を利用させるときに勝手に改変されない権利）という三つの権利からなっている。

著作権が発生する著作物とは何か。著作権法では「思想又は感情を創作的に表現したものであっ

〔著作権、著作者人格権、著作隣接権の比較表〕

	著作権（財産権）	著作者人格権	著作隣接権
権利の性格と譲渡の可否	財産的利益、 譲渡できる	人格的利益、 譲渡できない	財産的利益、 譲渡できる
権利者	著作者または著作者から権利を承継した者	著作者	実演家 レコード・ビデオ・CD製作者 放送事業者 有線放送事業者
権利の内容	複製権 上演権、演奏権 放送権 有線放送権 口述権 展示権 上映権、頒布権 貸与権 翻訳権など	公表権 氏名表示権 同一性保持権	録音権、録画権 放送権 有線放送権 貸与権 複製権など
権利の保護期間	著作物は原則として著作のときから著作者の死後50年。 写真著作物は公表から50年	原則的に永久	実演、音の固定、放送から50年

＊保護期間の計算は、著作者の死亡日、著作物が公表されたか創作された日、実演、音の固定、放送された日の属する年の翌年から起算することになっている。

て、文芸、学術、美術又は音楽の範囲に属するもの」となっている。次のようなものがある。

①オリジナル作品に派生する著作権

小説・詩・シナリオなどの文芸作品、論文などの学術作品、絵画・彫刻・陶芸・工芸などの美術作品、コンピュータのソフトなど

②二次的作品による著作権

翻訳、編曲、デフォルメ、脚色、翻案（映画化などにより創り出された作品）

③再製による著作権

複製、印刷、写真、複写、録画、録音、上演、建築（図面を使用、同じものを造る）などの作品

④編集著作物

新聞、雑誌、百科事典など（素材を選択し、ある意図で配列して創作）

つまり、これらの著作物は勝手に使用してはならず、使用する場合は著作権者の了承を得る（有料・無料）必要がある。ただし、次のような場合は定められた条件で自由に使用できる（平成十九年七月一日施行『改正著作権法』）。

①出版・印刷物などのコピー

・書籍、雑誌、新聞、楽譜、絵画・イラスト、ＣＤ、テレビ番組などを営利目的でなく個人的に使用する場合。ただしデジタルでの複製は著作権者に補償金が必要（私的使用のための複製）。

・図書館や資料館などで、調査や研究を目的とする一人の利用者が、既存の書籍や資料の一部分を必要とする場合（法令で定められた図書館などの複製）。

②書籍などから引用する場合
・目的上正当な範囲で引用する必要がある。
・引用部分は創作部分より多くならないようにする。
・引用部分は、それを明確にし（カギカッコなどで）、書籍などのタイトル、著者名、版元、発行年などを明示する。

③点字にコピーする場合
・視覚障害者を対象に、点字図書館や盲学校で使用する。
・ＰＣ等での点字データの保存、送信はできる。
・視聴覚障害者向けの貸出し用著作物の録音、自動公衆送信はできる。

④教科書への掲載
・学校教育の目的上必要と考えられる限度で掲載できる。ただし、著作者への通知、著作権者への補償金の支払いが必要。
・児童、生徒に分かりやすくするための教科書での文字、図形等を拡大して複製できる。

⑤学校での複製
・学校の授業の過程で利用するためなら著作物を複製できる。
・当該授業の場所以外で同時に授業を受ける者に対し、公衆送信ができる。
・ただし、いずれも著作権者の利益を不当に害してはならない。

⑥学校教育番組の放送など

・学校教育番組で著作物を放送できる。その教材に掲載もできる。ただし、著作権者への通知と補償金が必要。

⑦非営利目的の演奏、上映など

・営利を目的とせず、無償なら観客に上演、演奏することができる。出演者もボランティアでなければならない。

⑧時事問題の論説、オピニオンの転載など

・新聞、雑誌に掲載の論説等は、転載禁止の表示がなければ原則として他誌へ転載、放送可能である。

⑨裁判手続き等での複製

・訴訟手続きのためや行政、立法の内部資料として必要なとき、特許、意匠、商標、実用新案、事業審査等の手続きのためには複製できる。著作権者の利益を害してはならない。

⑩情報公開法による複製

・情報公開法や情報公開条例で開示する著作物の複製や再放ができる。

著作権で他人の権利を侵害しないようにするにはどうしたらいいのか、よく勉強しておく必要がある。著作権は公示されていない権利なので、十分注意しなければならない。例えば著作権は著作者の死後五十年が権利の存続期間となっているので、著作者の死亡日が特定できると存続期限を知ることができる。

また著作権などで思いがけず警告書などによる抗議を受けたら、早速専門家（弁理士、弁護士、著作権研究家など）に相談した方がよい。素人の判断で初期の対応を誤ってはいけない。ささいなことで多額の損害賠償や慰謝料を要求されるケースもある。ことに警告書や抗議書等の名目で弁護士連名にて送ってくることもある。このような場合は相手と示談にしないで、必ず正当なものかどうかを専門家と協議することが肝要である。たいてい期限を区切って返答を求めてくるが、こちらは調査しなければならないので、期限の延長を要求するのがよい。示談に応じるか、法的に対抗措置をとるかは専門家と十分打ち合わせてから判断し、決定するのがよい。

最近はグローバル化とともに著作権に関するトラブルも増え、外資系企業などから訴えられたり、日本企業が外国企業を訴えたりするケースが少なくない。またデジタル化、ＩＴ化の進展によってネット上のコンテンツや画像、音楽などの著作権についても注意しなければならない。外国企業に訴えられて裁判に負け、巨額の賠償金を支払った企業もあり、大きなリスクとなる。

［参照］：（社）著作権情報センター http//www.cric.or.jp/qa/hajime/hajime7.html

●肖像権

肖像権は肖像人格権（個人の肖像が他者により勝手に撮影されて、公表されない権利）と、肖像財産権（個人の肖像の使用を占有する権利であり、それを公表されることによって財産的利益が被害を受けたり、勝手に営利目的で使用されない権利）の二つからなっている。

写真を撮影するときは対象者の承諾を必要とし、対象者が著名人で、かつ営利目的で使用する場合は本人の承諾を得てその代金を支払わなくてはならない。特にパブリシティの権利（right of publicity）といわれるものは、著名で名声のある文化人、スポーツ選手などの肖像が広告宣伝上の効果を生み出す。彼等の写真を利用するには本人の許諾と補償金が必要と解釈されているものである。

報道写真で被写体の周辺に写っていても、明らかにその個人をねらって撮影したと思われる写真や、脈絡もなくイメージとして個人が撮影された写真が使用されていて、本人の了承を得ていなかった場合も、肖像権の侵害と把えられても仕方がないであろう。広報誌やパンフレットの写真で、街を歩いている人物が特定される形で写っているとき、その人物から訴えられて肖像権侵害となった例もある。

ただし、事件・事故、祭り、集会、スポーツ、コンサートなど、公共の催しを報道する写真に個人が入っていた場合は、原則として肖像権の侵害には該当しないとされている。

著作権や肖像権を侵害した場合の罰則規定は、次のようなものである。

①差し止め請求を受けることになる。

②損害賠償の対象となる。

今後、人権意識や権利意識の拡大とともに知的財産権には十分注意しないと、負担の大きなリスクとなる可能性がある。インターネット時代、ネット上での著作権問題はバリエーションも絶対量も増えると予想される。

●不正競争防止法

わが国においては、製品の製造方法、製品や顧客情報、コンピュータソフトなどのいわゆる企業機密に関する部分の無断使用は、不正競争防止法によって禁止されている。加えて、有名ブランド名やマークおよびデザインそのものの不正な使用とそれらと類似したものの使用や販売も禁止されている。著名表示のただ乗り行為（フリーライド）や人気商品の模倣《もほう》品（デッドコピー）の販売がよく問題になっている。

これらの権利を侵害した場合は、利用の差し止めが勧告され、損害賠償の対象となるとともに、罰金なども科せられることになっている。十分調査をしないで該当するようなことをしてしまうことがある。十分注意が必要である。

❷人格権としてのプライバシー侵害、名誉毀損《めいよきそん》問題への対策

●公人はプライバシーが制限される

いわゆる人格権と言われているものにプライバシー権、名誉権、肖像権、指名権などがある。

プライバシーとは、個人的な私事や私生活のことを指し、思惟《しい》も含まれる。それを自分の意思によらないで他人や社会に公表されてしまった場合、公表された内容の真偽には関係なく、本人が不快に思えばプライバシーが侵害されたことになる。

このプライバシーは、どんな人間にも認められるが、議員や高級官僚、公共団体の役員、大学教授などの公職にある人は公人であり、有名芸能人やスポーツ選手、有名企業のトップなどは、社会

的な影響力が大きいことから、準公人としてその権利が相応に制限されることがある。

これに対して、名誉とは、個人ばかりでなく企業などの組織や団体という法人にも備わっていると解釈され、それが傷つけられ社会的価値や地位を低下させられた場合、名誉毀損になる。この名誉毀損は、刑法二三〇条（「公然と事実を摘示し、人の名誉を毀損したる者はその事実の有無を問わず」）により有罪となる。

しかし、同条の二において「公共の利害に関する事実に係わり、その目的が専ら公益を図る」ためであることが確認されれば、有罪にはならない。つまり、報道機関が公人性の高い人たちの反社会的行為を事実として報道しても責任は免除（免責）されるということである。

要するに、

①公共的団体などの役員を務める公人あるいは準公人的な立場にある企業のトップは、プライバシーが制限される。

②プライバシーが侵害される報道をされても、公共の利益に反したり、反社会的な行動を事実としてやっているなら、企業やトップが名誉毀損で訴訟をしても勝つことは難しい。公人性をもつ者や公職にある者は、個人の社会的責任として身の潔白を保たなければならないのである。

●スキャンダル記事への対応

週刊誌や写真誌の特徴として、スキャンダリズムというのがある。いわゆる暴露記事などがこれにあたり、その情報源はたいていの場合、社内あるいは身内にあることが多い。事前に記者の動きを察知できれば手の打ちようもあるが、もし会社やトップなどの暴露記事が出てしまったらどうするか。事実関係を調べ、是々非々的に適切な処置をとる必要がある。

このような記事は会社や本人の社会的な信用を落とすことになるので、慎重に対応したい。

①社会に対してはメディアなどを通して率直に謝罪し、事実関係を明確に説明する。

②ただし、事実関係が明確でない段階では、記事に書かれてあることを軽率に認めたり、謝罪するような発言をしてはならないし、逆に事実無根などと強調してもいけない。

③社内調査で事実が判明すれば、マスコミを通して社会に謝罪し、再発防止策を示す。

④法人の人格権の侵害についても名誉毀損の観点から法律の専門家と十分相談して法的対応を検討していく。

⑤内部告発が出てくるような社内風土の根本的改革を図り、経営者も反省しなければならない。

❸ハラスメントなど人権問題

このところ注目されるようになったのが、職場でのパワー・ハラスメント（パワハラ）やセクシャル・ハラスメント（セクハラ）問題であろう。従来の日本の企業では、男女間のプライベートなこととして看過する傾向があった。現在では職場環境の管理問題であり、経営管理者に責任が問われる。また当事者間では人権問題として扱われるようになっている。最近わが国の自殺が年間三万数千件に増加している中で、職場におけるパワハラやセクハラが原因のものもあるのでは、と考えられ、メンタル・ヘルスの問題とともに社会問題化してきている。

平成十三（二〇〇一）年四月一日から男女雇用機会均等法が改正され、規制が強化された。今回の改正によりセクハラは事業主（経営管理者）の配慮義務（防止や発生時の速やかな対応）を求められ、場合によっては企業の責任が問われることになる。換言すればセクハラのない職場環境づくりを義務づけられた、ということであろう。

職場環境の〝職場〟というのは通常の業務の場所だけでなく、取引業者の事務所や顧客との面談の場所も含むため、利害関係者との間にも起こりうることになる。また就業時間外のコンパや宴会の場も職場の延長と見なされることもある。

例えばセクハラの場合、大きく分けて二つあると言われる。

一つは、上司が職務権限（雇用や昇進などを条件にする、解雇をちらつかせるなど）を使って異性の部下に対して、性的要求をするケース。もう一つは、職場で身体を触ったり、執拗なデートへの誘い、電話、メール、性的経験の質問やセクシャルな言葉などで不快にするケースである。ヌード写真、ポスターなどを掲示する職場環境もセクハラの対象になる。またセクハラは必ずしも男性から女性ということだけではなく、その逆や同性間についても適用されると考えられるようになっている。「ＬＧＢＴ」が市民権を得つつあり、今後彼等への配慮も注意したい。

またパワー・ハラスメントは、組織で権力や地位のある者が下位の者に業務の範囲を越えて人格や人権を無視、軽視した言動、行為をすることである。近年は正規社員が非正規社員（アルバイト、パート、人材派遣などの社員）に対するパワー・ハラスメントもあり、場合によっては下位の者が集団で上位の者の職制を破壊し、基本的尊厳を傷つける言動、行為も含まれるようになっている。「パワハラ」と略されたり、「ボスハラ」と言われる。大学等の教育機関では、アカデミック・ハラスメント「アカハラ」と称される。

つまりハラスメントは個人的なレベルの問題ではなく、職場環境の経営管理上の公の問題であり、人権問題だと把える危機意識がなければならない。

●ハラスメントが起こらない職場風土

こうした問題への何よりのリスク管理は、ハラスメントが起こらない社内風土を築くことである。これはセクハラだけでなく、パワハラや最近注目されてきた年齢差別など人権についてのすべてのことに言えるだろう。そのためには、

①どういうことがハラスメントや人権問題に該当し、何をしてはならないかという社員による共有化を徹底する（「ハラスメント防止マニュアル」などの作成と配付、研修）。

②全社員に対してハラスメントや人権問題に対する会社としての方針を明確に打ち出し、明確な姿勢を宣言や綱領の形にする。就業規則に禁止事項として盛り込むとよい。

③社員の苦情や相談を受ける担当窓口を設置するとともに、苦情処理制度を設ける（プライバシーの厳守を明確にしなければならない）。

④ハラスメントなど人権問題が発生したときは担当機関が事実関係を調査し、迅速に対応する。再発を防止し、該当者は雇用管理上の措置や処分を行う。

またハラスメントや人権問題に対する社会の目は、企業の広告宣伝や広報ＰＲにも向いている。

広告、広報によって情報発信する場合は、表現の自由に対して、受け手の思考や感情などを配慮し、その表現方法がふさわしいのかどうかを慎重に検討すべきである。不快感を与えないかどうかなど注意する。

心ならずも抗議の対象となってしまったら、次の点に留意し対応するようにしたい。

①抗議の内容に偏向性がなく、人権の視点で客観的に合理性があるかどうかを検討し、適切な対応をとる（法律などの専門家、人権や雇用についての専門機関との相談）。

②社内で一種の危機管理問題として把えて議論し、統一見解を迅速に出す。それまで広告、広報の差し止めや変更は控える。

また最近は年齢差別やパワー・ハラスメントが問題になっている。職場の上司が自らの権限で部下の人権を軽視したり、粗略な扱いをしたり、逆に部下が結束して上司の人権をないがしろにしてスポイルする、などはいずれもこれにあたる。また職場での外国人に対する人種的偏見や年齢による差別も今後人権問題としてクローズアップされる傾向にある。

③関係者と資料などを十分用意し、会社の統一見解によって説明し、話し合い、納得してもらって解決を図る。

④慰謝料や損害賠償などを求める民事訴訟に至ったときは、弁護士などを活用してしかるべき法的対応をとる。

⑤会社としての考え方や姿勢を利害関係者や社会に明確に公表する。

❹個人情報の漏洩《ろうえい》とコンピュータ・セキュリティ

●個人情報の保護と問題

近年、個人情報の漏洩問題がクローズアップされており、様々な社会問題を引き起こしている。ここ数年でもコンビニ会社、通販会社、石油会社、携帯電話会社、大手印刷会社、官公庁などの顧客や関係者の個人情報やインターネット・プロバイダーの数百万人分のユーザー情報が流出する事件が起きている。これらの問題の背景は二つあり、一つはネットワーク社会の急激な進展による情報管理やセキュリティに関する問題と、もう一つは個人情報保護法の施行やプライバシーなどの人格権などにからむ法的問題があるように思われる。

病院のパソコンにインプットされていた患者のデータがまとめて外部に流出したという事件、電話会社の社員が顧客のデータを外部の業者に売却した事件、通販会社の顧客情報や携帯電話のユーザー情報が大量に漏洩した事件など、個人情報はほとんどが組織内部か外注業者、またはそれに近い立場の人間によって流出している。経産省はすでに「情報セキュリティー監査制度」の運用を始めた。また国内では英国規格に則った同省の「ＩＳＭＳ（情報セキュリティマネジメントシステム）」が標準認証になっている。

個人情報の漏洩のリスクの原因は、主として内部の不正、外部の不正、取引慣行、システム障害、災害、プロセス管理などが想定され、結果としての損失は、個人顧客などへの補償、裁判・和解などの費用、信用資産の倒壊、ブランド価値の低下、業績不振、行政による規制強化などである。企業では、製造方法や製品、経営や財務情報、顧客や社員などの個人情報も管理しなくてはならない。

特に営業上の秘密情報は、競合他社などに漏れてしまうとすでに秘密ではなくなってしまう。漏らした者へは責任追求ができるが、その情報で営業をする者を止めることはできない。だが一部上場企業でも個人情報の内規のある企業は少なかったが、個人情報保護法の施行以来、プライバシーポリシーを精査するところが増加した。現在は中小企業でも個人情報保護方針を規定しているところは少なくない。

わが国でも、ＯＥＣＤ（経済協力開発機構）が一九八〇（昭和五五）年に採択したガイドラインの中の個人データ保護のための八原則をベースに個人情報保護法が平成十五（二〇〇三）年五月三十日に公布され、同日部分的に施行された。全六章のうちの目的・定義・基本理念（第一章）、国・地方公共団体の責務および施策（第二章、第三章）に関する規定である。わが国では日本工業規格によるＪＩＳ　Ｑ一五〇〇一の四項「コンプライアンス・プログラム要求事項」にも盛り込まれている。個人情報取扱事業者の義務等に関する規定（第四章以下）は平成十七（二〇〇五）年四月一日から施行された。通常のビジネスはこの第四章が関係するのである。また第五章は雑則として適用除外規定、第六章は罰則となっている。社会の制度的環境は厳しくなり、特に医療、電気通信、金融・信用分野については個別の措置を検討する方針が示されている。

●個人情報の漏洩とセキュリティ

個人情報保護法の施行以後、行きすぎた解釈のもとに緊急時における個人確認ができないなどの問題も発生しており、見直しの動きも一部にはある。だが本来の個人情報保護法の趣旨は事業経営における個人情報の使用の有用性と個人の権利や利益の保護との両立を図ろうとするものである。第一条には「個人情報を取り扱う事業者の遵守すべき義務等を定めることにより、個人情報の有用性に配慮しつつ、個人の権利利益を保護することを目的とする」と規定されている。

●個人情報保護法の理解

個人情報保護法で言う「個人情報」とは、「生存する個人に関する情報であって、当該情報に含まれる氏名、生年月日その他の記述等により特定の個人を識別することができるもの（他の情報と容易に照合することができ、それにより特定の個人を識別することができることとなるものを含む）をいう」と規定されている。すなわち生きている個人の情報で、本人を識別できる情報ということである。複写や携帯電話番号なども識別情報と解釈できるであろう。

また個人情報はプライバシー権とは異なる概念とされている。昭和三十九（一九六四）年九月に東京地裁で、プライバシー権とは「私生活をみだりに公開されないという法的保障ないし権利」とされたが、今日では自らの情報を守り、管理する権利がある、とより前向きな解釈が強くなってきている。プライバシーの侵害に対しては民法での不法行為であるが、個人情報保護法では、違反するとまず主務大臣から勧告や命令がなされ（三四条）、さらに懲役や三十万円以下の罰金がある（五六、五七条）。

個人情報は生きた個人の情報なので、企業リストなどは個人情報ではない。「個人情報データベース等」について第二条二項では「個人情報を含む情報の集合物であって次に掲げるものをいう」とあり、「一、特定の個人情報を電子計算機を用いて検索することができるように体系的に構成したもの。二、前号に掲げるもののほか、特定の個人情報を容易に検索することができるように体系的に構成したものとして政令で定めるもの」と規定されている。また「個人情報取扱事業者」ではない者として国や地方公共団体（自治体）、独立行政法人等が定められている。そして「個人データ」とは、個人情報データベース等を構成する個人情報を言う。だからデータベースから紙にプリントしたものは「個人データ」と解釈される。すなわち個人情報の中で組織化されたデータ情報の一部について制限した。また「保有個人データ」とは、本人（個人情報によって識別される特定の個人）から個人情報取扱事業者に対し、開示、内容の訂正、追加または削除、利用の停止、消去および第三者への提供の停止などを請求される対象となるものを指す。逆に言えば個人情報取扱事業者が開示、訂正、利用停止などの権限を持っているものである。さらに法律では「保有個人データ」から外される例外として、「その存在が明らかになることにより公益その他の利益が害されるものとして政令で定めるもの又は一年以内の政令で定める期間以内に消去することとなるもの以外のものをいう」と規定している。政令というのは「個人情報保護に関する法律施行令」のことで、「本人や第三者の生命、身体、財産に危害が及ぶおそれがあるもの」や「違法または不当な行為の助長」「国の安全が害されるおそれのあるもの」「防犯、鎮圧、捜査等安全な行為に支障をきたすおそれのあるもの」を定めている。

煩雑な言葉の定義が続いているが、要するに個人情報取扱事業者が適切かつ確実に管理することを義務づけられているのは、個人情報を組織化した集合体としての「個人情報データベース」を構成する「個人データ」「保有個人データ」だけということである。

個人情報取扱事業者は営利、非営利経営体どちらでも該当し、次のような項目が義務づけられている。

①利用目的の特定（一五条）━利用目的をできる限り特定
②利用目的による制限（一六条）━本人同意を得ず、範囲を超えて取り扱わない
③適正な取得（一七、一八条）━不正取得禁止、利用目的の通知、公表
④データ内容の正確性の確保（一九条）━正確かつ最新データ
⑤安全管理（二〇条）従業者の監督（二一条）、委託先の監督（二二条）
⑥第三者提供の制限（二三条）━本人が同意しないで第三者提供禁止
⑦保有個人データに関する事項の公表等（二四条）━本人の知り得る状態と利用目的の本人への通知義務
⑧保有個人データの開示（二五条）━遅滞なく
⑨保有個人データの訂正、追加、削除（二六条）━遅滞なき調査と訂正
⑩保有個人データの利用停止（二七条）━一七条規定違反理由の消去、利用停止ならびに本人への通知
⑪保有個人データの理由説明（二八条）━措置についての説明
⑫開示等の求めに応じる手続き（二九条）━求めの受付方法を定めること
⑬手数料（三〇条）━合理的範囲での手数料

⑭個人情報取扱事業者による苦情処理（三一条）―適切、迅速な処理と体制整備
⑮報告の聴取（三二条）―主務大臣への報告義務
⑯助言（三三条）―主務大臣への助言可
⑰勧告および命令（三四条）―主務大臣の違反行為の中止、必要措置の勧告
⑱主務大臣の権限の行使の制限（三五条）―表現、学問、信教、政治活動の自由の範囲

なお、これらの規定には罰則が科されることもある（五〇条から五五条）。

経営体としてそれらを反映する具体的対応策としては、次のようなことが考えられる。

①まず情報管理の中央での一元化システムとセキュリティシステムを整備し、管理責任者を設置する。
②個人情報保護法（プライバシーポリシー）規程を制定する。
③すべての個人顧客情報を文書にし、コンピュータで管理し、保存期間を定める。
④コンピュータのセキュリティをコストをかけて実施し、ときどき検査して更新する。
⑤各部門・部署で情報が蓄積されないように定期的に整理し、当座に必要なもの以外は中央に移管し、管理する。
⑥中央で管理された情報の引き出しは、正当な理由と承認を必要とする。
⑦保有個人情報にアクセスできる者を特定しておく。
⑧引き出された情報は、いつ、どんな情報が、どんな目的で誰から誰に提供されたか、すべて記録

しておく。
⑨パスワードはときどき変更あるいは暗号化し、データの複製（コピー）は原則的に禁止する。
⑩一度に大量の情報を引き出してはならない取り決めやシステムにしておく。
⑪(財)日本情報処理開発協会（JIPDEC）から適切な個人情報保護の取り扱い事業者としての「プライバシー（P）マーク」の認定を受ける。
⑫情報管理意識を周知させるため、個人情報保護などについて社員教育を実施し、コンピュータ・セキュリティ問題は情報管理担当部門の専管業務でなく全員に必要なものであることを周知する。
⑬委託先についての個人データ管理は、「個人情報業務委託契約書」を交わし、アクセス可能者を制限、特定し、責任者と責任を明確にしておく。
⑭情報管理の監査委員会を設置して、一過性でなく継続して実行する。
⑮万一の事故発生時には、組織内にとどめず、公表し、迅速に説明責任と謝罪などの対応をする。

●個人情報の漏洩に対する対応

個人情報が漏洩すると謝罪だけでは済まず、訴訟や損害賠償だけでなく、信用や企業のブランドイメージを損ない、株価への影響、顧客離れなど企業の価値をダウンさせることになる。またシステムの構築やセンターの運用を請け負ったソリューション・プロバイダーも損害賠償など多大な被害を被ることになる。十分なリスク管理と適切な対応策が求められる。

①個人情報についてのクレーム、苦情の対応窓口を設置し、担当者を育成する。
②個人情報についてのクレーム苦情対応マニュアルを作成する。
③漏洩した情報の内容、量、日時、関係者、流出先などを速やかに調査する。
④さらにどんな被害が起きるかを予測、検討して、対策を立て、その防止策も考える。
⑤情報漏洩された個人への開示請求など、ただちに対処を検討して適切に対処する。
⑥認定個人情報保護団体にクレーム、苦情処理を相談し解決することができる。
⑦警察へ被害届を出す。
⑧所轄官庁など関係機関へ連絡する。主務大臣の監督が規程されているからである。
⑨弁護士などと相談し、法的処置を検討する。
⑩なぜ個人情報の漏洩が起きたのか原因を調査、究明、分析する。
⑪マスコミへの公表を検討し、広報とともにポジションペーパーを作成し、会見の開催を検討、準備、実施する。
⑫近年、個人情報漏洩についての損害保険もあるので、加入しておくとよい。
⑬情報を不正に漏洩した社員に対して規則に基づいて厳しく処分し、場合により警察へ連絡する。

これらの対策で注意すべきことは、技術偏重や一過性ではなく、企業経営の根本的なマネジメントの問題として対応することである。ことに個人情報を取引先から預かって処理するビジネスやデジタルメディアによる事業が拡大しており、これらへの信頼や安全性を確保する対策が重要である。ある大手印刷会社では、ウェブサイト上で扱う公開情報を対象とした社内規程を制定した「情報やセキュリティ管理規程」を策定している。

現在わが国において、情報セキュリティおよび個人情報保護に関する規格は二つある。組織マネジメント系規格として、ＪＩＳＱ一五〇〇一（個人情報保護に関する日本工業規格）、ＪＩＳＸ五〇七〇、ＩＳＯ／ＩＥＣ二七〇〇一に基づいた情報セキュリティマネジメントが実施されることを認定する制度ＩＳＭＳ（情報テクノロジーのセキュリティ評価をするための国際規格）である。ＩＳＭＳ審査員評価登録業務は、平成十九（二〇〇七）年四月一日より（財）日本規格協会が実務を担当するようになった。現在、世界標準策定のため海外安全対策協議会において在外企業やそこに働く個人のための情報保護のガイドラインが作成されている。グローバル時代、日本企業の在外活動でも同様のガイドラインが必要であり、外注業者との契約時には顧客情報保護を明記することが望ましい。

また個人情報の漏洩に限らずコンピュータによるクライシスの問題が拡大している。電子署名、認証の利用促進などによる新たな問題やハッカー対策やウィルス対策などである。後者は平成十三（二〇〇一）年九月十一日のアメリカ同時多発テロをきっかけにした新型ウイルス「ニムダ」の猛《もう》威《い》が大きな問題となった。これまでの「メリッサ」「ラブ・ウイルス」「サーカム」「コード・レッド」などを越えたもので、その特徴はこれまでの強力なウィルスの複合効果をねらったものである。現在はさらに新型の高度なウィルスが一般のパソコンや携帯電話まで入り込んでくるようになった。サイバー攻撃のセキュリティ管理は十分なコストをかけて継続的に実施されなければならない。

第七章：グローバル社会での危機管理

1. 増加している海外でのクライシス

戦後日本の経済発展は世界の驚くところであったが、特にそれは国内での成長だけでなく、日本企業の海外進出によって伸長したものである。（社）日本在外企業協会の調査によれば、戦後五十年の日本企業のクライシスの変遷を振り返ると、円高ショックがあるたびに海外シフトが起こり、これまで六回のブームがあったという。

一九七三（昭和四十八）年、一九七六（昭和五十一）年、一九七九（昭和五十四）年、一九八三（昭和五十八）年、一九八七（昭和六十二）年、一九九五（平成七）年の六回で、さらに二〇〇四（平成十六）年、今またテロという新たなショックにみまわれるようになった。この海外シフトがブームになるたびに日本のグローバル化が進展し、企業が危機に遭遇《そうぐう》する度合いが高まる。リスクやクライシスの種類が多様化、内容も変化して衝撃度、影響度も強くなる傾向にある。

例えば一九七〇（昭和四十五）年までは、海外関連の危機というのはせいぜい日本企業に対する関税障壁などの規制や〝経済摩擦〟のような一般的なものであったのが、それ以降は特定の企業や個人に対する脅迫やテロなどにエスカレートしているという。一九八〇年代に入ると、日本の経済大国化に対する警戒などから「ジャパンバッシング」が始まり、〝生活摩擦〟や〝職場摩擦〟などが新たなリスクとして登場してきた。例えば雇用差別やセクハラ問題などである。

さらに一九九〇年代以降はグローバル化が一層進み、一般の社員が国内への異動のように海外へ転勤させられるケースが増えた。社員が赴任《ふにん》先地域での生活慣習や環境になじめずに健康を害したり、交通事故、強盗や窃盗《せっとう》の被害に遭遇するようになった。地域もアジアやアフリカ、ロシア、東欧圏など幅広く拡大すると、カントリーリスクも加わってますますリスクやクライシスの可能性が増加していったのである。

外務省「二〇〇六年海外邦人援護統計」によると、二〇〇六（平成十八）年一年間で、日本人が海外で巻き込まれ、在外公館が取り扱った事件・事故は一万六五二三件にのぼり、対前年比三・六％増であった。犯罪被害者も六七九二人となり、その多く（約8割）は窃盗被害である。また最近はテロが増加し、人質や拉致事件も多発している。

さて現在のようにグローバル化の進行が早まると、海外進出の日本企業や社員とその家族は、従来にも増して危機管理やリスクマネジメントを強く求められるようになってきた。

〔海外邦人援護人件数の推移〕

	総件数		アジア	北米	中南米	欧州	大洋州	中東	アフリカ
事故・災害	391	内訳	155	84	31	48	34	16	23
戦闘・暴動	4		3	0	0	0	0	0	1
犯罪加害	529		305	147	10	39	19	3	6
犯罪被害	6,186		2,016	599	324	2,655	329	94	169
疾病	806		462	97	29	107	20	55	36
行方不明	122		62	19	5	29	3	1	3
その他	8,485		3,908	1,960	206	1,774	411	101	125
総数	16,523		6,911	2,906	605	4,652	816	270	363

『2010年（平成22年）海外邦人援護統計』外務省領事局邦人安全課

〔危機対応のレベルとシェア領域〕

<table>
<tr><th>レベル</th><th>分担主体</th><th>目的／義務／内容</th><th>具体的な現象事例</th></tr>
<tr><td>国　際
レベル</td><td>多国家間
／国際機関</td><td>冷戦後の秩序、新安保体制の確立、地域紛争解決
PKO／PKF協力、国際テロ防止、核管理、地球環境の保全、国際的経済支援</td><td>―地域戦争・紛争
―国際テロ
―核・軍拡競争
―地球環境破壊
―飢餓・貧困</td></tr>
<tr><td>国　家
レベル</td><td>各国単位</td><td>国家防衛・社会治安・大規模広域の防災・防疫政策と体制、法務・行政の対応、総合的な情報システムの構築整備、地勢・地域対策、災害予知・防災技術の研究開発等</td><td>―現地国の政情不安
―内乱・クーデター
―人種・宗教抗争
―自然災害
―都市災害
―大量交通機関事故
―対日関係の悪化
―経済・文化摩擦</td></tr>
<tr><td rowspan="2">組織／
集団の
レベル</td><td>地方自治体など団体機関単位</td><td>防災・防疫・防犯体制の確立と運用、地域緊急情報システムの整備と管理、立地環境・地域特性の把握と活用、市民の人命・人権保護とサポート、地域施設の復旧・復興活動</td><td>―政策・法規制急変
―人種・宗教暴動
―自然災害
―都市災害
―地域社会の事件
―大量交通機関事故
―環境・自然汚染</td></tr>
<tr><td>各企業単位／業界団体／企業の国際機構</td><td>防災・防疫・防犯体制の確立と運用、従業員・家族の安全確保と救援、保健管理、人権・労働権の尊重、遵法、自社資産の守備、業務・サービスの維持・復旧、ステイクホルダー支援、社会貢献</td><td>―政策・法規制急変
―人種・宗教騒動
―自然・都市災害
―ビジネス・リスク
―麻薬・中毒管理
―雇傭・人権問題
―労災・疾病事故
―労使紛争・訴訟
―PL法等の紛争</td></tr>
<tr><td>個　人
レベル</td><td>個人・家族単位</td><td>防災・防疫・防犯の認識向上と実践、居住・行動の環境特性の把握と自律自衛、私財管理、隣人・コミュニティーへのサポート</td><td>―地域紛争・内乱
―対日感情の悪化
―人種・宗教対立
―自然・都市災害
―交通・生活事故
―テロ・誘拐事件
―火災・盗難等事件
―疾病・感染症
―家庭内・子弟教育
―文化・言語摩擦</td></tr>
</table>

『危機管理入門ハンドブック』（社）日本在外企業協会、1996年

2. 現代的リスクの傾向とレベル

海外でのリスクやクライシス局面はだいたい次の五つに分けられるのではないだろうか。まず第一は政治的局面で、紛争、内乱、政治的不安定（クーデター等）がある。第二は経済的局面で、金融不安、ビジネスリスク、企業犯罪など。第三は、自然や地勢的環境の局面で、地球温暖化、砂漠化、都市災害、天災や異常気象など。第四は、社会的局面で、暴動やテロ、事故や事件、人種・宗教紛争、伝染病、疫病など。第五に個人生活の局面で、疾病、家庭問題、金銭トラブル、訴訟などが考えられる。

ことに最近では、インターネットによるネットワーク犯罪、誘拐、人質、テロなどが宗教、人種、貧困問題などを背景に増加している。また先進国では制度疲労による社会病理的な犯罪、発展途上国では貧富格差からの社会犯罪も多い。

（社）日本在外企業協会が一九九五（平成七）年秋に実施した「危機管理実態調査」では、「企業のリスク重視度」で、日本企業がどんなリスクを重点に置いているかが分かる。ここで注目したいのは、リスクについてレベルを設定して尋ねていることである。

例えば政治や戦争は国際、国家レベルであるし、経営なら当然企業レベルであり、事故や犯罪に関することは社会構造レベルであるし、主に心身に関わるものは個人や家庭レベルである。これらはリスクのレベルであると同時に、誰が分担するのかというリスクシェアリングを示している。もちろんシェアリングは複雑な関係の中での主たる分担と考えてよい。

3．海外での危機管理体制づくりのポイント

●地域に合わせた危機管理体制づくりが必要

危機管理やリスクマネジメントの基本的な考え方そのものは、人間の社会であるわけだから、日本国内も海外もそれほど変わるものではない。しかし実際には政治、経済、社会のシステムや文化、宗教が異なり、日本人以外の現地の社員や関係者の対日感情なども関係してくるので、地域によって注意すべき点が違ってくる。現地の事情を十分反映させなければならない。

例えば危機管理体制の整備をマニュアル化した場合、たいていの日本企業は日本人の社員、関係者だけを想定して作成してしまう。実際、データでも現地の社員まで含めてマニュアルづくりをしている企業は二〇～三〇％程度という。こうした姿勢が現地社員の不満や反感を買ったり、いざというとき協力を得られないことになってしまうのである。

緊急対策本部の組織づくりでも、日本人に関する安全だけを優先するような組織体制は好ましくない。ということは、海外の現地でも国内とほぼ同じような形で分担業務や通報ラインを組み立てる必要がある。

●危機管理体制づくりのポイント

海外で緊急対策本部を設置する条件は四つある。

①人命に関わる事態である。

②組織の存続に関わる事態である。

③発生した事故・事件の被害がきわめて甚大《じんだい》な事態である。

④事態がさらに悪化し、被害が拡大するおそれがある。

そして要員の配置は日本人であるかどうかにかかわらず、適切な人材をあらかじめ決めておくか、ベテランをあてた方が無難であることが多い。

本部長は現地責任者で、副本部長も一、二名決めておき、担当を分担する。この人選には冷静な洞察力と判断力のある者が望ましく、できれば一人は現地の社員がよい。そして各担当者は通常の職制ルートではない本部長の指示で動くようにしておく。

対策本部が緊急時に機能するように、年に一、二度はシミュレーションしたい。年の前半では欠陥商品の発生を想定して、後半ではセクハラ問題を想定して関係者、全社員が実際に参加して体験するわけである。

情報の収集にあたるのは、現地の言葉がもっとも流暢《りゅうちょう》な者でなくてはならず、日本人より現地で一番信頼できる者がよい。マニュアルを策定したり研修するときにはぜひこの人物に加わってもらうとよい。

マスコミやジャーナリズムへの対応は基本的に日本と大差ないが、現地の言葉が十分話せないことのマイナスや誤解がありうるので、先ほどの現地社員の中でもっとも信頼できる者を通訳にするか、プロフェッショナルな通訳に依頼する方が確実である。中途半端な語学力は誤解を招くことがある。要はマスコミにどう書かれるかという受け身ではなく、何を伝えるか、メッセージの中身を考えることである。他の問題でもそうだが、日本人にありがちな沈黙はあらぬ疑いをかけられ、それがひとり歩きする可能性があるので注意したい。

4. テロ事件への備え

❶「戦争よりテロ」の世紀を認識

平成十三（二〇〇一）年九月十一日、午前九時前、アメリカ合衆国の象徴であるニューヨーク市マンハッタンの世界貿易センターツインタワービルの一つが、テロリストによって乗っ取られた旅客機の衝突によって崩落し、それから間もなく、もう一つのセンタービルも旅客機が突入して破壊されてしまった。これまでアメリカの映画ではホワイトハウスやマンハッタンの高層ビルが破壊されるシーンは何度となく描かれてきたが、それが現実のものとなってしまったのである。

事実は小説より奇なりの言葉の通り、その惨劇ぶりは六千から七千名に及ぶとされる死傷者を出し、アメリカ人や世界中の市民に与えた影響は計り知れないものがある。不幸にして日本のビジネスパースンも二四名が犠牲になった。

二十一世紀は国家間の戦争ではなく、テロリズムこそ最大の課題と指摘する声があったが、まさに新世紀早々にそれが本物となってしまった、と言えるであろう。

アメリカのブッシュ大統領は、いち早くこのテロ行為を自由と民主主義を犯す戦争として「正義」の名において「制裁《せいさい》」することを表明し、アフガンを攻撃し、さらに翌年にはイギリス軍とともにイラクを攻撃して占領した。しかしイラクによる大量破壊兵器の事実の曖昧さと、国連の正当な手続きによらない開戦によって、その評価に国際世論は複雑な反応を見せた。占領後も治安の維持が難しく今日まで不安定な状態が続いている。

さて海外の同時多発テロが現実になり、中近東を中心に死傷する犠牲者が多数出るに及んで、ようやく〝平和ボケ〟といわれる日本企業も、海外拠点におけるテロへの危機管理の必要性を意識してきた。アメリカのようにＣＩＡ（中央情報局）やＦＢＩ（連邦捜査局）で日常的に情報収集して備えを固めていてさえ、テロは防ぎきることは難しい。日米同盟に基づくイラクへの自衛隊の派遣は過激テロ組織をして日本を敵視させる結果にもなり、ＩＳＩＬ（イラクとレバントのイスラム国）は公然と日本および邦人を攻撃する声明を出している。国内でもテロの危機感は現実味を帯びてきた。

さてテロリズムとはどういうものであろうか。これは戦争行為の最下位段階の形態と言われ、通常国境と関係なく活動し、軍事的破壊より、社会心理や政治経済へのダメージを優先する考え方である。タイプとして、急進的反体制派、宗教過激派、全体主義者、無政府主義者、急進コミュニストなどによるものだが、これらが複合的に政治や利権とからむこともある。テロリズムは無差別に一般の生活者市民への破壊と殺りくの刃《やいば》を向けてくるので、国と国との戦争より複雑である。かつてはテロ的行為も、開発途上国の貧困や抑圧からの脱却など、ある種の政治目的をもったものが多く、日本赤軍、パレスチナ過激派「アブ・ニダル」などがこのタイプに近かった。これらが内戦に発展するとゲリラや反政府軍などの形をとることが多く、コロンビアの「ＥＬＮ（国民解放軍）」などがこのタイプである。最近ではこれらが変容して、特定の宗教宗派や民族の権益をめぐるものが増えている。ことにイスラム過激派グループによるものが目立ってきた。

こうした中で日本政府や企業は、ややもすれば平和的イメージにこだわり、被害に遭っても経済的解決をしようとするので、テロリストにとって日本人は資金獲得の好餌《こうじ》としてねらわれやすい。グローバルな社会で、自分だけがその場で助かればよいとする発想は、続発を避けようとする国際常識から厳しく批判される。続発を起こさせない、テロを許さない強い決意と認識が根づかなければならない。今世紀は国家間の戦争より、国境を越えた市民を巻き込むテロこそ「危機」として認識すべきである。「文明の衝突」が表面化してきたとの解釈もあながち外れてはいないように思われる。

不幸にして本書の前の改訂版執筆中の平成十六（二〇〇四）年四月八日、イラクの首都バグダッドに向かう途中の日本の民間人三名が自衛隊の撤退を求める現地の武装グループに誘拐され、人質となった。それから数日後、再び日本人のフリージャーナリスト二名も人質にされたが、現地の宗教的指導者の説得で解放された。しかし、〝人道支援〟のつもりで活動しても現地の状況がいかに複雑であり、危険であるかを見せつける事件であった。株価、外国為替も一時大幅に下落し、地政学

（ゲオポリティーク）リスクが顕在化した、とも言われた。地政学リスクとは、国の内政や外交が自然地理学的条件で規定されるリスクのことである。戦後、島国としての日本はテロの脅威もなく、政治情勢や地理的条件から予測されるリスクは小さいと見られていた。

一九九〇年代から邦人をねらった誘拐、拉致などの人質事件は増加していると言われる。主なものでは、平成八（一九九六）年十二月、ペルーのリマにある日本大使公邸で六〇〇名を超える人達が左翼ゲリラによって人質となり、翌年四月、フジモリ大統領の指揮するペルー軍特殊部隊の突入によって、無事解放された。犯人一四名、ペルー軍兵士二名、ペルー民間人一名が犠牲になった。平成十一（一九九九）年八月にはキルギス南部において日本人技師四名がイスラム過激派グループに拉致されたが、交渉によって同国領のカラムイクで保護された。日本は米国と同盟関係にある。米国が戦闘状態にある国は日本にとっても危険であることを忘れてはならない。ビジネスでも個人的ボランティアでも同様である。

これからは民間人であっても、また動機が人道支援のボランティアであっても誘拐、拉致、人質という形のテロの可能性がある。安易な日本的安全観は禁物である。危険地域への出張、旅行、駐在などは十分な情報収集と通信、避難等の手段を確保するなどの備えを固めておかなくてはならない。

❷テロによるリスクの評価

海外駐在の社員、家族、海外出張する者はテロのリスクを事前に十分研究し、専門のコンサルタントなどと相談して、脅威となるリスクを調査し、対策を立てておかなければならない。企業はそのための十分なサポートをすべきである。

（社）日本在外企業協会の「海外における危機対応ガイドライン」を参考にテロリスクの評価を決定する場合の留意点を挙げてみよう。

①駐在員などが滞在する国の犯罪発生率とテロ組織の活動状況やその内容はどのようなものか。
②テロ活動の記念日はいつか（結成日、創設者の誕生日に活動実施の例が多い）。
③滞在国での過去の人質、誘拐、テロ事件の発生件数と内容はどうか。また人質の扱いはどのようなもので、身代金の支払い状況と金額はどれくらいか。
④滞在国の公安警察、諜報機関、軍などの活動状況と信頼度はどうか。
⑤法的規制や裁判の実際的な強制力や影響力はどうか。
⑥現地の政権や市民、テロ組織は、日本企業や社員、日本政府や日本人をどのように考えているか。とりわけ当該者をどう見ているか。
⑦自分個人としての予防、安全対策はどうしているか。また企業として組織としての安全対策、危機管理対策はどのようなものか。
⑧テログループの活動の目的はどのようなものか。それを実現するための戦略や組織はどういうものか。
⑨誘拐や爆破テロなどの可能性がある場合に彼らに対抗する手段はあるか。
⑩現地危機管理委員全員の緊急連絡先および在外日本公館の担当者、現地の政府、行政担当者の緊

急連絡先がリストアップされているか。

これらを事前にチェックし、備えておかなくてはならない。安全対策といっても日本人であるというだけでねらわれることが多い。ねらう側からは会社の役職はあまり関係ないと考えた方がよい。また過激派やテロリストグループの動向はインターネットやテレビ、新聞、友人や知人との会話など、いつも収集してチェックを怠ってはならない。危機的事態が発生したときは現地の危機管理プロジェクトチームを招集し、事実関係と脅威を確認、評価する。同時に本社の危機管理委員会に至急連絡する。継続的に本社にはコンタクトをとり、専門家のアドバイスなどを伝える。また現地行政機関や治安警察などからの情報も伝え、適切な判断と迅速な対応をする。場合によっては危機管理コンサルタントに依頼し、交渉してもらう必要も出てくる。暴動、爆破、人質などいずれにせよ、社員、家族の人命を優先する。現地に日本商工会などがあるときはそちらとも連絡をとり、いつも良好で親密な関係にある現地企業などからも情報を収集して適切な対応をとることが望ましい。

5. 誘拐、人質監禁事件への対応

❶なぜ日本人がねらわれるか

日本企業の幹部が海外で誘拐され、人質として監禁される事件は、このところ増加の一途である。日本はイスラム過激派と敵対する米国と同盟関係にあり、イラクに自衛隊も派遣している。テロの対象となる可能性はかなり高い。それにもかかわらず日本の企業は十分コストをかけた危機管理をせず、事件が発生してから対応するという後手《ごて》の対応を繰り返しているように見える。

日本企業がこうした事件に巻き込まれやすいのは、ほとんど無警戒に近く、事前のガードを固めていないことにより、テロ組織のソフト・ターゲットになっていることが第一にある。解決の段階で人命尊重を最優先するあまり、犯人側の要求を受け入れてしまう安易さがプロの誘拐グループやテロ組織にとっては格好のねらい目となっているのではないだろうか。

誘拐犯はたいていプロであり、目標としての価値、予想行動や効果等について綿密な調査をしてから標的に選ぶ対象を決定する。その後、対象の行動を監視してそのパターンなどを掌握し、そのうえで実行に移すのが普通である。

営利目的の場合は裕福であるか、そう見える人物およびその家族、また企業の役員や社員が対象とされ、政治目的の場合は政府、経済プロジェクト、NGO、国際的公益組織の関係者などが選ばれることが多い。さらに接近しやすく、居場所の予測が可能で、行動パターンに変化がなく、ガードが甘い者、すなわちソフト・ターゲットを選ぶのである。

そのため、ときどき通勤経路を変更したり、一日の活動スケジュールを変えたりすることが必要である。また尾行されているかどうか、誰かに監視されていないかをチェックする。駐車中の車で人が乗っている車や同じ場所で何度も見かける人物などには注意をし、歩行中でもときどき立ち止まって振り返ったり、逆方向に歩き出したり、角を曲がって立ち止まったりしてみる。

また車での通勤、帰宅のときも曲がる地点を変更したり、運転者にディフェンシング・テクニックを訓練しておいてもらうとよい。外見が屈強そうなボディガードの人形を車の座席に置いたりすることも有効であろう。彼等の攻撃はホテル、自宅、事務所のケースもあるが、大半は通勤中の車で起こる。相手はいつもグループで活動しており、格闘したりするのは危険である。例えば進路を妨害して車を停止させ、他の車に移してしまう。

人質、誘拐についての関連図書は少なく、邦訳された本もまれである。中南米、東南アジア、中近東地域のように頻繁に発生しているところでは、ほぼパターンが決まっており、事前の対策によって相当防止することができる。まず国内の本社が、テロ・誘拐事件を特殊だと考えることをやめ、グローバル社会では当然のリスクとして認識し、殊に中近東でのイスラム過激派の活動は要警戒だと考える必要があるだろう。海外でのテロ・誘拐についての情報を集め、専門家のアドバイスや人質保険の研究、身を守る研修など危機管理対策を十分取ることが求められている。外務省でも誘拐、脅迫、盗難など、安全対策についての各種資料、ＤＶＤ、海外安全ホームページ（http://www.anzen.mofa.go.jp/）などを作成している。

❷事前の防止策

誘拐などに対する事前の防止策としては、次のようなものがある。

①常時、ＩＤ、血液型や持病を記したカードや常備薬を携帯する。
②携帯電話・スマートフォンを常に持つ。
③日本の大使館、公使館、領事館、関係団体、警察、医療センター等の電話番号をメモしておく。

④日程やスケジュールは外に出さない。
⑤服装などは地味にし、車も目立たなくする。
⑥自宅住所はもとより、個人情報は表に出さない。
⑦何者かに尾行、監視を受けていないかをチェックする。
⑧移動経路は頻繁に変更する。
⑨出張時には特に注意し、家族や会社の人と頻繁に連絡をとり合う。
⑩特に危険を察知し始めたら、ただちに専門家に相談し、十分な訓練を受けた武装したボディガードをつける。
⑪郊外のゴルフ場などに行くのは危険と考える。
⑫家族の写真をいつも携帯していると早期解決に役立つ。
⑬誘拐等をほのめかす電話やメールなどをいたずらと決めつけず、警戒する。
⑭家族も対象になることがあるので、同じように次の点に心がける。
・緊急時の連絡番号を記憶するかメモする。
・単独行動をとらず、できるだけ集団行動をする。
・行事、旅行の日程を他人に喋《しゃべ》らない。
・ときどき不審な人がいないかチェックする。
・車に乗ったらカギをかけ、窓は閉め、駐・停車するときは周囲を確認する。
・何かあったときの心得を普段から家族や信頼できる社員と話し合う。

⑮予告があったら、ボディガードを雇用し、現地警察への警備依頼、防弾車や護衛車などをつけ、さらに確実性の高いときは一時避難したり、帰国するなどの措置もとる。

⑯発送人が不明な郵便物や不審な荷物はすぐ開封せず、取り扱いに注意する。

❸誘拐、人質や脅迫事件が発生したときの企業対応

●プロフェッショナルによる五つのポイント

もし事件が発生したら、その事件の事実を知るには三つのケースが考えられる。第一は「被害者の家族からの通報」、第二は、「現地の警察など治安当局からの通報」、第三は、「本人が行方不明となり、関係者が気づく場合」の三ケースである。

現地から本社宛の事件報告は、できるだけ詳細に迅速になされないといけない。本社サイドでは、本社に緊急対策本部、あるいは危機管理プロジェクトチームを結成し、現地にも対策チームを発足させる。ことに本社の本部に、こうしたケースでの有力なセキュリティ・サービス会社の専門家に大至急加わってもらい、プロフェッショナルな交渉を進めてもらう。

このときのポイントは次の六つである。

①人質の生存確認と連絡
②プロフェッショナルな交渉者の選定と活用
③犯人グループとの接触と交渉
④現地政府や治安当局との関係

⑤日本政府（外務省）への連絡、相談
⑥内外マスメディアへの対応

●具体的な対応

①人質の生存確認と連絡

まず人質の生存確認は交渉者が犯人グループと最初にとることであるが、たいてい被害者の声や写真、文書の形でコンタクトすることになる。そのため平素から誘拐される危険性のある人は、連絡コードをあらかじめ家族や会社関係者と共有化しておかないといけない。声の場合、表現の仕方で、死の危険があるかどうか、体調はどうか、車で何時間くらいの地点にいるか、といったことを示せるようにする。

また被害者はつらい状況のもとでも、自らの健康と精神的尊厳を保持するように努力する。犯人との会話には軽いユーモアなどで険悪なムードにならないように努める。家族や親しい友人の名前は絶対に出してはいけない。

よく人質の生存を知らせるのに、当日の新聞を手に持った写真が使用されるが、これによってもある種のコードを近親者、関係者に送ることができる。

②プロフェッショナルな交渉者の選定と活用

この交渉者はきわめて重要な役割で、通常は弁護士、聖職者、赤十字社の社員などが選ばれる。これも交渉中、聞いていいことと聞いてよくないことなどを熟知している方がいいので、普段から決めておくのが一番よい。聖職者の場合、宗教宗派の問題がからむことがあるので注意する。また現地語が話せ、方言までできるともっとよい。この交渉者には権限をどこまで与えるかについて、対策本部で至急協議して決めなければならない。

③犯人グループとの交渉

この交渉は基本的に時間を稼ぐ方が有利である。早期解決はだいたいの場合、交渉者側が不利となる。犯人に対する交渉姿勢は、ときどき牽制《けんせい》しながらねばり強く交渉するのが好ましい。狙撃手の利用や襲撃は失敗すると致命的になる。交渉は犯人側の立場も一部理解する形で、人質を助けたい意向を示して問題解決から和解への雰囲気をつくっていく。

また身代金については、支払うか支払わないかを口頭で約束し、その通りに実行する場合とそう

主な邦人関連人質事件

- 1970／昭和45年4月
  羽田発「よど号」ハイジャック事件／日本赤軍派／犯人北朝鮮亡命／解放。
- 1975／昭和50年8月
  クアラルンプール、米領事等人質事件　日本赤軍５人、服役同派５人を超法規措置で釈放、逃亡、人質解放。
- 1977／昭和52年9月
  パリ発日航機乗っ取り、赤軍ダッカ事件／服役同派6人釈放、身代金600万ドルを払い解放。テロに屈し厳しい国際世論の批判浴びる。
- 1986／昭和61年1月
  総合商社Ｍ社マニラ支店長誘拐事件／交渉により136日後、解放。
- 1991／平成3年7月
  ペルーでゲリラによる邦人射殺事件／農業技術者ら３人を射殺。
- 1996／平成8年12月
  ペルーの日本大使公邸人質事件／左翼武装ゲリラ14人が日本人など600人余人質。フジモリ大統領指揮するペルー軍特殊部隊により全員解放。
- 1999／平成11年8月
  キルギス技師拉致事件／イスラム武装勢力、同国軍関係者に誘拐され、約２ヵ月後カラムイクで解放。
- 2003／平成15年11月
  コロンビア自動車部品合弁会社邦人副社長射殺事件／2001年２月誘拐、２年９ヵ月後。
- 2003／平成15年11月
  イラクのティクリート南方を車で移動中、外務省職員と運転手射殺。
- 2004／平成16年4月
  イラク邦人人質事件／自衛隊撤退を要求して日本人３人を武装急進派が拉致。部族長、聖職者の仲介で解放。数日後日本人２人が人質。聖職者の仲介により解放。
- 2004／平成16年5月
  バグダッド郊外、邦人ジャーナリスト２人、イラク人１人殺害。
- 2005／平成17年5月
  イラクで銃撃戦後、拘束され、同月末邦人殺害され、ネットに。
- 2005／平成17年10月
  インドネシアのバリ島のテロ事件で邦人１人犠牲。
- 2013／平成25年1月
  アルジェリア人質事件／化学プラント建設会社社員など邦人10人死亡。
- 2015／平成27年1月
  ＩＳＩＬによるシリア日本人拘束事件／邦人２人死亡。

でない場合とがある。法的関係や取引の段階で判断される。

④日本政府（外務省）や現地政府、治安当局との関係

海外での邦人誘拐人質事件などは現地政府に責任があるが、日本政府も安全救出による解決支援のために動く。原則は「譲歩せず」で対応する。

治安当局や警察とも常に連絡をとり合い、企業との間に信頼関係を築いていかないといけない。特に国によって強行突破を主張する警察もあり、それはきわめて危険であることなどを十分話し合い、理解し合えるようにする。セキュリティ・コンサルティング会社や日本の信頼できる公益団体、NGO企業などの現地の担当者の理解、支援も得ながら適切な解決に努力する。

⑤マスメディアへの対応

日本のマスメディアは国内では通常、誘拐報道協定によって報道しないか、最初起きたときの事実だけをニュースにして、その後報道せず、解放されたときに掲載するというケースが多かった。十数年前に起きたペルーのリマでの日本大使公邸における大量の人質事件では、世界中から注目されていたので報道が継続された。こうした事件のとき、基本的に報道窓口は国の広報であり、企業や自治体の広報としては、国や現地の当局との関係もあり、極力報道を控えるよう伝え、情報提供するときも最低限の事実関係にとどめた。問題は現地の新聞はじめテレビなどの報道である。犯人グループもこれを見ており、新たに便乗しようとするグループも出てくる可能性がある。現地の報道で警察当局との密接な関係が伝えられると犯人が態度を硬化させ、人質の生命に関わる事態も出る。イラクでの邦人人質事件では、犯人は日本のテレビ放映も見ていた、と言われる。すでに情報

については グローバル時代が始まっており、それが悪用されるリスクもある、ということである。

また逆にマスメディアの報道について有利にできることもあるが、裏目に出ると危険である。まったく取材拒否では何を書かれるか分からない。ケースによって会見を開き、最低限の確実で安全な事実だけを伝えることが望ましい。セキュリティ・コンサルティング会社と相談しながら、対策本部で見解をまとめて進めるのがよい。

⑥長期化から解放、救出

邦人誘拐人質事件の解決が長期化すると、犯人側は圧力を強めるため新たな誘拐を起こす可能性があり、注意すべきである。また解放を取引にすることもあり、救出段階での人質は軽挙な動きは慎むべきである。また解放後は外見と関係なく必ず健康診断をすることである。また犯人グループへの心情的シンパのような言動をしないように、メディアの対応には、十分に注意しなければならない。ソーシャル・ネットワークでの発言などにも注意したい。

6. 日本への武力、テロ攻撃への国民保護

今世紀に入り、国家対国家の戦争から特定の宗教・文明や民族が複雑に絡み合ったボーダレス化したテロや武力攻撃が顕著になってきた。特にわが国は、米国と日米同盟の関係にあり、地政学的に周辺の状況で武力攻撃など受けるリスクは低いとは言えない。テロにとっての標的になったり、強力な核ミサイル等で攻撃を受ける可能性も想定され、国民の生命、安全が脅かされることになる。

こうした状況変化の中で、平成十五（二〇〇三）年六月「武力攻撃事態等における我が国の平和と独立並びに国及び国民の安全確保に関する法律」が成立、施行され、国民保護への制度が始まった。平成十六（二〇〇四）年には、「武力攻撃事態等における国民の保護のための措置に関する法律（国民保護法）」が有事法制の一環として成立し、平成十八（二〇〇六）年九月より関係政令とともに施行された。国民保護法は、「国民の生命、身体及び財産を保護し、国民生活等に及ぼす影響を最小にする」ために行政機関等、国、地方自治体、指定公共機関の責務や住民の避難、救済、武力攻撃などのテロ災害への対処等の措置について規定されている。この法律はジュネーブ条約追加議定書をベースにした民間防衛のあり方を規定したものと言われている。

特に地方自治体（都道府県、市町村）は、国民保護法に基づき「国民保護計画」の策定、組織体制の整備、訓練の実施などが定められている。また国が国民保護法に基いて規定した「国民の保護に関する基本指針」に沿って指定された地方公共機関は「国民保護業務計画」を作成している。

災害対応を主たる業務とする消防庁では、テロやゲリラの侵攻に対しての全職員による緊急時体制と緊急消防援助隊（ハイパーレスキュー隊）の仕組みを整備、バイオ（生化学）テロに対する特殊訓練および出動態勢を整えている。弾道ミサイルのように時間的余裕のないときは全国瞬時の警報システム（J・アラート）等により警報伝達を速やかに実施することにしている。

また地方自治体の首長は、非難住民等の安否情報の収集と照会への回答に努める責任を定められている。その際、個人情報の保護にも配慮しなければならないが、非常時において過度な解釈は却って国民の生命や人権、利益を損なうことにもなるので留意したい。企業、教育機関、医療機関、諸団体でも安否情報の確認に努力しなければならない。また武力攻撃や緊急事態においては市民の避難や支援上、必要ならば一定の範囲で私権を制限することができるとされている。

「国民保護」は確かに国や地方行政機関の主要な務めではあるが、あらゆる組織・団体はもちろん、国民、市民の一人ひとりが不測事態への適切な判断と行動がとれるように意識を変革しなければならない。個人は身近な生活の中で非常時にはどのように動けばよいか、また企業はどのように社員、顧客等の主要なステークホルダーを守るか、危機管理への大きな課題になってきた。企業、団体、学校、病院としても国民保護計画に基づいて何ができるか、何をどうするかについて、基本計画や行動指針を策定することが求められているのではないだろうか。

〔武力攻撃事態等における国民の保護のための仕組み〕

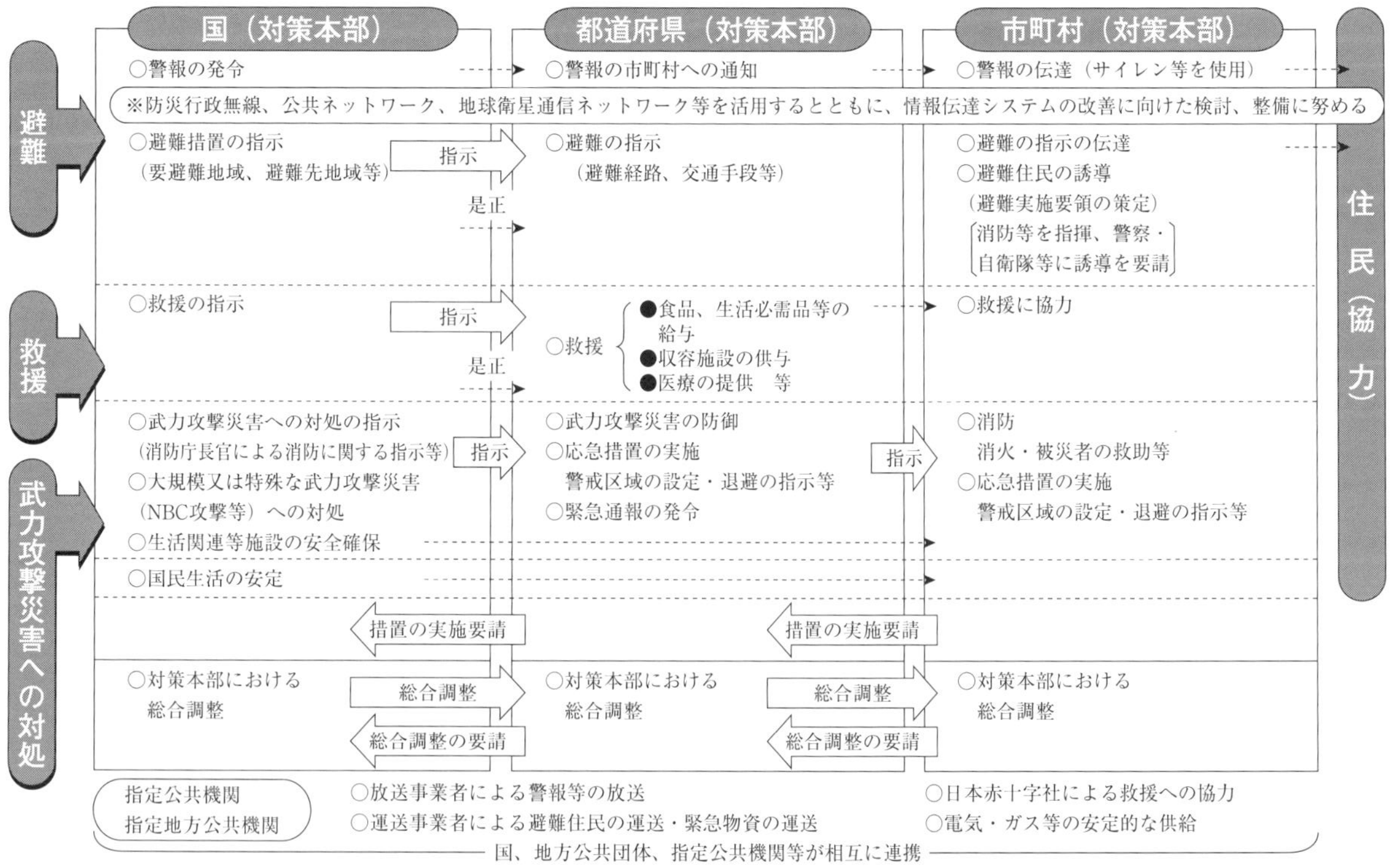

『武力攻撃やテロなどから身を守るために』内閣官房

〔安否情報の流れ（関係機関相関イメージ）〕

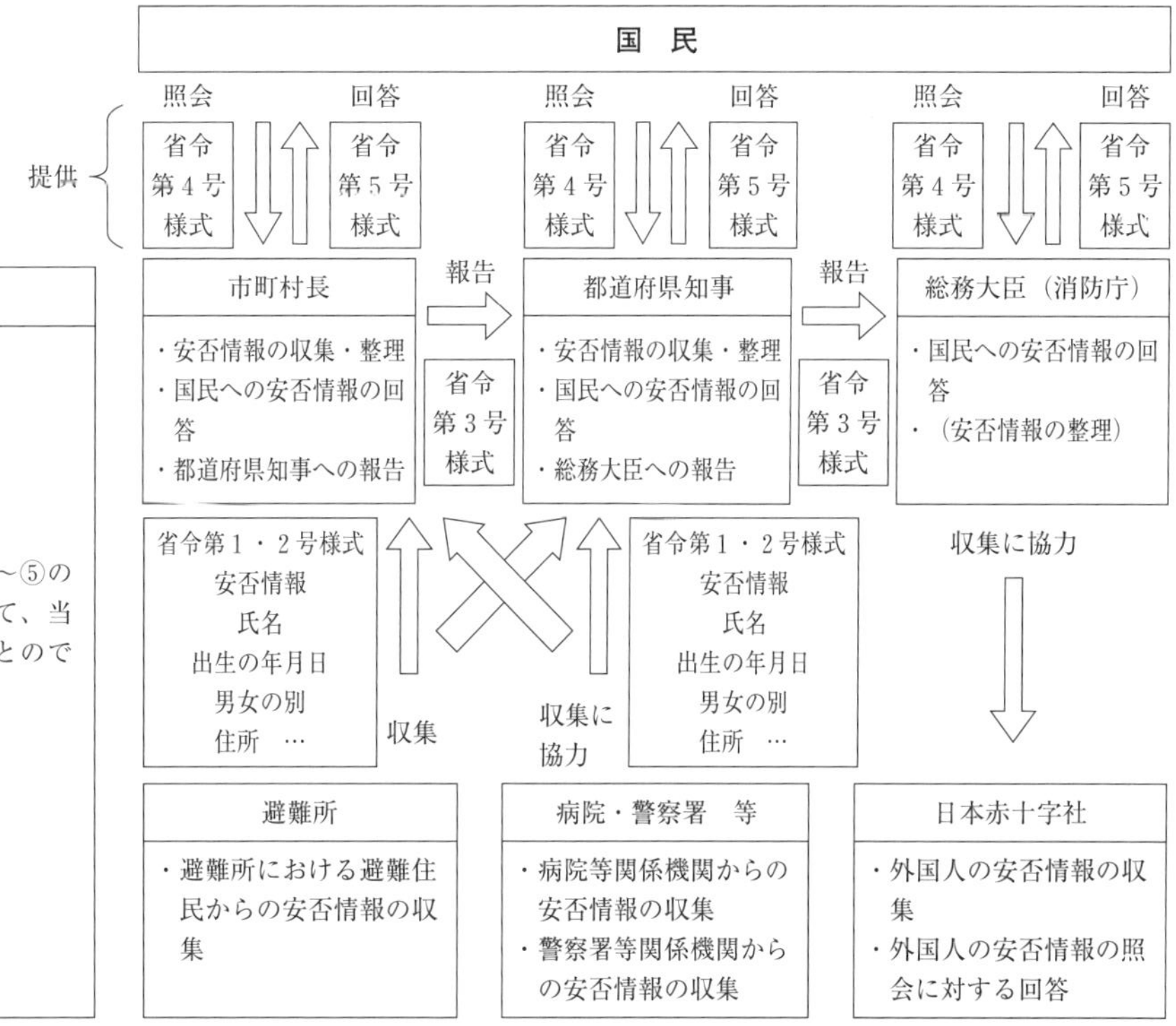

収集及び回答対象情報項目

① 氏名（フリガナを含む）
② 出生の年月日
③ 男女の別
④ 住所（郵便番号を含む）
⑤ 国籍
⑥ 個人を識別するための情報（①～⑤のいずれかが不明である場合において、当該情報に代えて個人を識別することのできるもの）
⑦ 避難住民の該当性の有無
⑧ 負傷や疾病の有無
⑨ 死亡の有無
⑩ 負傷や疾病の状況
⑪ 死亡の日時、場所及び状況
⑫ 現在の居所（遺体の所在を含む）
⑬ 連絡先その他必要情報

『平成18年度　消防白書』消防庁

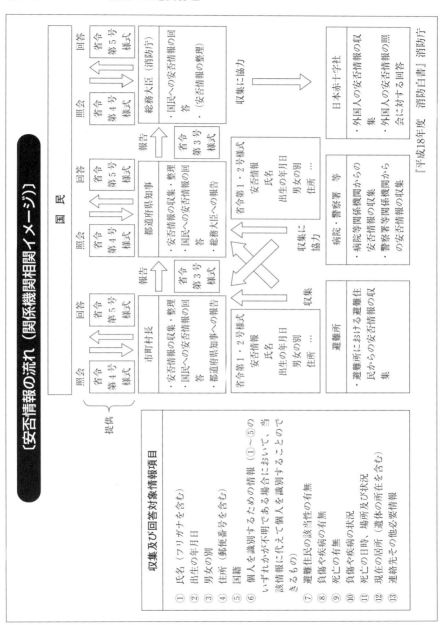

最後に、内閣官房から「武力攻撃やテロなどから身を守るために」という文書が出されているので、ここに一部を抜粋して紹介しておこう。

〈武力攻撃やテロなどから身を守るために〉

（1）警報が発令されたら

武力攻撃やテロなどが迫り、または発生した地域には、市町村から防災行政無線のサイレンにより注意を呼びかけることになっている。テレビ、ラジオなどの放送によってどのようなことが、どこで発生したか、あるいは発生するおそれがあるのか、どのような行動をとってほしいのか、といった警報の内容がつたえられるので、それに従う。

①とる行動

屋内では、ドアや窓を閉めガス、水道、換気扇を閉め、ガラスなどから離れて座る。屋外では、堅牢な建物や地下街など屋外に避難する。自家用車などを運転中は車両を止め、道路に置いて避難しなければならないときは、キーを付けたまま道路の左側端にとめる。

②各種情報に耳を傾け、情報収集に努める。

（2）避難の指示が出されたら

行政機関からの避難指示に対しては、次のことに注意し落ち着いて行動する。

①元栓をしめ、コンセントを抜く。（冷蔵庫はコンセントを挿したままにしておく）

②頑丈な靴、長ズボン、長袖シャツ、帽子などを着用し、非常時持ち出し品（飲料水、食品、貴重品、緊急用品、ヘルメット、懐中電灯、マッチ等）を持参する。
③パスポートや運転免許証など、身分の証明できるものを携帯する。
③家の戸締りをする。
④近所の人に声をかける。
⑤避難経路や手段などについては、行政機関からの指示に従う。

（3）身の回りで急な爆発が起こったら

とっさに姿勢を低くし落下物から身を守り、建物から離れる。警察や消防の指示に従うとともに、行政機関からの情報収集に努める。
①火災が発生した場合は、低い姿勢で口と鼻をハンカチなどで覆い、建物から出る。
②瓦礫《がれき》に閉じ込められた場合は、ライターの使用や粉じんをかき立てないようにし、口と鼻をハンカチなどで覆う。自分の居場所を知らせるために配管などを叩く。

（4）武力攻撃の類型などに応じた避難などの留意点

①ゲリラや特殊部隊による攻撃の場合
突発的に被害が発生することも考えられるため、攻撃当初は一旦屋内に避難し、その状況に応じ行政機関からの指示に従う。
②弾道ミサイルによる攻撃の場合
攻撃当初は屋外へ避難し、その後状況に応じ行政機関からの指示に従い避難する。

③着上陸侵攻の場合

避難が必要な地域が広範囲にわたり、遠方になることも考えられる。避難の経路や手段などについては、行政機関からの指示に従う。

④航空攻撃の場合

屋内への避難にあたっては、堅牢な建物や地下街などに避難する。

⑤化学剤、生物剤などが用いられた場合

口と鼻をハンカチなどで覆いながら、外気から密閉性の高い屋内の部屋または風上の高台など、汚染のおそれのない安全な地域に避難する。屋内では、窓を閉め目張りをしてなるべく上の階に上がる。汚染された服などは、はさみを使用して切り裂いてからビニール袋などに密閉する。水や石けんで手、顔、体をよく洗う。

⑥核物質が用いられた場合

閃光や火球を見ないようにし、とっさに遮蔽物の陰に身を隠す。皮膚の露出を少なくし、爆発地点から遠くに離れるようにする。

屋内では、窓を閉め、目張りにより室内を密閉し、地下室などに移動する。屋外から屋内に戻った場合は、汚染物を身体から取り除くため、衣類を脱いでビニール袋や容器に密閉し、その後、水と石けんで手、顔、体をよく洗う。

出所：『武力攻撃やテロなどから身を守るために』内閣官房

第八章：自然災害への危機管理

1. 多発する自然災害

近年、地球の温暖化などにより世界各地で自然災害が発生し、この十年間で件数、被害者数ともに約三倍に増加し、被害額は一九七〇（昭和四十五）年から二〇〇四（平成十六）年の平均で、年間約三三〇億ドル以上というデータ（ベルギーのルーバン・カトリック大学疫学研究所）が出ている。特に二〇〇四（平成十六）年末のスマトラ島沖地震、二〇〇五（平成十七）年秋のパキスタン等の大地震では一〇万人を超える死傷者を出している。大規模な地震、風水害はアジア地域に多発し、ハリケーンは二〇〇五年の米国のニューオリンズを襲ったカトリーナが経済規模で一千億ドル余と推計される史上最大の被害を出した。

日本では国土の地理的条件から、四季の気象現象としての台風、豪雨、豪雪、洪水、土砂災害などに加え、海洋プレートが大陸プレートの下に沈み込んだところにできる海上にあるため、巨大な地震や津波に見舞われてきた。

二〇〇四（平成十六）年には観測史上最多の台風一〇個が上陸した。内閣府の「平成十八年版・防災白書」によれば、世界における日本の災害発生率は地震二〇・八％（マグニチュード六以上）、死者数〇・四％、災害被害額一八・三％と、国土面積割合の〇・二五％に比べてきわめて高い確率となっている。

一九九五（平成七）年一月十七日未明に発生した阪神・淡路大震災（兵庫県南部地震）や

二〇〇四（平成十六）年一〇月二十三日夕刻の中越地震、二〇〇七（平成十九）年三月二十五日朝発生の能登半島地震、同年七月十六日午前の中越沖地震、二〇一一（平成二十三）年三月十一日午後の東日本大震災、二〇一六（平成二十八）年四月十四日夜、同月十六日深夜の二度にわたる震度七を記録した熊本地震などは甚大な被害をもたらし、あらためて地震や津波災害が身近にあることやその恐ろしさを実感させるものであった。東海、東南海、南海地震や首都直下地震も切迫していると危惧されている。特に二〇〇七（平成十九）年三月二十五日朝の能登半島での震度六の地震は、前年政府の地震調査委員会が作成した予測地図での地域別発生確率では〇・一％未満と最低ランクとなっており、地震予知の難しさをあらためて痛感させられることになった。

個人の生活や家庭での災害に備える意識は、防災関連商品の売上は徐々に高まりつつある。だが自治体、企業や諸団体などの組織や地域での災害対策はいまだ十分と言えるものではない。

万が一、地震等の災害に襲われると、規模にかかわらず、企業等経営体の被る打撃と損失が大きく、経営危機に陥るケースが増加することは過去の例から懸念されるところである。ことに中小企業や小規模事業所では致命的なダメージとなりかねない。近年の自然災害の多発と被害拡大の状況は災害管理型リスクマネジメント対策の緊急性を迫るものである。そのことは行政体はもとより、企業等経営体にとっても存続と同時に市場の評価にも反映され、事業活動や資金調達、雇用確保などにも影響してくる。

二〇〇七（平成十九）年、気候変動に関する政府間パネル（ＩＰＣＣ）が第四次報告書を発表し、地球温暖化への注意を指摘した。例えば過去百年で地球の平均気温は〇・七四度上昇しており、

生　存　難	荒　廃　／　復　旧
〔第３次被害〕	〔第４次被害〕
―ライフラインの崩壊 ―食料・飲料水の途絶 ―傷病者増大（疫病流行・重傷被災者・老齢既病弱者の症状悪化 ―秩序破壊・治安悪化 ―消息不明者の死亡増加	―物流停滞・物資不足 ―労働力・生産力低下 ―操業不能・資金繰り悪化 ―個人・企業の経済力消耗 ―教育・福利厚生の停滞 ―文化施設・事業の途絶 ―被災者の生活不安増大
地域住民／地域公共機関	地域住民／地域公共機関 企業（地域・全国・海外） 関係ある国家機関
企業にとっては事後収拾の時期 ―事業所の被災状況確認 ―社員・家族の安否確認 ―被災社員への救援 ―取引先など関係者の安否確認／見舞い／支援 ―通勤の足・ルート確保 ―業務再開の準備・連絡調整 ―施設設備・機器類復旧 ―被災地への支援活動 ―見舞い／感謝広告 ―労使調整 ―再災害防止の対策措置	企業にとって再度の「災害」に直面する重大な場所となる。 ―事業所を再開できるか？ ―事業を継続できるか？ ―「復旧」か「復興」か？ ―国・地域行政の対策は？ ―資金の見通しは？ ―消費者（顧客）への供給（流通）は十分可能か？ ―市場の維持はできるか？ ―新たな震災対策（危機管理）をどうするか？ ―災害地への社会貢献はどう評価されたか？

阪神・淡路大震災（平成７年兵庫県南部地震）

平成７年１月17日午前５時46分52秒、震源・規模は淡路島北部深さ16km、マグニチュード7.3。被災地：淡路島、阪神間（神戸、芦屋、西宮、宝塚、尼崎、伊丹、豊中、川西、池田など）、大阪府一部。都市型直下地震。震度７。死者約6,437名、負傷者43,792名。全半壊家屋計約25万棟（約46万世帯）、火災被害全焼損7,483棟（非住家・住家共）、罹災世帯9,017棟、被害総額約10兆円。

ライフラインの寸断、高速道路の倒壊、JR、私鉄駅の崩壊、鉄道車輌の横転、鉄道橋梁の落下など甚大等、都市型災害の象徴となった。

〔阪神・淡路大震災の被害４段階と企業の相関関係〕

	打　　撃	混　　乱
被害状況	〔第１次被害〕 —構造物の損壊 —初期死傷者 —交通・通信網破壊 —情報途絶・消息不明	〔第２次被害〕 —火災の発生・延焼 —構造物の再倒壊が発生 —死傷者が続出 —現場の混乱（脱出・避難・安否・救援作業） —救急・消火・救出作業の困難増大
関係者	地域住民 地域公共機関 地域企業	地域住民／地域公共機関 地域企業／救援の公共機関 NGO団体／医療関係者
企業の相関関係	発生時間により以下の３つの状況に分かれる。 ①就業時間中： —いわば人口密集地帯。最悪の場合、大混乱となり、死傷者が出る。 —事業施設は自衛組織の有無で、損害が異なる。 ②通勤途中： —連絡不能で消息不明者が多く出る。 —事業施設は①と同様だが、自衛組織があれば２次災害回避は可能。 ③在宅（含休日）： —連絡不能で消息不明者が多い。 —事業施設は ②と同様。	第１次被害時と同様、３つの状況次第で異なる。 ①就業時間中： —自営組織がよく機能すれば防衛可能。 —だが最悪の場合、一般住民より混乱し、悲惨な状態に陥る。 ②通勤途中または在宅時： —従業員の２次被害は僅少だがほとんど無人であるため、出火や有害物の流出など２次災害の発生源となり、またビルや工場の大型構造物が倒壊し、緊急作業や交通を阻害する恐れが大きい。

『危機管理入門ハンドブック』（社）日本在外企業協会、1996年

二十一世紀末の世界の海面水位は一八～五九センチ上昇することが予測されるという。このことは台風の勢力を強め、高潮発生の可能性が高まることを意味しているのである。

2．災害管理型リスクマネジメント

❶災害と災害管理型リスクマネジメント

リスクマネジメントの対象とするリスクの中で、純粋に損害のみ発生させる（loss only risk）ものを純粋危険（pure risk）と言う。自然災害や人為的な要因による事故・事件（人命や社会生活に多大な被害を生じる事象）は「災害」として純粋リスクにあたり、これを管理するリスクマネジメントを亀井利明氏は「災害管理型リスクマネジメント」と類別した。伝統的分類では、保険管理型リスクマネジメントと危機管理型リスクマネジメントの上位概念として位置づけられてきたものである。

企業にとっての災害管理型リスクマネジメントの目的は、関係者の生命の安全確保と企業資産を守り、企業の中核的事業を早期に再開、継続することである。

またリスク処理の手段としては、保険の利用とリスク発生の前段階としての自然災害や事故を対象とする防災管理などがある。

「災害」とは何かについて、わが国では災害対策基本法（昭和三六年・法律二二三号、内閣府、消防庁）によって、対象事態を規定している。「地震、暴風、豪雨、豪雪、洪水、高潮、津波、噴火、その他異常な自然現象で生ずる被害または大規模な火事、もしくは爆発、その他及ぼす被害の程度に応じてこれらに類する政令で定める原因により生ずる被害」とされている。

ただし条文に示されているように、「災害」は単に自然現象によって生ずるものではなく、人為的な要因が加わって生じた大規模火災や、人命に多大な被害の及ぶ列車脱線事故、集団食中毒、伝染病カルト宗教やテロ被害等も含んでいる。自然災害、人為的災害の区別についての議論もあるが、多大の被害をいかに防ぎ、最小化するかという、災害管理型リスクマネジメントが重要なのである。

また災害対策は「災害対策基本法」だけでなく、六つの基本法関係の法律と災害予防、災害応急対策、災害復旧・復興、財政金融措置関係の法律によって進められている。基本法関係では「大規模地震対策特別措置法」「原子力災害対策特別措置法」「東南海・南海地震に係る地震防災対策の推進に関する特別措置法」「日本海溝・千島海溝周辺海溝型地震に係る地震防災対策の推進に関する特別措置法」「石油コンビナート等災害防止法」「海洋汚染等及び海上災害の防止に関する法律」がある。予防関係では「河川法」「海岸法」「砂防法」「地震防災対策特別措置法」などがあり、応急対策関係では「消防法」「水防法」「災害救助法」などが代表的なものである。

❷災害管理型リスクマネジメントの類似用語

「災害管理型リスクマネジメント（disaster management type risk management）」は類似表現として、「災害管理型危機管理」「災害危機管理」「防災マネジメント」「防災管理」などがあり、一般的には同義的に使用されることが多い。ただしその意味するところは少しずつ異なることがある。

①「災害管理型危機管理」は「災害危機管理」と同義と解釈してよい。基本的には「災害管理型リスクマネジメント」と同様に使用されることが多い。正確には災害危機が発生してからの緊急時と、事後復旧時の対応を中心とする。

②「災害管理型リスクマネジメント」はより広く高い次元で、自然災害、人為的災害の危機管理政策、方針の策定・実施や、戦略的意思決定に関する活動を意味する。

③「防災マネジメント」は「防災管理」とほぼ同義と解釈できる。主として自然災害や火災、劇薬、爆発物、放射性物質等に関わる人為的災害を未然に防止し、発生時には被害の最小化と復旧活動を指導、管理する活動と考えられる。「防災管理」は防災計画の策定と実施、防災マニュアルの作成、地域行政の自主防災組織、市民団体、企業などとの連携による地域防災への協力活動などである。

❸災害対策への防災計画とマニュアル

災害対策として国や自治体レベルでは「防災計画」を策定し実施するが、その計画には方針に基づいて、「防災基本計画」「防災業務計画」などがある。いずれも地域の防災政策を考慮したものでなければならない。また企業の場合、「防災計画」は「防災基本計画」と「防災業務計画」を一体化して、防災体制や取り組みのルールを「防災対策規程」としてまとめることが多い。この規程の中には後述する「事業継続計画」の内容を盛り込むこともできる。また「防災対策規程」とは別に「緊急時行動マニュアル」を災害時の初動段階の行動指針（アクション・プログラム）として作成しなければならない。これは社員が緊急事態に直面したとき、どのように行動すればよいかを具体的に指針化したものである。「防災対策規程」と「緊急時行動マニュアル」を統合して、「災害対策マニュアル」「防災マニュアル」の形で整備することもある。

3．事業継続管理（ＢＣＭ）と事業継続計画（ＢＣＰ）

❶事業継続管理とその必要性

自然災害の多い日本では、これまでも公共機関や企業等で防災対策は進んでいるとされていた。しかし過去に事例のある風水害（台風等）や地震の中強度レベルの災害を想定しており、不十分な備えのまま、実際には過去の体験から災害時にいかに動くかを判断するという対応方法であった。それが内閣府の『事業継続ガイドライン（第一版）』（平成十七年／二〇〇五年）では、「災害の種類にかかわらず、事前の備えをもっと進められることの認識が不足していた」と分析している。ここでの「事前の備え」とは安否確認の実施、緊急連絡、オフィス（事業所）に入れなくなること等に備えた支援（バックアップ）体制、その復旧をなるべく早くするための方法をあらかじめ考えておくことである。事業継続管理（ＢＣＭ：Business Continuity Management）がこれである。

さらに事業（業務）継続について、世界規格化の動きが進行中である。英国ではすでに公的規格化を進め、ＩＳＯ（国際標準化機構）でも事業継続についての規格化が議論され、近い将来実現する見通しである。シンガポール等アジア諸国でも取り組む動きが活発化している。

日本では平成十七（二〇〇五）年三月に経済産業省が「事業継続管理に関するガイドライン」を公表、ＢＣＰ（事業継続計画）国際標準化委員会を設置、中小企業庁も同年六月、ＢＣＰ委員会を設置した。内閣府は中央防災会議で「企業評価・業務継続ワーキング・グループ」を設置し、平成十七（二〇〇五）年八月に事業継続ガイドラインを公表した。

近年、企業のＣＳＲ（企業の社会的責任）が厳しく問われるようになり、企業は多様なステークホルダーの利益を守り、期待に応えることを求められるようになった。ビジネスがグローバル化している今、ステークホルダーは海外

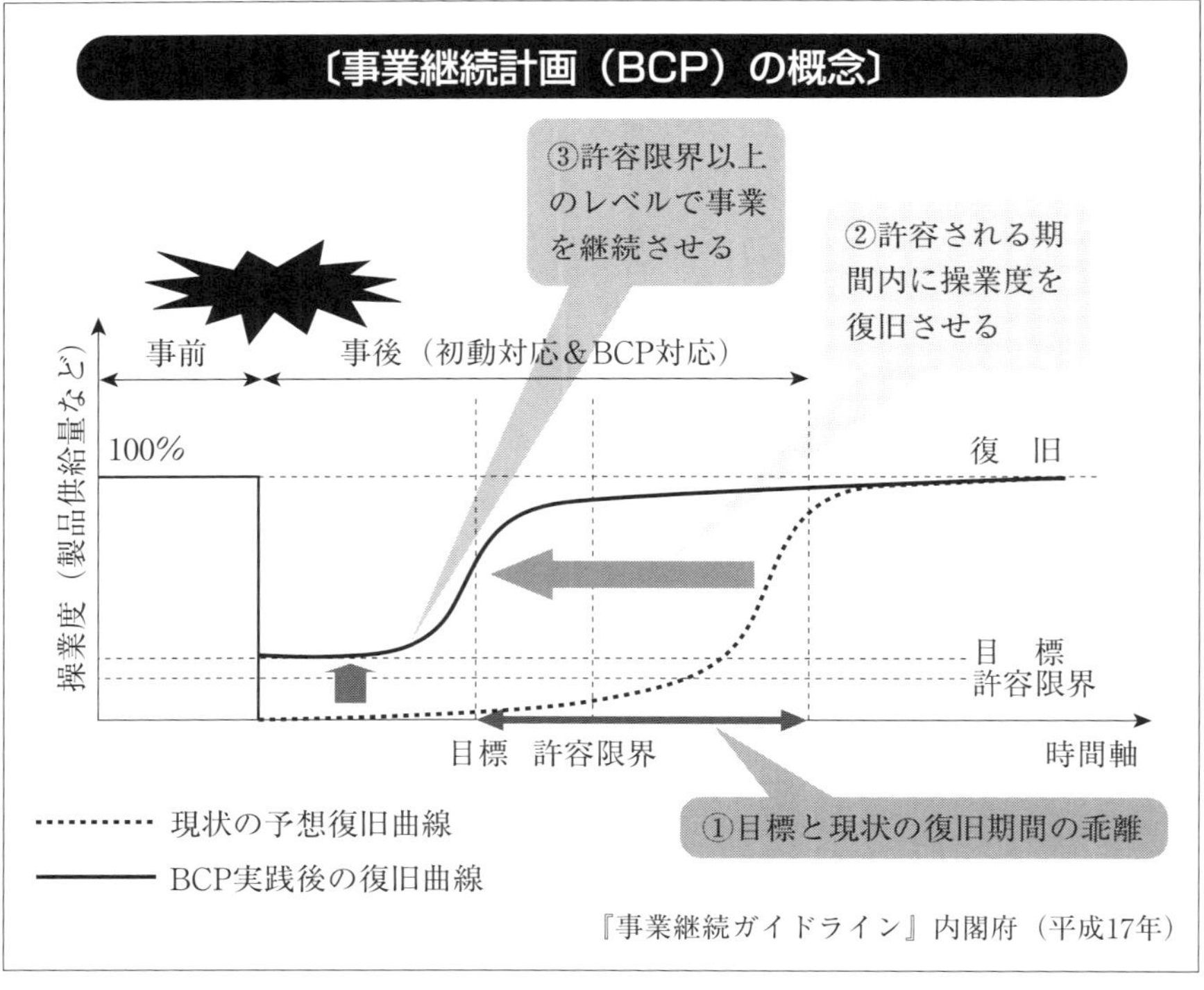

『事業継続ガイドライン』内閣府（平成17年）

にも及んでいる。販売市場、資本市場などでは、企業が災害に直面しても、事業が継続あるいは早期に復旧することを評価し、それを企業の社会責任と考えるようになっている。企業評価の低下は、証券市場では株価や企業評価に響き、資金調達に影響してくる。

またステークホルダーである取引先は、サプライチェーン（垂直的取引連鎖構造）の一部を構成している。災害時、事業が止まることによって顧客、取引先、仕入れ先に迷惑をかけることになる。日本企業の被害が、グローバル・レベルのサプライチェーン全体に影響が及ばないようにするためにも、事業継続管理は企業の社会的責任であり、重要なのである。

❷事業継続管理のガイドライン

こうした背景のもとに、取り組みが強調される「事業（業務）継続管理（Business Continuity Management）」とはどういうものなのか。内閣府の「民間と市場の力を活かした防災力向上に関する専門調査会―企業評価・業務継続ワーキング・グループ」による『事業継続ガイドライン・第一版（平成十七年八月）』によれば、「企業は災害や事故で被害を受けても、取引先等の利害関係者から重要業務が中断しないこと、中断しても可能な限り短い期間で再開することが望まれている。また、事業継続は企業自らにとっても、重要業務中断に伴う顧客の他社への流出、マーケットシェアの低下、企業評価の低下などから企業を守る経営レベルの戦略的課題と位置づけられる」としている。

災害に遭ったとき、損失をできるだけ軽減し（減災）、企業にとっての中核事業を早期に再開、継続させることである。この事業継続管理をいかに実践するかを計画化したものが「事業継続計画

（ＢＣＰ：Business Continuity Plan）であり、内容は次の四点が挙げられている。
①事業継続支援体制（バック・アップシステム）の確立
②事業所、オフィスの確保
③災害時の要員確保
④迅速な関係者の安否確認

では事業継続管理（ＢＣＭ）は従来の防災対策と何が異なっているのであろうか。取り組みの特徴として、先の内閣府の事業継続ガイドラインでは六点が挙げられている。
①事業に著しいダメージを与えかねない重大被害を想定して計画を作成する。
②災害後に活用できる資源に制限があると認識し、継続すべき重要業務を絞り込む。
③各重要業務の担当ごとに、そのような被害が生じるとその重要業務の継続が危うくなるかを抽出して検討を進める。結果としてあらゆる災害が想定される。
④重要業務の継続に不可欠で、再開や復旧に時間や手間がかかり、復旧の制約となりかねない重要な要素（ボトルネック）を洗い出し、重点的に対処する。
⑤重要業務の目標復旧時間を設定し、その達成に向けて知恵を結集し事前準備する。
⑥緊急時の経営や意思決定、管理などのマネジメント手法の一つに位置づけられ、指揮命令系統の維持、情報の発信・共有、災害時の経営判断の重要性など、災害管理や緊急時対応の要素を含んでいる。

ここで再三言われる重要業務（あるいは中核業務）とは、企業が存続していくうえでの緊急業務のことである。本業の中でも中核的な基幹業務、つまり人命に関わる業務、社会的影響のある業務、重要顧客を失わないための業務等を言う。これらは平時における災害予備段階で危機管理委員会や役員会で対応を決めておかなくてはならない。

またこのガイドラインはBCMを日本企業が取り組むうえで、実効性を上げるため、いくつかの配慮が示されている。まず災害発生時の被害が想定被害と異なるケースも出るため、「地震」を想定し、徐々に他の災害の種類を増やすようにし、対策費の負担が重ならないように既存の資源活用をベースにしている。サプライチェーンでの中小・零細企業への影響、また将来の世界規格化との二重投資要因にならない配慮もある。BCM最優先ではなく、従来の防災対策にある生命の安全確保、二次災害防止などを重視した。災害多発の日本では地域との協調、連携による「共助」の伝統がある。「自助」を基本にして、「官助」「公助」も補助的に期待すべきで、むしろ地域市民が力を合わせる「共助」のあり方は世界規格化の議論の過程で積極的に発信すべきことである。

欧米での事業継続管理（BCM）では日本のような自然災害の発生より、テロ等の人為的災害にウエイトが置かれていた。しかし最近の地球温暖化による米国の大型ハリケーン、欧州の異常洪水や寒波等、日本同様欧米でも異常気象や自然災害が増加しており、BCMの世界規格化において人為的災害だけではなく、自然災害への配慮の度合いも高まると見られている。

企業におけるこれまでの防災管理の取り組みは、下図のコスト要因（事前の投資や事後のボランタリー支援活動も含む）に該当するものが多かったが、今後は中核的本業の事業継続や防災（減災）

関連ビジネスによって、収益要因（能動的な社会評価要因）についても前向きに進めなければならない。

❹事業継続管理の取り組み

災害管理型リスクマネジメントにおいて、目的とすることは中核業務の早期再開や継続だけではない。これまでわが国の災害対策で重視されてきたことは、関係者や社会の人々の生命の安全確保、二次災害の防止、地域との共生、協働等であった。もちろん事業再開、継続も重視していたが、それを優先と位置づける企業は多くなかった。事業継続だけを最優先する考え方は、わが国では一般的に理解されにくいだろう。優先順位を判断するのは個別企業である

〔基本的提言に示された企業による取り組みの概念整理図〕

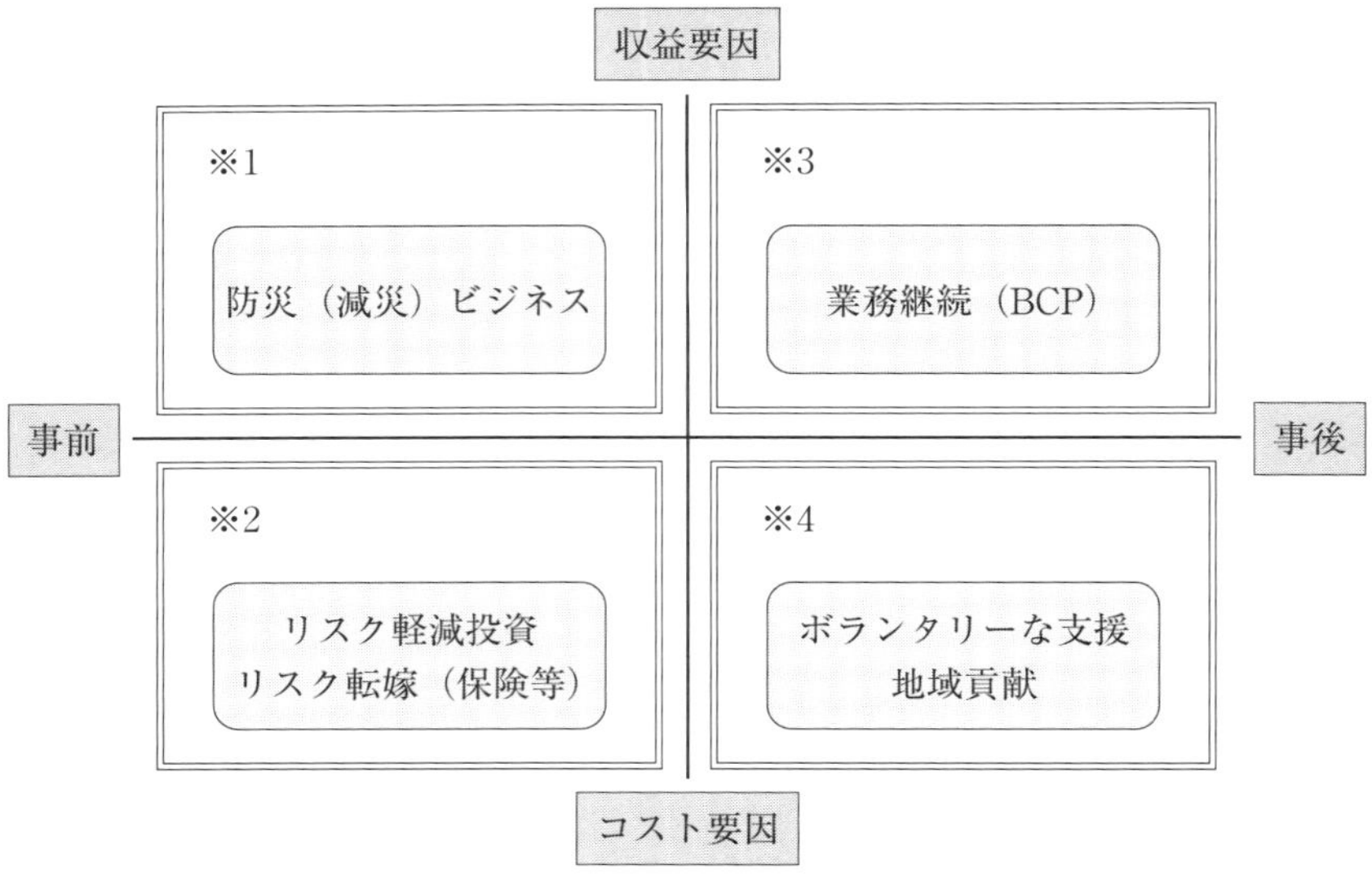

『平成17年版・防災白書』内閣府（2005年）
「民間と市場の力を活かした防災戦略の基本的提言」のHP
http://www.bousai.go.jp/Minkan To Shijyou/kihonteigen.pdf

が、これら人命・共生・協働を重視して進めるのが現実的であろう。

生命の安全確保は顧客の安全が第一であり、次が業務従事者となる。避難、救助に際して差別的問題が発生しないように注意しなければならない。二次災害の防止は火災、爆発、薬液漏洩、建築物の崩壊等への対策とともに、危険が周辺に及ぶと判断されるときは、地域への情報提供は欠かせない。地域との協働は復旧作業への参加、敷地や建物の提供、資金的支援等があり、地域の自治体と災害時協定を締結しておくことも検討するとよいだろう。帰宅困難な社員は地域支援活動要員となるのが望ましい。

事業継続管理は計画を策定するだけでなく、同業他社の事例や地域の事情を鑑《かんが》み、身近な問題が発生したときや自社の体制改革等があったときには、その都度改善を実施する。日本規格協会でのＪＩＳＱ二〇〇一（リスクマネジメン

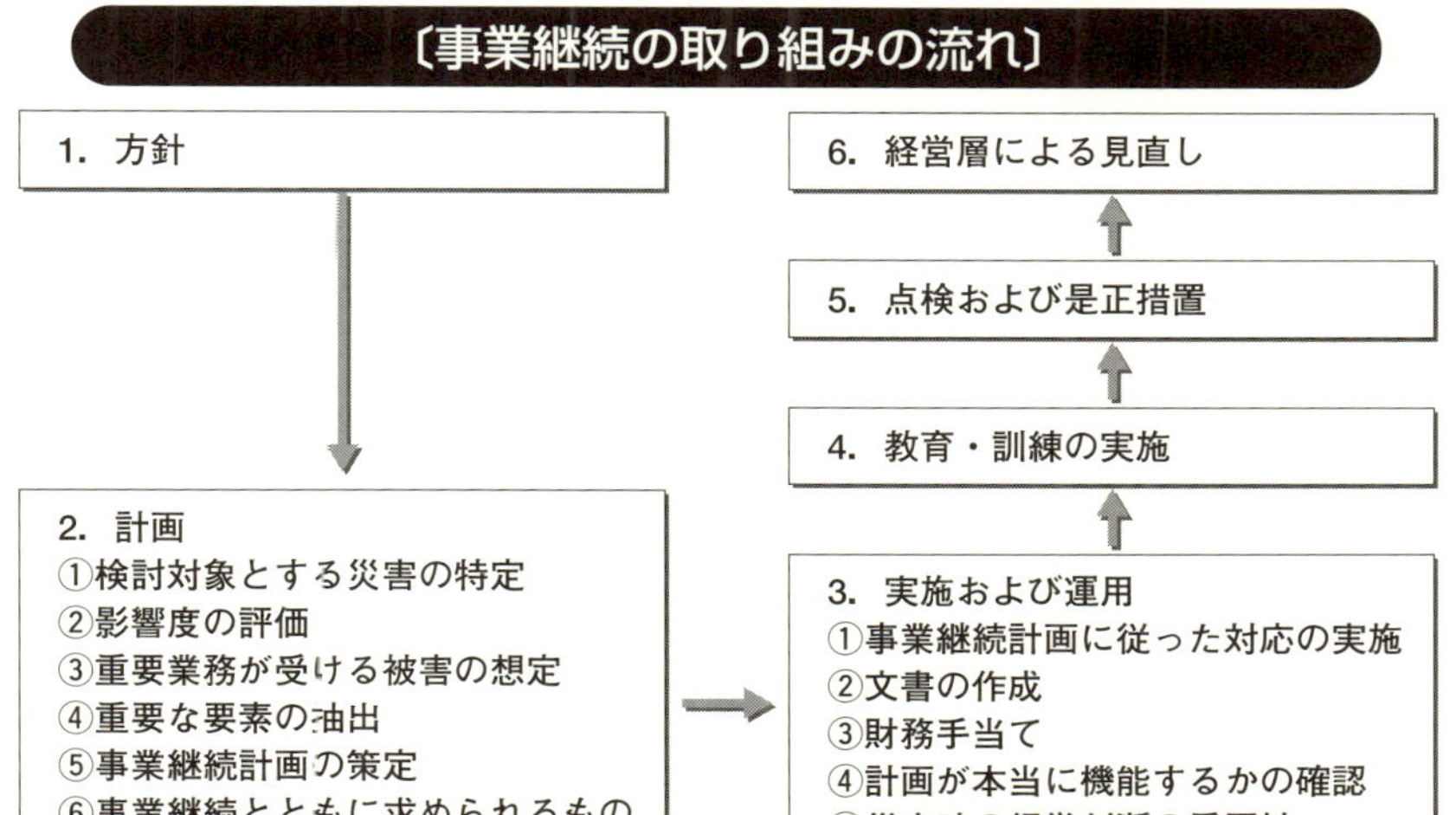

『平成18年版・防災白書』内閣府編、(株)セルコ

トシステム構築のための指針）などをベースに、評価と見直しによる継続的改善が期待される。

また大震災を機会に実効性あるＢＣＰとするためには、中核業務遂行要員、代替要員、外注要員さらに事業所の必要性や、部材の共通化、情報システムの分散、クラウドの活用などが教訓として浮かびあがった。

いずれにせよ事業継続管理は経営者の積極的な意識と関与が前提となる。政府の中央防災会議専門調査会も企業の経営者や経済社会に対し、災害対策へ考慮すべき次の五点を提言している。

①多様な利害関係者からＢＣＭが整備された企業であると評価されること。これが企業価値の向上につながる可能性がある。

②被災時の重要業務の絞り込みは、災害直後だけでなく中長期にも必要であると認識する。

③重要業務、プロセス、資材等の優先順位をＢＣＭ対策で把握でき、リスク対応のメリハリある対策と投資効果の向上が可能となる。

④海外で日本企業の地震リスクへの懸念の払拭と、ＣＳＲ（企業の社会的責任）報告書による開示、企業評価を高める。

⑤適切な災害対策は経営者の責任と認識し、ＢＣＭは株主の経済損失を軽減（減災）し、復興需要を得る機会や地域雇用確保につながる。

〔事業継続ガイドライン　第二版　チェックリスト〕

本チェックリストは、事業継続ガイドライン　第一版【第２章事業継続計画および取組みの内容】に沿って、企業の事業継続の取組みを簡易にチェックできるように用意したものである。加えて、事業継続の取組みには何が必要かを見渡すにも有用である。

また、本チェックリストは、企業の自主的な取組みを推進するためのものであるが、これを用いた点検結果については、経営者自らが把握すべきである。

ここで＊印をつけた重要項目は、ガイドライン本文で必要であるとした項目およびそれに準じた項目である。ガイドラインに沿って事業継続に取り組んでいると表明した場合、これら重要項目を満たしていると予期されることに留意が必要である。

なお、設問内容の詳細については、ガイドライン本文を参照願いたい。

＊印がついている項目は、重要項目

2.1　方針

＊□①経営者は災害時の事業継続計画づくりに取り組むことを決定し、かつ、これを社内に周知しているか。

＊□②経営者は事業継続の基本方針を策定しているか。

＊□③経営者は社内外の関係者に対して事業継続に関する活動について説明しているか。

＊□④事業継続の基本方針は、取締役会または経営会議の決議を経ているか。

□⑤承認された事業継続の基本方針を公表しているか。

＊□⑥経営者は基本方針に沿った活動を行うために、必要な予算や要員などの経営資源を確保しているか。

＊□⑦経営者は自社の計画策定に際して、自ら参画するスケジュールを確保しているか。

2.2　計画

＊□①企業が年次計画を立てる際に、併せて災害時の事業継続に関する年次計画を作成しているか。

＊□②事業継続の年次計画は、経営トップが了承した企業全体の経営計画の中に含まれているか。

2.2.2.1　停止期間と対応力の見積もり

＊□①主だった製品やサービスの供給停止が、生産量の減少、利益損失、賠償責任金額、信用失墜（顧客離れ）、資金繰りの悪化などの面から企業経営に及ぼす影響を評価し、どの程度までの停止期間に耐えられるかを判断しているか。

2.2.2.2　重要業務の決定

＊□①影響度評価を踏まえ、災害時に優先的に継続すべき重要業務を選定しているか。

□②停止期間に伴う各業務への影響を定量的に評価しているか。

2.2.2.3　目標復旧時間の設定

＊□①影響度評価の結果や、取引先や行政との関係、社会的使命等を踏まえ、その重要業務の停止が許されると考える目標復旧時間を設定しているか。

＊□②目標復旧時間が契約や特別な法律・条例等で定められている場合、それに準じて目標復旧時間を設定しているか。

2.2.3　重要業務が受ける被害の想定

＊□①事務所・工場、機材、要員、原料、輸送、梱包、顧客など様々な対象に与える影響を考慮して、重要業務の被害の程度を想定しているか。

2.2.4　重要な要素の抽出

＊□①重要業務が受ける被害の想定に基づき、生産の再開や業務復旧に欠かせない主要な生産設備や情報などの資源を重要な要素として把握しているか。

＊□②重要な要素は複数のものを想定し、継続的に見直しを行っているか。

2.2.5.1　指揮命令系統の明確化

＊□①事業継続の組織体制と役割および指揮命令系統を明確にしている

か。

＊□②事業継続の組織体制において、経営層の中から対策責任者を任命しているか。

□③部門を越えた動員体制を構築しているか。

＊□④災害対策本部長や各部門の対策実施本部長の権限委譲や代行順位についてあらかじめ定めているか。

2.2.5.2　本社等重要拠点の機能の確保

＊□①災害発生時に災害対策本部長や幹部社員などが集合する場所を複数選定しているか。

＊□②被災地での業務の再開以外に、非被災地での業務の継続も検討しているか。（例えば、被災地以外の拠点や工場に指揮命令権を移すなど。）

2.2.5.3　対外的な情報発信および情報共有

＊□①災害発生後、関係者との情報共有を図り、いわゆるブラックアウト（企業活動が関係者から見えなくなる、何をしているのか全然わからない状況）を防ぐための対策を講じているか。

＊□②情報収集・伝達、広報体制の確立につき十分に考慮されているか。

2.2.5.4　情報システムのバックアップ

＊□①必要な情報のバックアップを取得し、同じ災害で同時に被災しない場所に保存しているか。

□②遠隔地の文書・電子データ保存サービスを活用しているか。

＊□③特に重要な業務を支える情報システムについては、バックアップシステムを整備しているか。

＊□④平常運用へ切り換える際に障害が発生するのを防ぐため、情報システムの詳細な復帰計画を策定しているか。

□⑤自家発電装置、電源や回線など、設備の二重化を実施しているか。

2.2.5.5　製品・サービスの供給関係

＊□①平時から原材料・部品の供給、輸送、生産、販売などに携わる関連企業の事業継続に関する情報を収集するとともに、自社の事業継続計画について関連企業の理解を得るよう努めているか。

□②被災地以外での代替生産を検討しているか。

□③部品・材料の供給元の代替性を確保しているか。

□④サプライチェーン発注元・発注先の協力をあらかじめ取りつけているか。

□⑤ OEM の実施・同業他社との応援協定を利用しているか。

□⑥適正在庫の考え方を見直しているか。

2. 2. 6. 1　生命の安全確保と安否確認

*□①お客様および役員・従業員、協力会社、派遣会社社員などの命を助けるために、救急救命ができる要員を検討しているか。

*□②災害発生直後、役員および従業員の安否確認を速やかに行うことができるか。

2. 2. 6. 2　事務所・事業所および設備の災害被害軽減

*□①事務所・事業所や設備の耐震化に努めているか。

*□②製造機器、付帯設備、什器備品の転倒防止に努めているか。

□③風水害の危険地域に事務所・事業所がある場合には、製造機器、付帯設備、什器備品などに対策を講じているか。

2. 2. 6. 3　二次災害の防止

*□①火災・延焼防止、薬液などの噴出・漏洩防止などの安全対策を実施しているか。

*□②危険が周辺に及ぶ可能性のある場合、周辺住民への危険周知や避難の要請、行政当局への連絡・連携を事業継続計画の中に盛り込んでいるか。

*□③安全対策を実施する要員をあらかじめ確保するとともに、招集訓練を実施しているか。

2. 2. 6. 4　地域との協調・地域貢献

*□①事業継続計画の策定・実施にあたり、交通渋滞の発生や物資の買占めなど地域の復旧を妨げることのないよう留意しているか。

*□②災害直後の期間内は、応急対応要員以外の従業員に出勤を求めず、自宅周辺の人命救助、火災防止、弱者支援など地域の安全確保に貢献する機会をつくることを検討しているか。

□③地元地域の早期復旧や災害救援業務に貢献するため、市民、行政、取引先企業などとの連携を検討しているか。

2.2.6.5　共助、相互扶助

□①企業の隣組、サプライチェーン、同業他社などとの共助の仕組みを作っているか。

2.2.6.6　その他の考慮項目

□①就業時間内の被災を想定し、従業員が自宅に戻るまでに必要な水・カンパン、トイレなどを準備しているか。

＊□②業務復旧に従事するコアメンバー用に、業務・生活のための備蓄を確保しているか。

＊□③従業員を救出するための機材（バールなど）をある程度備えているか。

□④従業員の家庭における被害の軽減に取り組んでいるか。

2.3.1　事業継続計画の対応の実施

＊□①事業継続計画の運用のための予算を確保しているか。

＊□②年次計画の中で事業継続計画に従った対応を実施しているか。

2.3.2.1　計画書およびマニュアルの作成

＊□①事業継続に係る部門別や役割別の計画書を作成しているか。（重要業務を目標復旧時間内にいかに実現するかという方法論を含むもの）

＊□②事業継続を実現するための手順を記したマニュアルを作成しているか。

2.3.2.2　チェックリストの作成

□①事業継続に最低限必要な実施項目を網羅したチェックリストを準備しているか。

2.3.3　財務手当て

□①事務所・事業所が被災した場合に備えて、保険や銀行の災害時融資予約および自治体の災害時ローンなどを検討しているか。

2.3.4　計画が本当に機能するかの確認

＊□①重要業務が目標復旧時間内に復旧できるかどうか実際に確認しているか。

＊□②復旧に必要な資機材を定めた時間内に調達できるかどうかを確認しているか。

＊□③手作業で業務処理を行う場合、業務処理量が現実的かどうかを模擬訓練（シミュレーション）も含めて確認しているか。

2.3.5　災害時の経営判断の重要性

□①経営者（災害対策本部長）および事務局部門は、予測を越えた事態が発生した場合には、策定していた計画に固執せず、その計画をたたき台に臨機応変に判断していくことの重要性を認識しているか。

2.4　教育・訓練の実施

＊□①事業継続が実践できるよう、教育・訓練を継続的に行っているか。

＊□②マニュアルの内容を熟知した要員を育成しているか。

2.5　点検および是正措置

＊□①業務を振り返る機会に併せて、定期的に（年１回以上）事業継続の取組状況を評価しているか。

＊□②実施できていないところを把握し、日常業務の中で取り組めるところはその都度改善しているか。

＊□③事業継続の取組状況の評価結果や改善内容が経営者に報告されているか。

2.6　経営層による見直し

＊□①経営者は定期的な点検結果を踏まえて改善点を洗い出し、事業継続の取組み全体を見直し、次年度以降の方向性を打ち出しているか。

＊□②事業の大幅な変更・再構築、事業拡大、新製品の導入、事業所の移転など重要業務に変更などが生じた場合、その都度事業継続の取組み全体を見直しているか。

出所：(『事業継続ガイドライン　第二版』内閣府独立行政法人印刷局　平成17年)

4. 災害マニュアルの位置づけと構成内容

災害危機管理について、国の中央防災会議では地震防災は対策強化を重点に「減災」戦略を打ち出している。これは大規模地震での人的被害、経済的被害の軽減について、達成時期を含めた具体的目標（減災目標）を定め、地域防災戦略を策定したものである。地域や企業の場合でも、いかに人的被害、経済的被害を軽減するかという「減災」概念は重要であり、さらに信用、ブランド・イメージなどの無形資産の減災を含めた防災マネジメントが求められるといえよう。

災害・防災への対策は経営トップによる基本方針を「防災方針」や「防災対策規程」として、目的や対象をあらかじめ決めておかなければならない。近年、これらは「災害・防災マニュアル」として規定されることが多くなった。災害対策の基本方針と対応のルールを理解、共有化し、災害発生時に迅速で適切な組織的行動がとれるようにするためである。

マニュアルには基本、実施、公開の三種類があるが、災害・防災マニュアルは基本マニュアルの一種と考えてよい。災害・防災マニュアルの作成にあたっては、災害危機管理委員会などで、全社、地域、事業所レベルでの過去に発生した自然災害や人為的災害について、発生事例などを調査し、留意事項を確認して、マニュアルの内容に反映させていく。

防災マニュアルは次のような構成で内容を検討しておきたい。

❶災害・防災マニュアルの目的と対象

・災害・防災への備えの重要性の認識と、何を守り、なぜ事業継続を図るのか（目的）。
・自然災害だけなのか、人為的災害やその複合災害を加えるのか（対象）。
・想定される被害はどのようなものか（人的、資産、利益の損失、賠償責任、売上減少、信用の失墜等）（想定被害）。
・想定される被害の発生確率と衝撃度の予測（優先順位づけ）。
・災害・防災マニュアルを適用する対象者の範囲は…（適用範囲）。
・実際の災害・防災時にはどのように行動すればよいのか（行動指針）。

❷災害・防災対策の基本方針

・顧客、社員、関係者の生命の安全、資産保全、事業継続、二次災害防止、地域住民への貢献（災害対策基本法第七条）等の目的は明確か。
・どのような基本姿勢で災害・防災対策に臨もうとしているか（自助、共助、公助、地域・行政との連携による地域防災力の向上）。
・どのような防災管理体制で対応しようとしているのか（防災マネジメント、防災会計、防災情報の受発信環境整備、防災教育・訓練、人材育成等）。
・防災会計を導入し、管理に活用するとともに説明責任と情報開示への対応をしているか。

❸災害・防災対策本部の設置と解散

・どのような状況下で設置するのか（対策本部は緊急時の非常体制）。
・設置の場所はどこに、どのような形をとるか（本社、事業所、工場、海外拠点、保養施設など）。
・災害情報が本部に一元的に入り、管理する仕組みになっているか（情報の一元化）。
・事業の中止、再開の判断基準と意思決定の仕組みが決められているか（ＢＣＭ）。
・どのような本部組織にすればよいか（八七頁の「緊急対策本部の組織」図参照）。
・災害対策本部と現地との関係や、役割分担が決められているか（本部と現地の関係と役割）。
・日常業務への復帰と本部長指示の解除をもって解散とするか（本部の解散）。

〔平成23年（2011年）東北地方大平洋沖地震〕

項　目	データ	
発生日時	平成23年３月11日14時46分	
震源及び規模（推定）	三陸沖（北緯38度６分、東経142度52分、牡鹿半島の東南東130km付近）深さ24km、マグニチュード9.0	
震源域	長さ約450km、幅約200km	
断層のすべり量	最大20～30m程度	
震源直上の海底の移動量	東南東に約24m移動、約３m隆起	
震度（震度５強以上の地域震度）	震度７	宮城県北部
	震度６強	宮城県南部・中部、福島県中通り・浜通り、茨木県北部・南部、栃木県北部・南部
	震度６弱	岩手県沿岸南部・内陸北部・内陸南部、福島県会津、群馬県南部、埼玉県南部、千葉県北西部
	震度５強	青森県三八上北・下北、岩手県沿岸北部、秋田県沿岸南部・内陸南部、山形県村山・置賜、群馬県北部、埼玉県北部、千葉県北東部・南部、東京都23区、新島、神奈川県東部・西部、山梨県中部・西部、山梨県東部・富士五湖

『平成23年版防災白書』内閣府（気象庁資料・海上保安庁資料による）

❹災害発生時の通報・コミュニケーション環境整備（情報共有と通報体制）

・災害・防災に関する情報認知度を高める（観測情報、注意情報、予知情報、ハザードマップなど）。
・災害発生時、どのような連絡経路をとるのか（通常職制ではない非常時連絡のルール規定）。
・社員（正規、非正規）やその家族への連絡ルートや方法は決められているか（安否確認）。
・周辺住民への情報連絡と彼らからの情報収集のルートは整備されているか（地域情報）。
・通常の通信手段である一般電話回線が不通の場合、固定電話・携帯電話が通話できない場合、停電で電子メールも使用できない状況のとき、どのような情報伝達をするのか。その共有化はできているか（緊急時通信手段）。
・災害発生直後の緊急性のない電話の利用を控えることが伝えられているか（電話使用の自粛）。
・対策本部とのホットラインは確保できるか（本部ホットライン）。

《危機管理カード》

災害や緊急時のために、社員が手帳や名刺入れに入る大きさの緊急時カードを配布する。表には災害時の緊急連絡先（電話、ファックス、携帯、電子メールアドレス等を記載）、裏面には簡潔な連絡ルートを記載する。また同じ大きさでも小冊子にして、危機時の行動基準を記載したものを用意しておくとよい。

❺初期行動と救援活動（初動対応）

・火災、地震等災害時には周囲に大声やブザーで伝達し消火活動などができるか。
・職場における相互の声かけ、責任者からの適切な指示などが示されているか。
・地震時脱出前に火元や電源を切り、火災発生時には消火器による初期消火を指導しているか。
・エレベーター（昇降機）内での適切な緊急行動について触れられているか。
・救援物資の輸送方法をどうするか（ライフラインの整備と輸送手段である自動車、自動二輪車、自転車、船舶等の活用）。
・救助活動、人的救援や救急医療のルールや移動手段、病院とのコンタクトをどうするか（応急処置、重傷者優先━トリアージによる搬送、医師の診断）。
・救援要因となる危機管理担当要員が不足のときはどうするか（近隣社員、帰宅困難者による支援）。
・周辺住民への被害の確認と救助をどうするか。
・救急・救護活動のため、緊急車両以外の車両通行を制限するか。

《エレベーターでの閉じ込め》

震災時にはエレベーター（昇降機）が停止、閉じ込められることが懸念される。平成十七（二〇〇五）年の七月、東京都区部で震度五以上を観測した千葉県西部地震では、東京圏一都四県で、約六万四千台が停止し、七八件の閉じ込めが発生した。もし震度七クラスならさらに相当数が停止し、長時間の閉じ込めが予想される。業界でもP波の感知で最寄の階に停止させる装置を開発しているが、十分ではない。エレベーター協会では揺れを感じたら、すべてのボタンを押し、停止階で外に出るよう指導している。

❻現場の緊急時対応と事業体制（緊急時対応と事業継続体制の復旧）

・損壊施設、設備など危険な場への立ち入り禁止対策はあるか。
・火気、有毒ガス等危険がある設備、機器類を緊急停止することを決めているか。
・被災状況を確認後、生産ラインをどう補完するか（他工場や他社との連携による代行生産などサプライチェーン・供給網の確保はできるか）。
・原材料や部品の搬入、製品の搬出や輸送のルートをどうするか。
・顧客、取引先、社員、作業従事者の避難の経路とルールはできているか。
・営業やサービス業務をどうするか（他地域事業所で代行営業できるか、業務委託できる事業所はあるか、現地に救援スタッフを派遣するかなど）。
・緊急時のマスコミ取材対応などの窓口は原則として本部広報に一元化されているか。
・事業責任者が対応するときの本部広報との連絡、調整ルールはできているか（緊急時広報については第五章を参照）。

なお緊急事態の発生は時を選ばず、業務時間内に起こるとは限らない。時間外、夜間、休日も含めて二通りの連絡網と緊急対応策を講じておかなければならない。

《帰宅困難者》

首都圏、大阪圏や名古屋圏の都市部で昼間地震が発生すると多数の人々が職場から帰宅できなくなる。そのため普段から安全に徒歩で帰宅できる経路を確認し、家族と連絡ができる手段を複数準備しておく。災害時には交通機関が止まり、主な鉄道の駅には乗客が集中する。混乱が予想されるため、基本的に遠距離を通勤している者は職場にとどまるか、同じ時間帯の帰宅行動を慎まなければならない。企業、官庁、学校、病院、事業所などでは、社員、職員、生徒、学生、患者を一定期間残留できるような態勢を整備して、帰宅可能者には途次の安全のため地図、水、軽食量、懐中電灯などの備品・用品を提供する。来客者にも同様の扱いをする。平成二十三年三月の東日本大震災や同年の台風十二号では、新宿駅などで帰宅困難者があふれ、都庁や区役所などに押しかけた人達の水、食料等の供給に問題が発生した。東京の築地本願寺など大きな寺院の中には一時避難場所として本堂を開放し、多数の人々におかゆやお茶などを提供、地域支援に貢献したところもあった。帰宅困難で残留する社員、職員には近隣や地域と連携して救援活動などに参加してもらうようにするのがよい。

5. 災害への事前対策

災害については以下のような点をチェックし、準備しておかなければならない。

❶建物や施設の立地や基礎構造の検証

・地震、風水害および火災などにおける弱点はどこか。

・どれくらいの規模まで耐えられるか（耐震強度、防火・防水、測定と補強）。
・耐えられずに倒壊した場合はどうするか（代行業務の場所を決めておく）。

❷建物や設備について

・建物等の耐震診断、改修ができて検査を受けたか（「耐震改修促進法」など）。
・適切な緊急避難所を社内あるいは近隣に確保できているか（窓から避難可能で、防火戸で閉鎖できる空間があるか）。
・高層ビルの避難階段やエレベーターなど緊急避難が可能かどうか。
・緊急時の施設、設備・備品があるか。また定期点検されているか。
・被災時の自家発電が可能か（発電機はいつでも使用できる状態か）。
・危険物、危険な設備を削減できているか（危険物の運び出し方法や移動が不可能な場合の安全対策）。
・火災報知機や消防・防災用設備、用具の設置、点検はできているか。
・共同ビルでの共同防火、防災体制ができているか。
・重要書類データの保管や複製による分散保管やバックデータはできているか（アナログ、デジタルの両方でのデータ保管）。
・ビル管理会社、設備メンテナンス会社、テナント会社等の間で役割分担はできているか。
・地震保険など被災時の対物修復へのファイナンスの備えはできているか。

・避難後、建物、施設に復帰する判断の基準は共有化できているか。
・社内の設備、什器、備品は固定されているか。

❸社員、職員への防災教育と訓練

・平素より災害危機への意識（マインド）と知識の教育や学習支援する効果的プログラムがあるか。
・災害・防災対策の基本方針やマニュアルを組織内に浸透させるための教育研修やインハウス・コミュニケーションは十分か。
・防災訓練の目的や意義の理解を前提に訓練が企画、実施されるか。
・対象が正規のみでなく非正規の社員、職員も参加して実施するか。
・全社的総合訓練だけでなく、個別事業所の訓練を実施するか。
・行政や地域等と連携した訓練も実施するか。
・ケースを設定したシミュレーション・トレーニングを実施するか。
・訓練の反省、成果、留意点の報告、議論、分析はなされているか。

6. 災害後の復旧対策

災害の渦中での緊急事態への対応が一段落したら、二次災害防止への対策を講じなければならない。対策本部の指示はもちろん、各現場での臨機応変の対応が望ましい。ルールを決め、防災マニュアルに記載し、データベース化して効果的な対策を実施すべきである。この災害防止への対策が終わると、復旧への体制や対策づくりを進めなければならない。

❶復旧の体制づくり

・被災後、社員、職員等の関係者のダメージを考慮し、復旧への具体的体制をどう整備するか。
・災害対策本部を引き続き復旧体制の拠点にするか。新たな機関を設置するか。
・災害の記録や対策本部への報告はできているか。
・被災状況の把握、分析により、優先事項の選定など復旧計画の企画、立案が早期にできるか。
・事業の継続、早期再開へのＢＣＰ（事業継続計画）が実践可能か。またどうすれば可能になるか。
・電気、建物、システムなど修復への業者の確保は普段から維持できているか。
・本社、事業所、事務所等が崩壊のときは仮本社、事業所をどこにするか。複数拠点が用意されているか。

❷復旧時に行うこと

・中核業務の事業再開後、近隣地域への支援・協力に参加できるか。
・被災時の資金準備はできているか（通常運転資金の二か月分程度をプールしておきたい。公的融資、銀行融資、保険金などへの過度な依存と期待は禁物である）。
・取引先とのサプライチェーンの維持、回復についての対策はとられているか。

・謹告、お詫び、お知らせ、お見舞い、見舞い御礼広告などの出稿の段取りはできているか。それらのメッセージをウェブでも発信するか。

・コンピュータ関連のバックアップ、情報セキュリティの安全を確認、情報漏洩していないか。また早期に回復できるか。

・関係する行政官庁、公的機関等への連絡、報告、手続きなど速やかに進められるようにする役割の分担は浸透しているか。

・災害対策、復旧対策、危機管理関係要員による反省と失敗要因の分析、検証会議を開催することを制度化しているか。またそれらを報告書にまとめ、次の災害の事前対策に反映できるようにしているか。

《災害に強いガソリンスタンド―地域住民のためのライフライン》

全国石油商業組合連合会のガソリンスタンドでは、万一災害が発生したときのために、様々な支援を行うシステムを用意し、地域住民のためのライフラインとして話題をよんでいる。

例えば静岡県の組合では、災害時に給油所を防災・安全の拠点として活用するため「大規模災害時協力ガソリンスタンド登録制度」を進めている。登録したガソリンスタンドでは、災害が発生したときに、次のような支援を行っている。

①防災用品や消火器などの貸し出し

②救出活動の手伝いと警察署や消防署への報告
③周辺の被害情報の関係機関への報告
④周辺住民の安否情報のための掲示板の提供
⑤給油所を、一時的な緊急物資の保管場所や住民の避難場所として提供
この他に、地震や土砂の情報を盛り込んだ「ハザード情報マップ」を作成した。

また、「災害対応型給油所」を全国一一九ヵ所（平成十九年七月現在）で設置している。災害対応型給油所とは、災害時に電気、水道がストップした場合でも、自家発電設備や貯水設備の整備により自立機能を持った、いわば災害に強い給油所で、次のような①あるいは②のそれぞれのいずれかの設備を設置している。

①太陽電池発電設備

・太陽光発電設備……災害時にも蓄電池に蓄えられた電気で給油所の機能を維持
・内燃式火力発電設備……天候に左右されずに安定した電力を供給

②給水設備

・貯水設備……災害で送水停止になった場合でもしばらくの間、給油所の運営ができるように、生活用水を貯水
・井戸設備……井戸水を利用できるように井戸を設置

7．東日本大震災に学ぶ教訓―見直すべき大規模災害への備え

❶広域複合災害としての東日本大震災

二〇一一（平成二十三）年三月十一日の東日本大震災が未曾有の被害をもたらしたことは言うまでもない。被災地ではすでに震災から約一年が経過したにもかかわらず、今日なお復興が十分進まず、いまだ安定した職もなく、仮説住宅での生活を余儀なくされている被災者も少なくない。また被災地には商工業、農林水産業もほとんど回復していない地域もある。

東日本大震災の特徴は広域にわたる複合災害である。気象庁の命名による「東北地方太平洋沖地震」は遡上高約四〇メートルを記録したといわれる大津波、現在も続く福島第一原子力発電所の過酷事故による放射性物質の拡散と漏洩、それによる風評被害、電力供給障害など、地域住民の生活を妨げ、健康、生命への影響も懸念される事態となっている。「まったく同じ災害は二度起きない」と言われるように、建物倒壊による圧死、火災による焼死の多かった阪神淡路大震災に比べ、人的被害が大きい。その内訳は大津波による水死が九三％と圧倒的で、建物等による圧死、焼死はそれほど多くはない（※震災から一年目、二〇一二（平成二十四）年三月十一日現在で死者一万五八五四人、行方不明三一五五人―警察庁）。だが原発事故も加わり、被災者の生活や商工業、農林水産業等の経済活動の被害は極めて大きい。ＯＥＣＤ（経済協力開発機構）によれば、二〇一一（平成二十三）年、

日本経済は経済成長率ゼロ％との見通しを出している。東北太平洋沿岸地域は宮城県仙台市を中心に、建材や部品等の部材製造の要諦地であったため、震災により自動車、半導体、エレクトロニクスなどのサプライチェーン（供給網）の途絶を招き、部材調達に支障をきたして産業面に大きなダメージを与えた。

原発事故では震災直後、政府の幹部や東京電力は過酷な事態への対応の不十分さを詰問されるとエクスキューズ・メッセージとも受け取れる「想定外」を発信していたが、時間の経過と共に人災的要因によるものであったことが判明し、国民に受け入れられなくなった。また被災地域の企業、事業所の巨大地震や大津波への災害危機管理や事業継続管理の体制が必ずしも十分でなかったことが明らかになりつつある。今日プレートや地下断層などの活動はなお活発化していると言われ、千島から日本海溝に掛けての東北太平洋側、房総半島、東海、東南海など広域連動型の大規模地震の発生の可能性について指摘する研究者、研究調査機関は少なくない。東京大学平田直教授によれば、首都直下型のＭ７クラスの地震が四年以内に発生する確率は七〇％という。災害危機管理、事業継続管理については今回の東日本大震災を教訓にして、すみやかに計画、実施する必要がある。

❷災害危機管理は「防災対策」から「マネジメント」

東北地方太平洋沿岸部は二〇〇五（平成十七）年九月「日本海溝・千島海溝周辺海溝型地震に係る地震防災対策の推進に関する特別措置法」が施行され、「平成二十二年度防災白書」（内閣府）では「宮城県沖地震をはじめとする緊迫性」が指摘されていた。したがって「想定外」というのはマグニチュード9までの地震は想定できなかったということになる。だが、災害危機管理やリスクマネジメントは最悪事態を想定して進めるのが基本であり、恣意的に範囲や規模を限定する予測はそれ自体がリスクとなる。

災害危機管理は単なる対策ではない。ＰＤＣＡ（プラン、ドゥー、チェック、アクション）サイクルを継続して実施する継続的な管理過程即ちマネジメントである。単なる防災対策を幾つか実施して終わるものではないのである。

災害危機管理は、平常時に災害の予測と評価、対策、体制を確立、発災時には迅速な組織的初動対応によるダメージの最小化、収束・復旧時には事業の部分的再開と現状修復への努力が求められる。三局面での目標と対応処置を事業継続を前提にして実施できる体制を整備し、常時確認、見直し、訓練を実行しておかなければならない。あくまで不断に続けるマネジメントが必要である。従来は「防災マネジメント」とも呼ばれていたが、現在は損失や被害を減らす「減災」を目標とする「災害リスクマネジメント」が求められているのである。

❸事業継続管理（ＢＣＭ）はなぜ必要か

事業継続管理―ビジネス・コンティニュイティ・マネジメント（ＢＣＭ）と災害危機管理との相違を考えると、前者は最も中核となる事業の再開目標時期や日程を決めて実施するためのマネジメントで、そのための計画（プラン）を特定のシナリオとして策定したものがＢＣＰである。平たく言えば、本業の中で最も大切な製品やサービスの提供だけは被災しても継続するか、中断したときはできるだけ早く、部分的にでも再開できるようにするための計画と言えるだろう。

すでに新潟県中越沖地震の折、強い余震が長期間続いたために、電気や自動車の油圧部品メーカーが生産に支障をきたし、製造が出来ない状況となり、大手自動車メーカーのほとんどの車の生産に影響したものである。中小や中堅の部品メーカーであったとしても、代替事業所、代替用品の調達先、代替要員など事業継続計画を平素よりたてておくことの必要性が明確になったのである。

製造業における中小企業のサプライチェーンは一度中断すると大企業からの受注が難しくなり、再び取引をしてもらえないか、市場のシェアを失ってしまう、という事態になりかねない。特に最近は電子部品のモジュール化が進んでいる。ひとたび信用や業績が低下すると、金融機関からの融資も厳しくなり、被災の痛みの上にさらに重い試練が重なる。中小企業の場合、過大な債務を抱える二重ローンの問題も出てきている。

事業継続管理は単体企業だけではなく、取引先やサプライチェーン全体に関わる事業者、企業が相互に連携して、計画し、実施することが望ましい。

❹実効性の上がる事業継続管理

災害時のための事業継続管理はＩＳＯ（国際標準化機構）のＩＳＯ／ＤＩＳ二二三〇一として規格化が進められている。日本でもＢＣＭへの計画策定（ＢＣＰ）の制度化の動きがあり、近い将来実現されると思われる。中小企業向けに中小企業庁や商工会議所ではＢＣＰフォーマットをウェブ上に公開、作成を容易にしており、今後策定する企業数は増加するだろう。

策定の留意点として、第一に業務中断から中核事業の再開まで基本的に一日から二日を目標値とするケースが多い。第二に中核的業務の選び方の着眼点は、緊急度の高い業務で企業業績に直結し、顧客や市場シェアを失う怖れのあるものと考えられる。第三に安否確認の迅速化、優先業務遂行への要員確保や業務の標準化と権限委譲、システムのバックアップ体制整備、生産（ハード、ソフト）設備や事業所等の代替性確保、支援（バックアップ）協力企業等とのネットワークの構築などがある。

ところが東日本大震災では、BCPを策定していても十分機能しなかった企業も少なくない。実効性をもたせるポイントにはいくつかある。まず中核的基幹業務を事業領域（ドメイン）に適合させ、明確化しておく必要がある。本社、本店、被災地の代替拠点はあったか、経営者が実施への意欲を示し、BCMを社内に浸透させせようとしているか、BCMに必要な経営資源（ヒト・モノ・カネ・情報など）の配分は十分か、トップ不在でも代替指導者はいるか、などが留意点となる。

また福島第一原発事故から学ぶ教訓として、津波や放射性物質拡散への対策がある。「TSUNAMI」はいまや世界共通語となり、日本の象徴的災害と言えよう。これを機会に津波をはじめ、風水害の防災教育を、座学、図上訓練、演習の三本だてで年二回位は実施するのが望ましい。これによって〝安全ぼけ〟と言われる正常性のバイアス（偏見）から脱し、実際の行動に結びつけることができる。

東日本大震災やタイの大洪水は日本の企業や経済社会に甚大な被害、損失を与えた。グローバル化の進展によって、災害への認識を変えなければならない。国内の事業所だけなく、海外の事業所や取引先などへの影響も考慮する必要がある。また自然災害によって、事業が停止に追い込まれた場合、社会から同情されるのを期待するものではなく、関係者に迷惑をかけることになる、と考えなければならない。事業を継続することが社会責任（ＳＲ）と言われる時代になっている。天災だから仕方ないではない。取引先や顧客は回復まで注文品やサービスの提供を待ってくれるものではない。来たるべき巨大災害に向けて、組織の大小を問わず災害危機管理の中に実効性あるＢＣＭを折り込んだマニュアルと実践訓練によって常に組織の構成員が高い意識をもって災害に備えたいものである。

※第八章７「東日本大震災に学ぶ教訓」は『愛知経協』誌二〇一一年七月号（愛知県経営者協会発行）掲載分に加筆。

〔平成23年（2011年）東北地方大平洋沖地震〕

項　目	データ	
発生日時	平成23年３月11日14時46分	
震源及び規模（推定）	三陸沖（北緯38度６分、東経142度52分、牡鹿半島の東南東130km付近）深さ24km、マグニチュード9.0	
震源域	長さ約450km、幅約200km	
断層のすべり量	最大20〜30m程度	
震源直上の海底の移動量	東南東に約24m移動、約３m隆起	
震度（震度５強以上の地域震度）	震度７	宮城県北部
	震度６強	宮城県南部・中部、福島県中通り・浜通り、茨木県北部・南部、栃木県北部・南部
	震度６弱	岩手県沿岸南部・内陸北部・内陸南部、福島県会津、群馬県南部、埼玉県南部、千葉県北西部
	震度５強	青森県三八上北・下北、岩手県沿岸北部、秋田県沿岸南部・内陸南部、山形県村山・置賜、群馬県北部、埼玉県北部、千葉県北東部・南部、東京都23区、新島、神奈川県東部・西部、山梨県中部・西部、山梨県東部・富士五湖

『平成23年度 防災白書』内閣府編、佐伯印刷㈱、平成23（2011）年（気象庁資料･海上保安庁資料による）

あとがき

本書ではリスクマネジメントや危機管理における、マスメディアへの対応やリスク・コミュニケーションについてかなりの紙幅《しふく》を費やした。それは不測事態の発生時におけるマスメディアの報道のあり方が、社会における信用やブランドイメージ、あるいは市場や社会における価値評価に大きな影響を与えるからである。

しかし、何でもマスメディアへの対応を巧妙に行えばよい、ということではない。マスメディアに具体的事実や責任の不明確のまま、深々と頭を下げるスタイルの謝罪会見は、グローバルな世界ではあまり一般的なこととは言えない。責任が何であるか、誰に対して謝罪するのか、を分かる形で発表し、損害賠償や具体的な再発防止策を実行することの方がより求められていることである。頭を下げて謝罪の言葉を述べ、辞任すれば済むものではない。これからは市民社会がそれで納得しなくなるだろう。

知人である全国紙新聞社幹部が現役記者時代の印象深い体験談を語ってくれた。いまから約十年前、アフリカの某国にヨーロッパ某国の旅客機が墜落し、多くの死亡者が出た中で邦人も何名か含まれていた。記者会見の場で航空会社が事故の事実関係を説明しようとすると、日本やアジア諸国からの遺族達が説明より先に「まず謝れ」と叫ぶ。ところが欧米の遺族たちは、まず事実の経過を説明してほしいと要求するので悶着《もんちゃく》があった、というのである。

日本では不測事態が起きると、発生したこと自体について「あってはならないことが起きて申しわけありません」と陳謝する。しかし人間の社会は完璧などありえないわけだから、これからも事件や事故は起き続けるであろう。リスクマネジメントはその発生確率を低くし、衝撃度を最小化し、当事者、関係者、社会への影響を減らし、早期に原状回復するために必要なのである。不測事態が起きたとき、発生事実をもってマスメディアが批判的でエモーショナルな報道をするために、事実の隠蔽をする風潮ができたのではないだろうか。従来のわが国の報道姿勢もグローバル化の中では反省し、意識改革しなければならない。

環境の変化は著しく企業も行政もあらゆる組織や個人にとって新たなリスクが生まれ、拡大している。不測事態が発生したら、その具体的事実が事前に予測され、対策がとられていたかどうか、実際発生したときにはどのように対応したのか、これらが責任問題とともに重要なポイントになってくる。

またリスク・コミュニケーションにおいて、マスメディアの対応も含め情報開示(ディスクロージャー)が大きな焦点になってくる。なぜ情報は開示されなければならないのか、なぜこれまで情報隠しをする傾向があったのか。まず前者については、企業でも行政でもステークホルダー(利害関係者)に対する説明責任を果たすことが求められているからである。情報開示し、分かりやすく説明することによって責任を果たし、透明性を高め、信頼を得ることができる。

開示する段階で、ただデータやら専門的文書をそのままディスクローズするのではなく、生活者市民にも分かるように説明する義務がある。これが説明責任（アカウンタビリティー）である。マスメディアに公表し、社会部記者にも分かりやすく説明することは生活者市民にも理解してもらうことにつながり、アカウンタビリティーを果たしたことになるのである。最近注目されているコーポレート・ガバナンスが企業組織内部におけるチェックシステムだとしたら公共社会への公表はパブリック・ガバナンスを果たすことになるだろう。

ではなぜ情報の隠蔽の風潮ができたのか。だいたい次のようなことが考えられる。まず第一に、自らの保身である。経営者も社員も組織における自分の立場や生活の方が、組織そのものの存在よりも優先する傾向がある。第二に、組織のソーシャル・ステータス（社会的名声）や価値が落ちることへの恐れである。思い込みの恐怖によって情報隠しをしてしまう。第三に、不祥事はあってはならないことなので、なかったことにしよう、とすることである。完璧主義の間違いである。第四に、バレるはずはない、という読みの甘さである。かつてのように一〇〇%組織人間と言われる正社員や正職員で構成されている訳ではなく、非正規社員・職員の割合がふえており、公益通報保護の流れから内部告発の多い時代である。また情報通信機器や事務機器がこれだけ発達している。内部情報は必ずといっていいほど外に露見するものなのである。

第五に、現在の大きな時代の流れとして、情報開示や説明責任がなぜ言われるようになっているか、の認識が薄い。グローバルにも国内的にも情報開示が経営体にとってサバイバルの基本条件である。透明性（トランスペアランシー）は口先だけのものであってはならないのである。これらの五つの隠蔽の要因は、すべて経営者、行政の首長、病院経営者はじめ社員、職員も意識変革しないと、今後それが何よりのリスクになってしまうであろう。

ちなみにリスクマネジメントについて金融、為替、保険などファイナンスの視点から論じられることがあるが、今回は主として組織経営における社会的リスク（法務、総務、人事、組織、社会摩擦等）工学的リスク（自然災害、事故、環境、製品安全、情報漏洩、コンピュータ）などを対象にまとめた。

今後リスクマネジメントや危機管理はＩＳＯも世界標準化を期して検討しているし、わが国の中央省庁や研究機関でも一層研究が進められるであろう。すでに日本ではＪＩＳ　Ｑ二〇〇一として規格化されている。だが現実に組織を維持、経営するうえではいま現在の実践的な対策も必要である。ここにまとめた内容は、いまの時点でのものであり、環境の変化によっていずれ対応の仕方も異なるものになるかも知れない。単なる事例分析でなくリスクマネジメントの基本の考え方から実践的な対応策まで論じたことが読者にとっていささかでもお役に立てば幸いである。

平成十三（二〇〇一）年十月　藤江俊彦

第五版あとがき

今回、初版より数えて五回目となる改訂を行い、書名を簡潔に『第五版　実践危機管理読本』と改めた。小幅な加筆訂正であるが、実務家や実学研究者など幅広い読者に長く活用頂いていることは誠に有難く、喜びとするところである。

リスクマネジメントや危機管理は現代のような複雑で動きの激しい時代の中で強く求められている研究分野ではないだろうか。事故、事件、不祥事から災害まで様々な危機管理事象が発生し、国内だけでなく、国境を越えたグローバルな形で拡散してきている。最近では食品偽装、不正会計、個人情報漏洩、杭打ちデータや自動車燃費データ改ざんなどが目立っているが、殊に日本の代表的ブランド企業による不正が多発していることは産業社会の劣化を思わせ、将来が懸念されてならない。

これまで版を重ねることができたのは読者諸賢はじめ関係者の方々のご助言、ご協力のたまものであり、また何より日本コンサルタントグループ清水正行会長はじめご担当各位のご支援のおかげと深く感謝申し上げる次第である。

平成二十八（二〇一六）年五月　端午の節句に

藤江俊彦

〈参考・引用文献〉

○『危機管理とリスクマネジメント』亀井利明　同文館出版（一九九七年）
○『リスクマネジメント総論』亀井利明　同文館出版（二〇〇四年）
○『企業と危機管理』片方善治　ＰＨＰ研究所（一九九五年）
○『クライシス・マネジメント』大泉光一　同文館出版（一九九七年）
○『企業危機管理』三島健二郎　ダイヤモンド社（一九九八年）
○『経営と倫理と責任』高田馨　千倉書房（一九八九年）
○『企業リーダーのための危機管理マニュアル』魚津欽司　社会思想社（一九九七年）
○『企業トラブル解決・予防法』菅原貴与志　こう書房（二〇〇〇年）
○『企業を危機から守るクライシス・コミュニケーション』東京商工会議所（二〇〇〇年）
○『リスク・マネジメントと危機管理』武井勲　中央経済社（一九九八年）
○『ビジネスリスクマネジメント』中央青山監査法人経営監査グループ　東洋経済新報社（二〇〇〇年）
○『リスクマネジメントガイド』三菱総合研究所政策工学研究部　日本規格協会（二〇〇〇年）
○『危機管理入門ハンドブック』日本在外企業協会（一九九六年）
○『顧客満足型マーケティングの構図』嶋口充輝　有斐閣（一九九四年）
○『多国籍企業の危機管理』大泉光一　白桃書房（一九九〇年）
○『企業倫理綱領の制定と実践』日本経営倫理学会（一九九八年）
○『在外米国企業のための緊急対策ガイドライン』日本在外企業協会（一九九九年）
○『経営リスクとセキュリティポリシー』楠正宏、川西宏昌　ソフトバンクパブリッシング㈱（二〇〇一年）
○『企業危機管理の時代』二見巌　産能大学出版部（一九九一年）
○『広告法規（新版）』岡田米蔵、梁瀬和男　商事法務研究所（一九九九年）
○『ファイル・企業責任事件 Vol Ⅰ・Ⅱ』リスク・ディフェンス研究会　蝸牛社（一九九七年）
○『企業対象暴力と危機管理』佐長彰一、林則清　きんざい（一九九七年）

参考・引用文献

○『海外における危機対応ガイドライン―誘拐・爆弾テロ・緊急時避難対策』日本在外企業協会（一九九六年）
○『リスクセンス』ジョン・F・ロス、佐光紀子訳 集英社（一九九九年）
○『ネット〈攻撃・クレーム・中傷〉の傾向と即決対策』田淵義朗、須賀明良 明日香出版社（二〇〇三年）
○『マスコミとうまくつき合う法』藤江俊彦 日本実業出版社（一九九四年）
○『現代の広報―戦略と実際』藤江俊彦 同友館（二〇〇二年）
○『はじめて学ぶマスコミ論』藤江俊彦 同友館（一九九六年）
○『はじめての広報・宣伝マニュアル』藤江俊彦 同友館（一九九七年）
○『よくわかる広報マニュアル』藤江俊彦 PHP研究所（一九九九年）
○『企業価値創造型リスクマネジメント』上田和勇 白桃書房（二〇〇三年）
○『危機対応のエフィカシー・マネジメント』高田朝子 慶応義塾大学出版会（二〇〇三年）
○『企業価値向上のためのコーポレートガバナンス』KPMGビジネスアシュアランス 吉川吉衛 東洋経済新報社（二〇〇三年）
○『企業の社会的責任』高巖辻義信、スコットデーヴィス、瀬尾隆史、久保田政一 日本規格協会（二〇〇三年）
○『リスクマネジメントと内部統制』トーマツ税務研究会出版局（二〇〇三年）
○「JRガゼット」誌第一八九号（二〇〇二年十二月号）JR東日本鉄道
○「CSRの潮流と重層的体制づくり―ガバナンスからリスクマネジメントまで」藤江俊彦、『TRIアングル』誌 東京リサーチインターナショナル第二七四号、二〇〇四年三月号（二〇〇四年）
○『企業リスクマネジメント』吉川吉衛 中央経済社（二〇〇七年）
○『基本リスクマネージメント用語辞典』監修・亀井利明編著・上田和勇、亀井克之 同文館出版（二〇〇四）
○『リスクマネジメントの理論と展開』南方哲也 晃洋書房（二〇〇一年）
○『平成一八年版防災白書』内閣府編 セルコ発行（二〇〇六年）
○『平成一七年版防災白書』内閣府編 独立行政法人印刷局（二〇〇五年）

○『平成二三年版防災白書』内閣府編　佐伯印刷（二〇一一年）
○『平成一六年版消防白書』消防庁編　ぎょうせい（二〇〇四年）
○『平成一八年版消防白書』消防庁編　ぎょうせい（二〇〇六年）
○『リスクマネジメント用語辞典』亀井利明監修　同文館出版（二〇〇四年）
○『災害危機管理のすすめ』高見尚武　近代消防社出版（二〇〇四年）
○『企業の地震対策と危機管理』小林誠、大石浩之　シュプリンガー・フェアラーク東京（二〇〇五年）
○「企業と防災—今後の課題と方向性」防災担当大臣設置・企業と防災に関する検討会議（二〇〇三年）
○『企業防災・危機管理マニュアルのつくり方』山村武彦、金融財政事情研究会（二〇〇六年）
○『広報PR＆IR辞典』藤江俊彦編著　同友館（二〇〇六年）
○『危機のマネジメント』E・サラス、C・A・ボワーズ、E・エデンズ編著、田尾雅夫監訳　ミネルヴァ書房（二〇〇七年）
○『ソーシャル・リスクマネジメント論』亀井利明　日本リスクマネジメント学会（二〇〇七年）
○『ソーシャル・リスクマネジメントの背景』亀井利明　危機管理士協会・日本リスクマネジメント学会（二〇〇九年）
○『リスクマネジメントの基礎理論と事例』亀井克之　関西大学出版部（二〇一一年）
○『これからの防災・減災がわかる本』河田恵昭　岩波書店（二〇〇八年）
○"THE POLAR BEAR STRATEGY" John. F.Ross, Perseus Books Publishing, 1999
○I.L.Janis, Crucial Decisions:Leadership in Policy Making and Crisis Management, 1989, New York: Free Press
○Nudell Mayer and Antokol Norman, The Handbook for Effective Emergency and Crisis Management, Lexington Book, 1998
○E. Salas, Clint A. Bowers & Eleana Edens, Improving Teamwork in Organization, 2001, Lawrence Erlbaum Associates, Inc.
○Crockford. N, An Introduction to Risk Management, 2nd edition Wood need-Faulkner Cambridge, 1986
○D.Tapscott/D.Ticoll, The Naked Corporation: How the Age of Transparency will Revolutionize Business, 2003, Free Press

〔サ　行〕

（シ）

〈索　　引〉

〔ア　行〕

（イ）

（ウ）

（エ）

（オ）

〔カ　行〕

〈著者略歴〉

藤江俊彦（ふじえ　としひこ）

昭和21(1946)年生まれ。慶応義塾大学法学部政治学科卒業。ビジネス・キャリア後、淑徳大学教授を経て、現在千葉商科大学政策情報学部、大学院政策情報学研究科委員長・教授。全能連認定マスター・マネジメントコンサルタント、日本広報協会広報アドバイザー、日本経営管理学会代表理事・副会長、日本経営管理協会副会長、日本リスクマネジメント学会理事、ソーシャルリスクマネジメント学会理事、危機管理システム研究学会会長（現在は顧問）、パーソナル・ファイナンス学会常任理事など学会、中央省庁、公共団体などで社会活動、公職多数。

〈主な著書〉

『改訂新版 実践危機管理読本』（日本コンサルタントグループ、2007年）
　・平成20年度日本リスクマネジメント学会賞受賞
『災害危機管理読本』編著（日本コンサルタントグループ、2009年）
　・平成21年度ソーシャル・リスクマネジメント学会賞受賞
『実践 危機管理読本』初版（日本コンサルタントグループ、2001年）
　・平成14年度日本リスクマネジメント学会優秀著作賞受賞
『価値創造のIR戦略』（ダイヤモンド社、2000年）
　・平成13年度実践経営学会賞「名東賞」受賞
『現代の広報―戦略と実際』（同友館、1995年）
　・平成8年度日本広告学会賞受賞、日本図書館協会選定図書
『広報PR & IR辞典』編著（同友館、2006年）
『ソーシャル・マネジメントの時代』共著（第一法規、2005年）
『経営戦略論入門』編著（同友館、2004年）

第五版　実践 危機管理読本
—リスクマネジメントの基本から不祥事・災害対策まで—

2001年11月 6日　初版発行
2016年 6月24日　第5版第1刷発行
2018年 8月24日　第5版第2刷発行

著　者　藤 江 俊 彦
発行者　清 水 秀 一
発行所　（株）日本コンサルタントグループ
〒161-8553　東京都新宿区下落合三丁目22-15
電話:03-3565-3729　FAX:03-3953-5788
振替／00130-3-73688

印刷・製本／日経印刷株式会社

ISBN978-4-88916-513-5 C2034